本书为教育部人文社会科学重点研究基地
东北师范大学中国农村教育发展研究院立项成果

编 委 会

主　编：许芊芊
副主编：胡曾莲　高　吕　赵　霞　雷　晴
　　　　罗　珍　戴　静　武兆强
编　委：韩　笑　席　燕　李小蓉　石孟婕　郑　超
　　　　柯　杨　韩　喆　毛晚霞　安　静　徐　丹
　　　　曹　捷　周　勇

自然教育课程的追寻与实践（上）

主　编　许芊芊
副主编　胡曾莲　高吕　赵霞　雷晴
　　　　罗珍　戴静　武兆强

海峡出版发行集团 | 福建教育出版社

图书在版编目（CIP）数据

自然教育课程的追寻与实践. 上/许芊芊主编；胡曾莲等副主编. —福州：福建教育出版社，2023.1（2025.2 重印）
ISBN 978-7-5334-9502-2

Ⅰ.①自⋯ Ⅱ.①许⋯ ②胡⋯ Ⅲ.①学前教育－自然教育－教学研究 Ⅳ.①G61

中国版本图书馆 CIP 数据核字（2022）第 161350 号

Ziran Jiaoyu Kecheng De Zhuixun Yu Shijian（Shang）

自然教育课程的追寻与实践（上）

主　编　许芊芊
副主编　胡曾莲　高　吕　赵　霞　雷　晴
　　　　罗　珍　戴　静　武兆强

出版发行	福建教育出版社
	（福州市梦山路 27 号　邮编：350025　网址：www.fep.com.cn
	编辑部电话：0591-83726908
	发行部电话：0591-83721876　87115073　010-62024258）
出 版 人	江金辉
印　　刷	福建新华联合印务集团有限公司
	（福州市晋安区福兴大道 42 号　邮编：350014）
开　　本	710 毫米×1000 毫米　1/16
印　　张	19.25
字　　数	295 千字
插　　页	1
版　　次	2023 年 1 月第 1 版　2025 年 2 月第 4 次印刷
书　　号	ISBN 978-7-5334-9502-2
定　　价	59.00 元

如发现本书印装质量问题，请向本社出版科（电话：0591-83726019）调换。

序一：从自然探本质　向课程要质量

十年前，东北师范大学邬志辉教授向我推荐了成都市蒲江县南街幼儿园以及他们的著作，给我留下了深刻的印象。此后我曾三次前往南街幼儿园考察和学习，果园里鲜艳的果实，成串的香蕉，忙碌的工作坊，丰富的种植园地，悠然的小兔子，常常浮现在我的脑海。读完许芊芊园长发来的《自然教育课程的追寻与实践》，我感到南街幼儿园的课程建设又跨上了新的台阶。十年来，南街幼儿园虽然经历了幼儿园领导班子的变更，但以儿童为本的基本立场没有变，扎实研究的作风没有变，师幼共享幼儿园美好生活的景象没有变。

我国正在建设高质量的教育体系，学前教育是高质量教育体系的重要组成部分。学前教育的质量从何而来？要依靠的是千万个幼儿园的探索和努力。蒲江县南街幼儿园对如何提高教育质量给出了一个有力的回答，主要表现在两个方面。

一是从自然中探寻教育的本质。首先，要依循儿童内在的自然。儿童是社会的存在，也是一个自然的存在，儿童有自己的天性，这种天性就是最大的自然秉性，最需要我们尊重和支持。了解儿童的本能和天性，把握儿童身心发展的规律，从儿童的兴趣和需要出发，这是学前教育的起点，也是科学的儿童观的基本立场。其次，要鼓励和引导儿童亲近自然。儿童的身心发展特点决定了他们是以多种感官来学习的，儿童与周围环境相互作用，从而获得感性的经验。因此幼儿园要鼓励和引导儿童接触周围的环境，尤其要亲近大自然，在感受阳光、空气、水、泥土、动植物的过程中，热爱自然，珍爱生命，丰富经验。我感到南街幼儿园在这方面是努力和踏实的，他们一直在努力探寻自然的本质，一直努力从儿童出发，尊重儿童，把儿童作为教育的出发点，这是他们幼儿园课程方案的鲜明特色。为儿童营造自然的环境，让儿童接触更多自然事物，增加与自然亲近的机会，让课程流淌自然的芳香，是他们课程建设一直努力的方向。

二是不断完善课程，提高教育质量。幼儿园课程建设是决定教育质量的关键。幼儿园课程建设的根本在于是否真正落实《幼儿园工作规程》《3—6岁儿童学习与发展指南》的精神，是否真正以儿童发展为中心，遵循儿童身心发展的规律、幼儿园教育的规律。蒲江县南街幼儿园对课程进行了全面的构架，从基本理念、课程目标、课程内容、课程实施和课程评价等方面进行系统建构，形成了真正适合其幼儿园实际的课程体系。他们关注日常生活中的课程，充分发挥日常生活的教育价值；他们关注儿童的户外活动，努力建构具有自然性和挑战性的户外环境，满足儿童的好奇心和求知欲，积累了很多贴近幼儿园实际、儿童喜欢和投入、形式多样的户外活动，大大丰富了儿童各方面的综合经验；他们关注探究性主题活动，充分显现和落实了儿童在课程中的主体地位和作用，让儿童真正成为学习的主体，在良好的师幼互动中，综合落实课程目标；他们关注儿童的游戏，真正落实以游戏为基本活动，在课程中融入游戏精神，充分激发儿童的天性，满足儿童的游戏需求，让儿童在游戏中发展和进步；他们关注节庆等社会文化生活对儿童的影响，引导儿童感受社会生活和社会文化，丰富儿童的社会经验。总体上说，南街幼儿园的课程已经形成了一个较为完善的体系，为儿童的活动提供了积极的支持，为儿童获得新经验创造了多种可能，幼儿园正在向更高质量的教育不断迈进。

蒲江县南街幼儿园的经验告诉我们，课程建设必须依循国家的法规和政策，必须坚持以儿童为本，必须充分发挥教师的积极性、主动性和创造性，必须把课程建设当作长期的、永无止境的工作，日积月累，不断进取，真正建设与高质量教育体系相适应的课程体系。期待蒲江县南街幼儿园再接再厉，不断进取，在高质量建设的道路上再立新功。

虞永平

2022年4月8日于南京

序 二

　　幼儿园课程是引导幼儿积极投入并获得有益经验的各类活动的总和，是幼儿发展的关键要素，是幼儿园教育的基本途径。适宜的课程承载着幼儿的童年生活，努力建设适宜幼儿发展的课程是实现幼儿园培养目标、落实《3—6岁儿童学习与发展指南》的重要保障，科学的教育观、儿童观只有落实到课程建设的进程中，才能产生实际的影响。然而，一些幼儿园的课程却在追求所谓品牌化、特色化的道路上丢弃了本质。那么，怎样的课程才是真正立足于幼儿生活、真正适宜幼儿、真正对幼儿的发展起支持和促进作用的？这既是幼儿园课程的核心问题，也是整个幼儿教育的基本问题。长期以来，广大的幼儿教育工作者一直在努力思考并寻求着这些问题的答案。

　　我连续数年参加成都市蒲江县南街幼儿园的园本教研活动，体会了南幼人锲而不舍、善于钻研的精神，见证了南幼人一次次梳理问题时的困惑、分析问题时的顿悟、破解问题时的欢悦、澄清问题后的成长。当收到这份沉甸甸的书稿的时候，我欣喜地看到南街幼儿园的园长和老师们正在通过不懈的努力为困惑找寻着答案。

　　南街幼儿园聚焦与儿童共生的自然教育课程建构，始终把儿童放在环境和课程的中心，把顺应自然天性作为开展教育的基点，将课程建设、文化建设和团队建设有机结合，形成了符合南街幼儿园实际的自然教育课程。二十余年坚持不懈的探索，南街幼儿园一步一个脚印，从"因环境而教育""因环境为儿童而教育"到"因环境为儿童促发展而教育"，不断厘清儿童与资源、儿童与环境、儿童与课程的共生关系，从"满足一般儿童发展需要"走向"满足个体儿童全面发展需要"，形成了"顺应自然、因性而为"的课程理念，走出一条"科研导航、教师提升、园所成长、幼儿发展"的课程建设路径。

　　幼儿园的课程存在于幼儿的生活之中，其核心是幼儿的经验，经验是最符合幼儿学习的特点和规律的，也是最适合幼儿需要的。经验的获得有赖于幼儿主体性的发挥，有赖于幼儿的体验和感受，有赖于幼儿动用多种感官与客观世界及自己的心灵发生相互作用，有赖于幼儿思维的参与。教师应当常常运用自然、社会和文化资源，通过亲近自然、直接感知、实际操作、亲身体验等方式唤起幼儿生活的需要，在与幼儿的互动中，尊重幼儿身心发展的规律、学习特点和接纳方式，充分关注幼儿的经验，引导幼儿在生活和活动中生动、活泼、主动地学习，有效地满足幼儿生命（身体、心灵）成长的需要，促进他们的全面和谐发展。"源于儿童、归于儿童"应当是每所幼儿园课程建设与发展追求的初心和回归的本真。

期待着成都市蒲江县南街幼儿园的课程建设能持续地走下去，为幼儿园的孩子们创造更接近自然、更有质量、更具意义的生活！

广西师范大学教育学部　侯莉敏
2022 年 4 月 27 日

序三：扎根乡土大地办高质量学前教育

近年来，中国教育界出现了一个令人欣喜的变化，那就是有一群又一群的教育人从实际出发，不仅深刻思索着中国教育迈向现代化的理论命题，而且努力探寻着中国教育高质量发展的现实路径，并取得了丰硕的研究成果。其中，成都市蒲江县南街幼儿园就是一个最典型的代表。

我与蒲江县南街幼儿园结缘已经有十年了，十年来不断见证着南街幼儿园的成长与进步。现今见到她们的最新研究成果《自然教育课程的追寻与实践》，再一次让我感受到了情理之中的惊喜！一直以来，人们习惯于模仿强者，似乎强者成功的逻辑一定是所有想成功者都必须遵循的逻辑。在城强乡弱格局下，乡村教育工作者即使模仿城市教育也较难获得成功，因而渐渐地丧失了自信。南街幼儿园却是一个例外。她们立足乡村实际，挖掘乡村空间广袤的大自然资源，并顺应儿童的自然天性，积极探索形成了既富有乡土气息又具有现代气质的自然教育模式，为农村幼儿园实施高质量学前教育开辟了一条新的可能路径。

课程是教育的基础。有什么样的课程，就有什么样的教育。然而，好的课程，应一面连接着教育目标，一面连接着儿童经验，并能在两者之间架起互通的桥梁。教育的难点恰恰就在这里。一些教育工作者或者为了落实教育目标要求而罔顾儿童的经验基础，或者为了顺应儿童自然天性而丢弃教育目标要求，两个极端都难以获得良好的教育效果。南街幼儿园有自己信奉的自然教育理念，他们坚信大自然就是活教材、一日生活皆课程，幼儿与自然的亲密接触和多样活动本身就是课程，在这样的课程中，儿童才能学会探究、发现、表达，并在这样的互动中实现完整经验的成长与发展；他们坚信教育就要自然而然，教育的本质就是要回归儿童、回归生活，回归真实、自然、简单、质朴、本来的样子，遵循幼儿天性，顺应自然、因性而为。正是在这样的自然教育理念指导下，她们遵循目标、内容、实施、评价的逻辑，把乡土自然与中国文化有机地结合起来，富有创意地开发了日常性生活课程、探究性主题课程、野趣性体育课程、自主性游戏课程、中国性双节课程共五大类自然教育课程体系。不仅如此，她们把课程精神理解到了极致，达到了人人、时时、处处皆课程的境界。譬如，他们没有把幼儿园的日常管理、后勤保障、家园协同仅仅理解为管理、保障、协同，而是也作为课程资源的一部分，真正实现了全时空、全人员、全资源、全环节的课程化和育人化，这是非常了不起的创举！

南街幼儿园之所以能取得今天骄人的成绩，源于她们对自然教育深入骨髓的信念。十年来，南街幼儿园的园长发生过更换，但她们对自然教育的追求却没有变过。许芊芊园长是一位自带专家气质的研究型园长，她善于钻研、会带团队，跟着她一起做研究、搞探索，着实成长了一批小专家，这是非常难能可贵的，也是符合教育发展规律的。任何一所优秀幼儿园的成长都离不开一支研究型的教师队伍，而善于带队伍恰恰是园长的必备品格和关键能力。现在，南街幼儿园已经不再局限于自己独自成长，而是与集团大兴分园、新城分园及大塘、甘溪等联盟园一同成长。当南街幼儿园的理念被运用到各个园所的时候，各个园所活了，园所的老师们也活了。由此可见，南街幼儿园的自然教育理念和自然课程实践是符合学前教育规律的，是可以复制的，是可以不按城市幼儿园套路、扎根乡土大地办出高质量学前教育的，是农村学前教育创新的典范。

我期待，南街幼儿园的阶段性成果能成为她们继续前行的加油站和助推器，能成为方向迷茫幼儿园的方向标和灯塔。我期待，再过一个十年或者到2035年时，南街幼儿园能给读者奉献新的精神食粮和思想盛宴！

邬志辉

2022年4月30日于长春

目 录

第一章 自然教育课程概述

第一节 园本课程的基本认识 …………………………… 3
一、园本课程的核心要义 …………………………… 3
二、园本课程建设中的问题与思考 …………………………… 6

第二节 园本课程建设的基本原则 …………………………… 10
一、坚持园本课程的不可复制性——应学会自己进行选择和判断 10
二、注重各类活动经验相互交融——建立全域融合的整体课程观 11
三、推进生活化游戏化课程改革——幼儿需要获得持续渐进发展 13
四、基于资源活动的家园社连接——促家园社联通形成教育合力 14

第三节 自然教育课程的构建与实施 …………………………… 17
一、自然教育课程的内涵简述 …………………………… 17
二、自然教育课程的建设历程 …………………………… 18
三、自然教育课程的体系构建 …………………………… 22
四、自然教育课程的管理文化 …………………………… 32

第二章 自然教育生活课程

第一节 自然教育生活课程概述 …………………………… 45
一、自然教育生活课程的内涵与特质 …………………………… 45
二、自然教育生活课程的发展历程 …………………………… 51

第二节 自然教育生活课程的目标和内容 …………………………… 54
一、自然教育生活课程的目标构建 …………………………… 54

二、自然教育生活课程的环境创设 …………………………… 59
第三节　自然教育生活课程的实施 ……………………………… 61
　　一、自然教育生活课程的实施原则 …………………………… 61
　　二、各类生活课程的具体实施建议 …………………………… 69
第四节　自然教育生活课程的评价 ……………………………… 127
　　一、评价原则 …………………………………………………… 127
　　二、评价指标 …………………………………………………… 129
　　三、评价方法 …………………………………………………… 132
　　四、评价建议 …………………………………………………… 136

第三章　自然教育探究性主题课程

第一节　自然教育探究性主题课程概述 ………………………… 145
　　一、自然教育探究性主题课程的内涵 ………………………… 145
　　二、自然教育探究性主题课程的特质 ………………………… 146
　　三、自然教育探究性主题课程发展历程 ……………………… 147
第二节　自然教育探究性主题课程的目标与内容 ……………… 152
　　一、自然教育探究性主题课程目标的构建 …………………… 152
　　二、自然教育探究性主题课程内容体系 ……………………… 155
第三节　自然教育探究性主题课程的实施 ……………………… 159
　　一、自然教育探究性主题课程的实施策略 …………………… 159
　　二、自然教育探究性主题课程实施的典型案例剖析 ………… 164
第四节　自然教育探究性主题课程的评价 ……………………… 221
　　一、评价原则 …………………………………………………… 221
　　二、评价指标 …………………………………………………… 231
　　三、评价方法 …………………………………………………… 234
　　四、评价建议 …………………………………………………… 241

第四章　自然教育户外体育课程

第一节　自然教育户外体育课程的目标和内容 …… **245**
一、自然教育户外体育课程的目标和意义 …… **245**
二、自然教育户外体育课程的内容 …… **250**

第二节　自然教育户外体育课程的组织与实施 …… **253**
一、自然教育户外混龄体育课程的组织与实施 …… **253**
二、自然教育户外年级体育素质提升课程的组织与实施 …… **261**
三、冬季运动会活动的组织与实施 …… **275**

第三节　自然教育户外体育课程的评价 …… **282**
一、自然教育户外体育课程评价的原则 …… **282**
二、自然教育户外体育课程评价的指标 …… **284**
三、自然教育户外体育课程评价的方法 …… **286**

第一章 自然教育课程概述

第一节 园本课程的基本认识

一、园本课程的核心要义

随着幼儿园课程建设进程的不断深入，人们越来越意识到幼儿园课程建设的目的，就是不断地探寻与本园实际相适宜的课程模式。于是，园本课程一词便在课程园本化建设进程中应运而生。许多幼儿园开始重视园本课程的建设工作，但由于人们对园本课程内涵理解不一，当下的园本课程建设成果貌似硕果累累，其实是喜忧参半。大量纷繁复杂、五花八门的园本课程方案，如时装一样随着季节更迭而不断变换。于是，许多幼儿园在各类园本课程方案编制之风中迷失了方向。

（一）园本课程的内涵与特点

课程指的是学校为实现培养目标而选择的教育内容及其进程的总和，是有目的、有计划的教育活动。虞永平教授认为"幼儿园课程是为了实现幼儿园教育目标，教师充分利用各园所的课程资源，帮助幼儿获得有益的学习经验的各种活动的总和"。此概念界定，意味着幼儿园课程的内涵至少包括以下四方面：一是对于幼儿园来说，课程首先是活动，而且是多种多样的活动，包括幼儿园的主题活动、教学活动、生活活动、游戏活动、区域活动等，不应将活动仅局限于集体教学活动，幼儿园课程是大课程观，即"一日生活皆课程"；二是这些活动能够给幼儿带来有益的学习经验，即让幼儿在活动中获得发展，不能为了活动而活动；三是幼儿园课程是为实现幼儿园教育目标服务的，课程应定位于促进幼儿身心健康和谐发展；四是从幼儿园课程的实施角度而言，教师应该树立正确的课程资源观，要善于从园内外的"大自然、大社会"中挖掘课程资源，将课程资源转化为有价值的课程活动。

而所谓的园本课程，虞永平教授认为，园本课程就是以园为本构建的课程，即在幼儿园现实根基上生长起来的，以法律法规及相关政策为指导，以幼儿园为基地进行课程开发，适宜本园所幼儿的需要和兴趣，并能充分利用幼儿园周围的课程资源、师资等条件而形成的课程。园本课程是一所幼儿园实现教育目标的重要途径，是教师组织日常活动的主要依据，也是集中体现和反映园所教育思想的载体。我园在二十年的园本课程持续实践研究中，始终坚持不跟风、不盲从，坚信园本课程建设的核心在于"园本"，这个"本"就是园所的基点、基础、条件、现状等现实需要。只有回归儿童、回归生活、回归现实的课程，才是最好的、最适合本园的课程。不同的幼儿园应该有不同的课程模式。对一所幼儿园来说，园本课程建设应该是园所工作的重中之重。

（二）园本课程相关概念辨析

1. 课程特色与特色课程的关系

吴振东教授认为：所谓的特色课程，指的是一所学校开设的不同于其他同类学校的具有独特性的课程，"人无我有"是其比较凸显的基本特征。而"课程特色"，是指与同类学校相比较而言，某一所学校在实施同样课程的过程中，其实施策略、实施手段、实施方式和方法、实施结果的评价等具有有别于其他同类学校的质的差异性和优质性，因而具有课程"特色"，其基本特征集中地和鲜明地表现为"人有我优"。依此界定，则所谓的幼儿园特色课程是一个完整的课程模式，应包括课程目标、内容、实施与评价四个基本要素，其特色是体现在课程模式之中的，而课程特色，指的是课程实施方面的特色，即课程教学特色。概言之，特色课程是整体的，课程特色是局部的。

从某种意义上说，幼儿园课程就是园本课程。幼儿园借助身边独特资源形成的个别、典型特色活动是园本课程的有机组成部分，其与园本课程非等同关系。大课程观下，园本课程的建设立足于幼儿园一日生活，立足于最基本、最基础的课程活动，立足于在寻常课程活动中对不寻常质量的持续追求之中。园本课程建设首要任务是追求质量，而非所谓的特色，真正的特色离不开质量的支撑。刘占兰研究员调查园本课程时发现，很多幼儿园把有优势或特别的活动作为园本课程，其中艺体类特色占比高，呈现细、专、难、多特点。如体育分为足球、武术、游泳等细项，美术分为国画、素描、水粉等，有些园所还聘请专业人员训练幼儿技能，违背幼儿身心发展规律，不符合幼儿学习与发展的整体性特点。所以，园所的课程建设一定要基于本身的实际科学合理、全面均衡地架构实施。

2. 园本课程和园所类型的关系

这里的园所类型指的是处于不同发展阶段的各类园所。园本课程是以园为本而构建的课程，不同园所所处的发展阶段不同，则意味着园所的"本"也是不尽相同的。我们认为，可以根据不同发展阶段的园所类型，将园本课程建设大概分为以下三类：

新建园，即课程园本化初始阶段。新建园往往配备的都是新教师，新建园的园本课程建设一般都处于课程园本化的初始阶段，即园所以一套专家认真审核过的教学参考用书做抓手，让一日活动有个基本保底，但教学参考用书不是让教师照本宣科和直接传授，而是注重挖掘利用身边各类资源，让教学参考用书结合幼儿生活和资源园本化。

成长园，即课程园本化发展阶段。成长园的园本课程建设，可以依托园所实际积淀的大部分符合本园特色的活动，但还不能做到全部生成课程，有一部分课程仍是依托教学参考用书，这类幼儿园应逐渐减少对教学参考用书的依赖，并对自己的园本特色活动进行梳理分析。凡是园本特色活动已能帮助幼儿达成《3—6岁儿童学习与发展指南》（以下简称《指南》）目标经验的，那么教师在课程实施中就不必再使用教参，依此逐步推进，不断丰富和优化园本特色活动，以减少对教参的依赖。

成熟园，即课程园本化成熟阶段。成熟园通过长期园本课程建设，具有丰厚的园本活动积淀，教师整体生成课程的意识和能力强，园所能依托本地本园资源，研发积累利于幼儿多样经验获得，促进幼儿全面发展的活动体系，形成适宜本园的核心课程理念及系统的课程运行体系，包括拥有园所多年积淀的优质活动资源库，以及在课程实施中建构起来的较成熟的运行与监控系统，操作有目标、有内容、有抓手、有方向。

二、园本课程建设中的问题与思考

如何建设幼儿园课程才能使其具有发展性，以有效促进幼儿身心全面和谐发展的实际需求？如何建设具有适宜性的园本课程，才能促进日常课程和园所实际现状和资源所贴合？这些已成为摆在每所幼儿园在园本课程建设过程中需要面对的实际问题。结合近二十年我园在自然教育课程实践中的认识和思考，我们认为，要解决这些问题，首先要对以下几个关于园本课程建设的关键问题进行深入剖析和思考。

（一）辨析两对基本关系

1. 游戏活动与园本课程

幼儿园在成立之初，就具有学校教育的性质，它和家庭教育、社会教育是不一样的。学校是对受教育者进行有目的、有计划培养的专门组织机构，学校为了实现培养目标而选择教育内容，并且要安排进程，即有目的、有计划地安排活动，即学校教育活动。幼儿园也是学校，也有培养目标，为了实现这个目标，幼儿园应有目的、有计划地开展有价值的各类活动。《指南》指出："幼儿园以为幼儿后继学习和终身发展奠定良好素质基础为目标，以促进幼儿体、智、德、美各方面的协调发展为核心。"就像修房子打地基一样，只有把地基打得又结实又全面又牢固，才会修出高品质的房子。幼儿阶段正是打地基和扎根的阶段，全面发展非常重要，要实现全面发展目标，幼儿园就应该有多种活动，多种活动才会给幼儿带来多样经验。

游戏是幼儿园的基本活动，但不是唯一活动，幼儿园还有生活活动、教学活动等，这些活动各具独特发展价值，也是幼儿全面发展的重要载体。如何更科学地组织这些活动，让各类活动既能发挥独特价值又能相互融合、整体促进幼儿发展，让幼儿经验不缺失、不重复，真正达到身心全面和谐发展，需要园所依托自身的资源及各类条件，架构出科学均衡、全面适宜、涵盖各种活动的园本课程。游戏是园本课程中的一类活动，游戏活动不仅是园本课程的重要组成部分，且"自由、自主、愉悦、创造"的游戏精神，可以贯穿到幼儿园各类课程实施中,即课程游戏化,但游戏活动不简单等同于园本课程。园本课程建构的重点是考虑多类活动带给幼儿的多样经验和全面发展。

2. 教材内容与园本课程

园本课程是以幼儿园为本建立起来的课程,"本"就是园所的基点、基础、条件、现状等现实总和。如我园2002年搬到新园区时,为了改变一片空白的户外环境,我们结合生态蒲江特点,把本地动植物移到园内。有了丰富的自然资源后,我们以自然资源内容为载体进行主题探究活动改革。幼儿园丰富的自然资源就是幼儿探究的最好载体,如树主题活动,幼儿在对园内树资源进行探索后,自然拓展到园外去研究,家园社的自然资源为幼儿提供了丰富的探索资源。所以,教材内容只有转化为幼儿利用身边资源的探索体验活动,才会成为园本课程的一部分。

将现有的教材内容转化为园本课程的一部分,需要经历一个慢慢积累的过程。我们认为,开展园本课程建设的起初阶段是需要必要的抓手的。这个"抓手"就是选用的成熟而优质的教学参考用书。在使用这个"抓手"的过程中,不断地结合园本实际进行选择调整,从而使课程逐渐适宜自己的园所。记得有位参访教师到园参观时询问:"我们幼儿园整体师资弱及年轻,都统用专家编的教材,照教材上课,是否不用建设园本课程?"对于这个问题,我们认为:用专家编的教材是可以的,这给教师提供了基本教学内容,让教师操作时有目标有内容,应该说是一种保基本的做法。但这并不代表着不需要对教材进行适宜性的调整与优化,使之更切合本园本班级幼儿的实际;也并不代表着不需要分析利用身边资源,让触手可及的资源成为幼儿课程活动的内容。比如,认识规律、懂得按规律排列这样的课程活动内容,如果幼儿有机会利用自然资源开展户外游戏,他们就可能在做沙蛋糕装饰,用果子、落叶玩娃娃家时,自然出现规律现象,教师只要加以观察并及时梳理这方面的模式经验即可,就没有必要照搬教材的相关内容。

我们认为,即使是使用教学参考用书的幼儿园,也应极力主张将教材内容与幼儿日常生活经验有机嫁接起来,如将教材内容先让幼儿去生活中观察记录,然后教师再帮助梳理提炼,丰富经验提出挑战,让幼儿在日常生活游戏中去理解、认识、运用与创造。结合教材内容去充分挖掘利用身边的文化、社会资源开展活动,才符合幼儿的学习特点。解决了怎么教的问题,随着身边资源逐渐在日常实践中园本化,慢慢就会有自己的园所特色活动,积累到一定程度就逐渐形成园本课程。所以,教材内容不是园本课程,但园本课程建设可以是"教材内容逐渐园本化、园本生成与教材内容占比不同、积极创新建构园本课程"的三个不同层次和阶段。

(二)抓住四个核心要素

1. 目标是导向

好的课程方案不仅有目标,而且目标应该层层推进、适合幼儿。没目标,幼儿发展全靠机会,那么《指南》中幼儿各年龄段典型行为表现如何实现?在园本课程架构和实施中,目标定位不能局限于知识技能,知识技能只是幼儿解决问题的工具,各类课程目标都应该开阔视野、以核心素养为本,关注学习方法、心理倾向、情感联接等。同时目标设置还要遵循螺旋上升原则,如培养大班幼儿的自主能力这一课程目标,必须考虑从小班自理能力到中班自我管理再到大班的自主能力培养,需要层层递进才可能达到高位目标。其实高质量的教育都是精心策划的,要在幼儿的兴趣和教师的目标支持间求取一个平衡,其实两者都很重要。

2. 资源是基础

幼儿要亲身感受、实际体验,获得直接经验,没有资源是不可能实现的,所以,挖掘利用身边独特的地域资源很重要,课程建设中要不断挖掘、寻找课程资源。自然、环境、社会、文化、家长等都是可以利用的资源,生活中到处都是可利用的教育资源,就看有无发现的眼睛,以及如何去挖掘利用来满足幼儿的学习与发展需要。《纲要》指出,"幼儿园应综合利用各种教育资源,为幼儿发展创造良好的条件"。幼儿学习与生活环境中的一切有利于实现课程目标、指向儿童发展的各种资源都可以进入课程,多样的资源只有得以开发利用,才能成为真正的、现实的课程资源。比如,农村园幼儿身边全是自然资源,但幼儿不会主动去观察探究,资源摆在那里,如一棵树就在那里,但幼儿不去观察、互动时,这棵树就不会主动变成课程资源并转化为幼儿的经验。

3. 活动是形式

"活动"从字义上解释："活"是一种过程，即它不是静止的，具有动态、自然延伸的特点；"动"则具有"做中学、此时此刻、亲身经历"的特点。资源和目标间需要有活动连接起来，才会让幼儿产生相应经验。不同的活动会带给幼儿不同的经验，同一种资源也可挖掘利用开展出不同的活动，要注意多种活动带给幼儿的多种经验，同时也要警惕表面热闹、隐性控制的活动，警惕幼儿在活动中的"无聊"状态，如无真正自由自主、停于表面操作的吃喝一条街、美甲店等，"无聊"的要害在于思维停滞，影响儿童思维发展。幼儿园要重视基于园所实际的多样高品质活动的研发累积，保障幼儿身心全面和谐的发展。幼儿教育是终身发展的基础，"基础"强调的一是基本、必需；二是宽厚、扎实。日常活动多元，幼儿获得的经验才不缺失、不重复，才能实现全面发展。

4. 经验是取向

活动带来经验。对于经验，杜威说过一个标准：经验有很多，并不是生活中所有的经验都是值得运用到教育中去的，因为我们身边的经验有有用的、有害的、无用的。经验要运用到教育中有两个标准，一个是经验的延续性，杜威提出教育即生长，经验需要成人去判断、选择适合幼儿连续生长的经验；另一个是经验的交互作用，就是说幼儿积极主动地与外面的环境材料发生互动，互动时获得新经验，这个经验会进一步运用再和环境材料发生互动，所以经验是一个继续改造的过程。同时，不能把幼儿获得经验等同于感官操作体验，经验应包括两个方面：一是来源于感官（感性经验），二是来源于反思内省（理性经验）。不能一味只重视幼儿的动，还要关注幼儿动后的静（思考），要把动的经验上升到思维层面，帮助幼儿在操作中去理解、发现各类关系，促进经验的持续生长和交互相融，因为真正的经验能自觉进行迁移运用。

第二节 园本课程建设的基本原则

一、坚持园本课程的不可复制性——应学会自己进行选择和判断

一直以来，幼教界各类课程风忽来忽去，容易让人迷失方向，我们坚持根据自身实际情况去实践、调适和完善园本课程，坚信园本课程一定是基于园所的基点、基础、条件、现状等现实需要而生长的，具有唯一性和不可复制性，适合的才是最好的。如我园的课程建设过程："利用自然资源开展主题活动→利用自然资源开展多元活动→利用身边自然、社会资源开展一日活动→利用自然、社会、文化资源开展家园社融通的各种活动→以课程建设为中心的管理评价体系建立→以幼儿发展为本位的资源、管理、教研等保障体系建立"，这个过程中，我们每一阶段的课程都是当时最适宜的园本课程，也是当时条件下最符合我园实际的课程。所以园本课程没有绝对对错，只有是否适合于当前的需要和教师操作的实际！课程建设是永无止境的，不要急于求大、求完美。不同的幼儿园、同一幼儿园不同阶段的园本课程都应有不同的模式和内容，形式可变，但核心和内涵不变，追求幼儿身心全面和谐发展是园本课程建设的终极目标。

同时，园本课程建设本身是一个不断寻求改善的过程，需要不断优化累积，就如联合国儿童基金会质量研究专家海伦·佩恩所说，"要把质量当作一个动词来对待"。我园二十年的园本课程建设，大到园本课程整体架构，小到一个个日常活动，都坚持"问个究竟、问个明白，样样都要站得住"。比如我园以前是在室内设置科学区，但在活动中我们发现，由于老教学楼活动室场地的限制，班级科学区内容大多是科学小实验，停留在表面操作层次，如磁铁怎么吸铁、盐怎么溶解等，这些科学小实验都是在教师规定下去操作或者简单地观察现象，难以真正培养幼儿的科学素养和探究能力。幼儿的探究能

力一定是在探究式的学习中，通过不断发现问题、分析问题、解决问题去提升发展的。

于是，我们借助宽敞户外环境中的沙水泥，让幼儿在真实问题情境中去发现、分析、解决问题，如小溪里落满了树叶怎么用身边工具打捞，如何组合工具打捞等。后来在科学课程的进一步梳理架构中，我们发现，我园幼儿在生命科学这部分经验比较丰富，因为自然主题、种植饲养等都会达成这方面的目标，而物质科学这块经验较薄弱，特别是关于物体结构功能的探究活动少，需要在户外科学游戏中玩耍积累。于是，我们深入研发户外科学游戏的物质科学这块并形成系列内容，如水区，中班用生活材料自制水枪，大班探究制作动力小船等。在对户外科学游戏不断调试形成的过程中，我们始终坚持以幼儿的学习与发展为本位，坚守幼儿的发展和成长才是教育及课程的归宿。因此，园本课程建设，一定要勤思考、善实践，从行政到教师，都应深扎教育现场，共同去聚焦幼儿有意义的学习和发展，在质疑、反思、改进中，学会自己选择判断，促进师幼、课程共同成长。

二、注重各类活动经验相互交融——建立全域融合的整体课程观

李季湄教授在《〈3—6岁儿童学习与发展指南〉解读》里说，《指南》的精华不在五大领域，而在说明部分的"道"，即幼儿发展的整体性、学习品质和个体差异等。日常课程要注重领域之间、目标之间的相互渗透和整合，建立全域融合和整体发展的课程观。举个例子：餐点中的吃水果环节蕴藏着幼儿的整体发展，我园环创有水果墙，幼儿们每天吃什么水果、每种吃多少个都会用图片或数字呈现出来。吃点心时，不用教师提示幼儿就会自己按水果墙上的提示数取水果。吃完后，小中班教师会引导幼儿从水果软硬、形状、颜色、味道、大小等多方面观察比较，或对水果进行分类描述，注重幼儿语言规范及高级语汇运用，促进数学、语言自然发展和自主管理能力提升；大班教师则会引导幼儿统计、分析一周吃的水果哪些是本地水果，哪些是外地

水果，同时结合中国地图及健康生活内容进一步拓展，探寻气候和植物生长关系及各类水果对身体益处等，促进幼儿科学、健康、语言等多方面发展。取水果用的夹子，各班会提供大小不同的多种类型让幼儿选择，让幼儿在每天取水果时，小手肌肉、精细动作都能得到发展。幼儿们在对水果仔细观察，有丰富表象经验后，也会把这种经验带到各类游戏中进行探索、制作，艺术表现、想象创造得到发展。于是，吃水果环节便有了整体发展的价值。

幼儿整体发展的特性要求建立全域融合和整体发展的课程观。在我园自然教育课程树中，可以看到我园课程的核心理念"顺应自然，因性而为"是整棵树的基础，中间树干是五大领域内容，它给所有树枝上的各类活动提供滋养，树枝上的每个活动都涉及幼儿五大领域整体发展。虽然各类具体活动的独特价值不一样，如主题和运动对幼儿发展的独特价值是不一样的，主题以探究为核心，运动要聚焦运动能力提升；角色、建构、规则等各类游戏，它们的核心发展点也不一样，如角色游戏重社会性、自主性、创造性发展；建构游戏重象征性、建构性、创造性发展等。但各类活动又不是彼此独立的，而是彼此相连的，带给幼儿的经验是相互交融的，如大班幼儿在香蕉林中的扮演、夺旗类的角色游戏，因地势的凹凸不平，幼儿在游戏中自然会提升自我保护能力及发展平衡运动能力；建构游戏中幼儿们要合作建构，自然涉及社会性发展等……当然，幼儿在主题探究中培养起来的探究、解决问题能力也自然会运用到生活、游戏中。

在课程树中还可以看到：五大板版活动既彼此相连又相对独立，各个版块活动间经验、内容互通互融，强调幼儿经验获得的全面均衡。如户外运动这个版块，上午的全园户外混龄体育活动，目标定位于激发幼儿主动积极参加运动的兴趣，所以，活动方式是让幼儿自主选择、自主运动，我们尽量把想要达成的幼儿多样运动发展目标，如走、跑、跳、攀爬、平衡等，分层次蕴藏在户外环境及材料中，注意在环境创设、材料投放时，提供适合小中大不同年龄班、不同类型的不同层次材料，让幼儿在自主选择运动中，找到符合自己最近发展区的内容材料。当然，幼儿运动能力发展一定是在实际运动中累积提升的，所以在课程架构时，考虑到在园的一日活动时间有限，还把运动课程拓展到家庭，如我园大班幼儿家里都会准备拍球和跳绳工具，当幼儿在园获得了一些基础经验后，会延伸到家庭中练习；节日节气中的"元旦运动会"，幼儿会根据自己挑战的运动项目，在家里练习提升参赛项目的能力，弥补我园日常运动课程中部分运动经验缺失的问题。在园本课程的整体架构实施中，注重全域融合及各类活动经验的相互交融补充，唯有如此，幼儿才可能获得整体联通全面的发展。

三、推进生活化游戏化课程改革——幼儿需要获得持续渐进发展

幼儿发展是一个持续渐进过程，幼儿终身受用的能力、品质、价值观培养，是需要在成千上万次的累积运用中提升的，只有后续的体验不断深化前期的经验，幼儿的学习才可能深入，能力才可能巩固，知识才可能得以理解运用。如大班有整点半点的时钟认识目标要求，传统集体教学是集中全班幼儿上一节数学活动，利用整点半点的自制时钟教具教幼儿认识就完事，数学活动上完就算目标达成，至于幼儿在生活中是否能认识、运用都与教师无关。这种与生活割裂、经验零散的集体教学，让孩子们学过就忘，浪费幼儿时间，这就是传统集体教学的弊端。时钟认识需要和幼儿生活相连，幼儿才会觉得有用有趣，才会有学习的内动力，如果再把时钟认识与幼儿的计划性、自主性培养联系在一起，就会培养对幼儿成长有用的"计划—执行—反思"能力。

园本课程建设中，生活化游戏化的课程改革非常有必要，这不仅有利于幼儿经验的持续积累和能力品质内化，而且与生活、游戏有关的学习，孩子们才会感到更有趣，更好奇，敏锐感更高，效率更高，获得经验才更有序、综合和完整。如我园大班教室的墙上都会挂时钟，时钟旁边是本班的一日作息安排，如几点开展户外混体、几点游戏活动等。由于我园户外游戏场地要轮流使用，所以就有周一到周五的轮流使用安排。幼儿在教师引导下，逐渐会看时钟进行每天的活动安排，如上午八点四十是全园户外混体，那么八点半孩子们就会主动进行晨间活动的收拾整理，而且他们还会根据周安排进行自主管理，如今天有建构游戏，那么在晨间时，孩子们就会自由组合做建构

计划，时钟认识和幼儿的计划性、自主性培养就是自然相融的。同时，这类经验还延伸到周末，孩子们在周末会做一日作息安排，然后按计划实施，晚上和父母一起反思计划行动中的问题以调整改进，时钟的持续认识运用就促进了孩子们自主管理、计划行动、反思反省等多方面能力的发展。

生活化、游戏化课程中，幼儿会不断在问题发现中去解决问题、迁移运用相关的经验，促进经验的持续积累运用。如建构游戏，小班在自然的两两合作建构中，初步学会一些交往技能；到了中班才可能小组合作共同完成小组建构任务；有了小中班基础，大班幼儿才能自主协商分工挑战难度较高、规模较大的组群物体建构。再如很多幼儿到了大班表达什么事情，仍需用画一幅画的方式表达，幼儿相互看不懂，梳理经验时大家要介绍半天，同时不易培养幼儿对文字的敏感性。中国文字形成就是象形字发展过程，从动作—绘画—图示—文字，从具体形象到抽象符号，所以幼儿的前书写也应还原这个过程。我园从小班开始，教师就会有意识地引导幼儿发现园内外生活中的标志符号，让幼儿观察思考"这个安全标志为什么会放在这里？它是什么意思？"，引导幼儿逐渐总结出标志符号简单明了、一看就懂的特点。在孩子们逐渐理解身边标志含义后，中大班会提供大量书写机会让孩子们迁移运用，让孩子们在各类活动记录中去观察讨论，谁记录的什么符号让别人一看就明白。在长期、大量的生活游戏中，孩子们不断地创造、运用标志符号，有了大量积累后，大班幼儿会在标志符号基础上，对文字产生强烈的兴趣和书写的欲望，自如地运用图夹文进行日常各类活动的表达、表征和记录。

四、基于资源活动的家园社连接——促家园社联通形成教育合力

传统幼儿园课程最大的问题是关起门来做教育，幼儿在园的活动仅限于园内的资源及园内生活，导致幼儿在园活动和家庭活动割裂、没有关联，在园经验回家后得不到迁移运用，家长自然也无法感受到幼儿的发展与成长，更无从配合和参与共育。只有当幼儿在园获得的经验能在家庭社区中得到延

续、巩固和发展时，家长才会理解幼儿园活动的价值意义，进一步帮助幼儿在家社中去丰富提升相关经验，而获得提升的经验则会被幼儿再运用到园内活动中。这样，幼儿在园经验与家社经验通过相互的补充、完善、丰富，会形成螺旋上升式发展，正如杜威所强调的"教育即经验的持续不断改造"。这种家园经验的交织和日积月累的持续推进，不仅会让幼儿获得终身受用的品质能力，而且家长也会成为真正的合作者和教育者。

我园2000年刚搬入新园区时，外环境杂草丛生，我们依托蒲江是全国生态示范县，我园又地处城乡结合部等特点，动员家庭社区捐赠身边的各类自然资源。在向家长发放捐赠植物倡议书后，淳朴的家长们立即行动起来，带幼儿到社区、农村寻找适宜的植物。在家园共同努力下，本土丰富自然资源的引入激发了幼儿对身边事物自然强烈的好奇心和求知欲，全园教师再根据幼儿兴趣需要开展与自然相关的各类活动。如自然主题，当幼儿们对园内的自然物（如花、树、泥等）产生探究兴趣时，教师会引导他们先在园内观察调查、探索研究，然后再延伸到家庭社区去丰富拓展，帮助幼儿们根据家园社探究情况进行梳理汇总、对比发现，寻找规律或提出建议。基于家园社资源连接的日常课程，让家园社变成了幼儿探索学习的大课堂，架构起了日常活动的家园共育桥梁。如中秋节到来之际，不仅园内桂花盛开，而且街道、农村到处桂花飘香。于是，我们每天在园内桂花树下铺上塑料薄膜收集桂花，轮流分发给全园幼儿，请幼儿带回家亲子制作桂花食品，关注时令食物与季节的关系。由于幼儿们带回去的桂花数量少，制作桂花食品需要更多的桂花，于是，幼儿们就和家人一起走进社区、农村去寻找桂花，在此过程中，他们发现除了园内分发的金桂，还有橘红的丹桂，桂花树也和幼儿园不一样，有的高大，有的矮小。那么桂花到底有多少品种呢？它们都是可以食用的桂花吗？这些问题会进一步激发幼儿强烈的好奇心和求知欲，并引发深入探究，促进幼儿深度学习。

为了促进家园社资源、活动的常态连接运用，我们已梳理出了园内外可利用的资源内容及实施策略，具体分为园内资源、园外三公里、园外十公里及县内外资源，并提供了与园内各类课程的结合点建议。如我园出门左转100米就是个自由集市，它能为种植活动提供调查场所、为赶集游戏提供经验、为食育课程提供观察内容、为数学活动提供实践场;园外三公里的高铁站、世纪广场等资源是大班结构游戏、角色游戏等活动的重要载体。家园社资源、活动的连通和融合,不仅促进了幼儿经验的丰富提升,而且促使家长的教育观得到改变。如我园厨房后勤每周会提供周末亲子食谱,内容不是局限于制作食物的流程,而是包含多元的内容,如菠萝饭制作中有生活智慧"怎么在市场挑选菠萝";知识拓展"菠萝是种在哪里的";指导建议"采买制作中的幼儿发展点在哪里";制作流程"怎么做菠萝饭"等。家长根据建议开展周末亲子食育活动,明白生活中到处都有教育契机,都蕴含着幼儿的发展,这类活动经历多了,家长就成为了真正的教育者,家园所有的人、环境都会为幼儿成长提供有力的支撑。

的确,教育的本质是静默的,身体长高、种子发芽从来都是静悄悄的,人的成长更应该是内在的,过程安静而朴素。一所幼儿园质量到底如何,其实到班级观察半天就知道了,幼儿的思维、语言、交往等能力发展水平都会看到,这些都是通过日常各类课程高质量实施积累的。泉州幼儿师范高等专科学校吴振东教授在南幼跟岗一周后写的一段话是对我们南幼人的最好鼓励:"一开始会觉得他们没有什么好看,园舍不气派,设备不豪华。他们虽然不好看,但是却耐看,也因为耐看而备感好看。南幼在自然教育中所体现出来的课程实施的常态化、渗透化、时效性等确实令人眼界大开,醍醐灌顶。幸福的童年就是南幼孩子过的充实而愉快的生活!"

园徽含义新解:底部一提代表小草,是草地自然的颜色,代表南幼回归自然、回归本色的自然教育;中间的心代表南幼人坚持用匠心打磨自己、用爱心守望孩子,遵循教育的自然而然;五个大小、

长短不一的脚印代表不同个性的教师、孩子,强调教育要尊重不同个性的教师和孩子,同时每个人都需要脚踏实地一步一步地向前走,才可能发挥自身

特有的光芒。园徽整体看起来像一个"亘"字，代表恒久的南幼精神"自然教育、教育自然"。

第三节　自然教育课程的构建与实施

一、自然教育课程的内涵简述

我园的自然教育课程一方面以大自然为活教材，让幼儿在与自然的亲密接触和多样活动中，去发现、探究、表达表现，获得完整经验；另一方面强调日常各类课程的实施过程，要遵循幼儿身心发展特点，顺应自然、因性而为，追求教育的自然而然！

在自然教育课程架构和实施中，我们整个团队摒弃浮躁和热闹，不用花里胡哨的东西去影响幼儿学习最本质的过程，逐渐静下来、慢下来，不断回归教育本质、回归儿童去省思，让课程回归儿童、回归生活、回归幼儿园现实，回归真实、自然、简单、质朴本来的样子。日本教育家仓桥物三曾说："在幼儿教育中，是以成人的目的为主，将幼儿的生活套入其中，还是以幼儿的生活为主，慢慢地、小心翼翼地引导他们向着目标的方向发展，二者的差别涉及一个十分重大的问题。"在坚持以幼儿生活为主的园本课程架构实施中，既要关注从下而上的多样活动积累，注重日常一个个有质量的活动，也要重视从上而下的课程架构，注重活动的多元、幼儿经验的全面，关注细节的落地，不断基于日常去观察思考：这个活动可以帮助幼儿获得什么经验？如何去把握其中的学习生长点，进一步促进幼儿的学习与发展？对于自然教育课程，我们整个团队努力用温暖、信任、平静、充满爱的心态去实施，真正把幼儿的发展落到实处。

二、自然教育课程的建设历程

二十年来,我园依托四项省市级科研课题,持续探索与儿童共生的自然教育课程。我们始终把儿童放在环境和课程的中心,把顺应自然天性作为开展教育的基点,将课程建设、文化建设和特色办园三者有机结合,走出一条"科研导航、提升教师、培育幼儿、成长园所"的有效路径。

(一)源于自然——因环境 而教育(2000—2006 年)

1. 立足本土资源创设环境

2000 年搬迁至新园区后,我们根据本土自然资源优势和教育回归儿童生活的理解,打破已有禁锢,用儿童视角解读幼儿、重构环境,认真观察、寻找幼儿心灵中的纯真感受,逐步打造"生态自然、富有价值"的户外环境,注重环境的动态性、教育性与多元性,让幼儿融于自然、戏于自然。

2. 启动主题活动改革课程

丰富多元的户外环境能不断激发幼儿的探究兴趣。为此,我们丢掉传统教材、打破静坐静听的教育方式,以"自然主题探索活动"为突破口进行课程改革。全体教师从关注教材到关注幼儿,从照本宣科到生成活动,从知识传授到操作体验,资源利用、生成活动、幼儿为本的教育意识显著增强。

环境自然:把大自然作为活教材,将贴近幼儿生活、富于变化、能引发幼儿探索的本地动植物、沙石、水、土等自然资源引入幼儿园,追求简洁自然的环境。

(二)归于儿童——因环境 为儿童 而教育(2007—2015 年)

1. 生成园本自然特色活动

虞永平教授在我园 2012 年出版的《自然的情怀——自然教育探索之旅》序言中写道:"以自然为源,不是无聊晃悠,是遵循童年特点和规律组织幼儿园课程,让幼儿经验有序、综合、完整。"结合丰富的户外环境,我们把儿童多样经验获得作为活动生发依据,生成"自然探索、户外混体、自然区角、

自选游戏、种植饲养"等特色活动，日常活动因环境而生，环境也因活动需要而变。

2．形成园本课程理念内容

结合《指南》"关注幼儿学习与发展的整体性，注重领域、目标间的渗透整合"等要求，我们厘清特色活动和园本课程关系，凝练"顺应自然、因性而为"的课程理念，从幼儿一日生活涉及的活动全面架构课程，关注经验的连续性、全面性、关联性和协同性，注重各类资源融合，形成日常生活、野趣运动、自主游戏、探究主题、节日节气五大版块课程内容。

自然教育：一方面充分挖掘利用本地丰富自然资源，让大自然成为"活教材"；另一方面尊重儿童的心智、身体和灵性，顺应自然、因性而为，让教育充满自然意蕴。

（三）走向优质——因环境　为儿童　促发展　而教育（2016—2020年）

1. 建立多要素、全方位支持体系

儿童个体全面发展的落地实践是幼儿园整体优质发展的"最后一公里"，也是最难一步，需要在各层面落实已构建的课程框架。为此，我们建立与课程共生的园本教研、家园共育、全员协作等多维联动体系，通过调整一日作息，推进课程生活化、游戏化，构建全员专业共同体等方式，促进园内外所有人事物都为幼儿发展提供支持保障，让保教一体、和谐共育成为新常态。

南幼（晴天）一日作息时间安排	
时间	活动内容及形式
8：00—8：40	入园活动、自选游戏（个人、小组）
8：40—9：30	全园混合型体育活动
9：30—9：50	盥洗、早点等生活活动
9：50—11：00	游戏活动/探究主题（个人、小组、集体）
11：00—11：20	餐前活动、餐前准备
11：20—12：20	午餐、餐后整理、散步
12：20—14：30	午睡、起床整理、盥洗等生活活动
14：30—15：00	午点、餐后整理
15：00—16：00	年级体育活动/游戏活动/探究主题（个人、小组、集体）
16：00—16：30	餐前活动、晚餐
16：30—17：00	餐后整理、离园

南幼（雨天）一日作息时间安排	
时　间	活动内容及形式
8：00—8：40	入园活动、自选游戏（个人、小组）
8：40—9：00	全园室内早操活动
9：00—9：30	盥洗、早点等生活活动
9：30—10：10	课程团讨、艺术活动等（个人、小组、集体）
10：10—11：00	区域游戏、结构游戏、主题活动、功能室活动（个人、小组、集体）
11：00—11：20	餐前活动、餐前准备
11：20—12：20	午餐、餐后整理、散步
12：20—14：30	午睡、起床整理、盥洗等生活活动
14：30—15：00	午点、餐后整理
15：00—16：00	区角游戏、结构游戏、主题活动、功能室活动（个人、小组、集体）
16：00—16：30	餐前活动、晚餐
16：30—17：00	餐后整理、离园

2. 看见每一个人，关注每一刻事

保教质量高低取决于课程中每一个人和每一件事，由日常活动质量和员工专业水平决定。我们通过活动资源库的建立、员工职责的调整、师幼评价视角的转变、幼儿行为观察指标的细化、活动操作指南的形成等建构立体的课程体系，通过资源、活动、课程的不断整合，从"满足一般儿童发展需要"走向"满足个体儿童全面发展需要"，实现时时处处皆教育、人人都是教育者的目标。

教育自然：园内外人事物、日常活动、管理评价及师生发展融为一体，园所文化伴随课程成长内化于全体员工知识结构和教育行为中，幼儿园整体优质发展，教育自然而然。

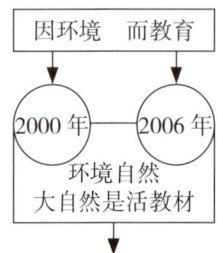
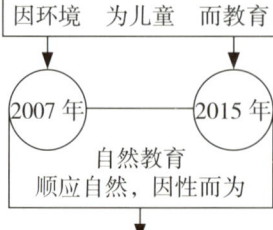
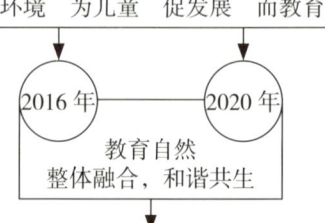

三、自然教育课程的体系构建

从 2000 年开始，我园立足本土资源、回归幼儿一日生活，重视最基础的多样活动，坚持寻常活动中对高质量的持续追求，把儿童经验获得和连续生长作为课程调整依据。在"儿童融入环境→环境生发活动→活动形成课程→课程发展儿童→儿童改变环境→环境丰富课程→课程哺育儿童"的螺旋上升中，不断理清儿童与资源、环境、课程的共生关系，园所特色从"环境特色→理念特色→课程特色→文化特色"，课程内容从"满足一般儿童发展需要"走向"满足个体儿童全面发展需要"，实施人员从行政教师到后勤一体、家园社协作，自然教育的完整课程体系得以建立，园所呈现"环境自然、教育自然"的独特文化。

（一）园所整体环境——简洁自然、贴近生活、交互融通

幼儿园环境是幼儿的生活场所，应简约自然、朴素清新，让幼儿有舒适感和生活气息。结合本土资源，我们站在儿童视角创设环境，基于儿童兴趣生成活动，实现"儿童创生环境和活动、环境和活动哺育儿童"的互构。

1. 户外环境——借自然之力、发自然之性、成自然之长

为了让环境为幼儿所有、归幼儿操纵，园所环境的动态调整从未间断。最初我们大量移植常绿树，但幼儿对四季常绿的树不感兴趣，于是换植开花

结果、特色鲜明的树。为了在有限空间挖掘无尽教育资源，种植花草树木、铺设沙石泥土，我们精心筛选、潜心挖掘其教育价值。生态多样的环境吸引幼儿走进自然、主动探究，身体、心智和行为与自然融合，促进自然生长。

如全园有五十多个树种，其中包含二十多种果树，所有树不挂名称牌，给幼儿留下探究空间；植物迷宫混种茶树、绿化小树、海棠花树，促进幼儿细致观察、留心身边事物异同。香蕉林从几棵扩种成一大片，地面专门铺设凹凸不平的环境，满足幼儿运动、探究、游戏等多种需要。小溪根据幼儿活动不断改造：滴石水磨便于观察水流动，中间部分除去大石头让幼儿戏水，大水池养殖水生动植物，增设科学探索需要的水槽水渠等。种植园每季果实有结地下的、结地上的，有种沙池的、泥地的、水培的。幼儿对园内外树种探究对比后，给园长写的建议信里增添了银杏树、松树……

2. 室内环境——对一日生活进行"教育加工"，为幼儿生活服务

幼儿一日生活不只是吃喝拉撒的生理需求，还蕴含各种能力、品质、情感等学习与发展机会。我们对一日生活活动进行"教育加工"，让生活和环境自然结合。幼儿用他们看得懂、能理解的方式来记录表现，把一日生活中的想法、观点表征出来，将活动过程"思维可视化"呈现，让环境随幼儿"动"起来，发挥育人价值，促进幼儿与环境、同伴的交流互动。

如针对不同年龄幼儿自理能力需求，环境中呈现"穿衣、叠被、洗手步骤图""一日活动流程图"等，自然给予暗示。对每日幼儿生活涉及的食谱统计、水果间餐、天气播报等进行教育加工，自然渗透各类学习，帮助幼儿获得持续生长经验。譬如水杯架：小班——对应、中班分组点数、大班横纵坐标；再比如天气播报：小班关注天气与生活关系，中班加入周统计分析，大班结合温度记录融入多种图表分析，思考天气与气候关系；主题活动中探究问题和解决方法的阶段呈现，利于幼儿回顾讨论，促进深入探索……

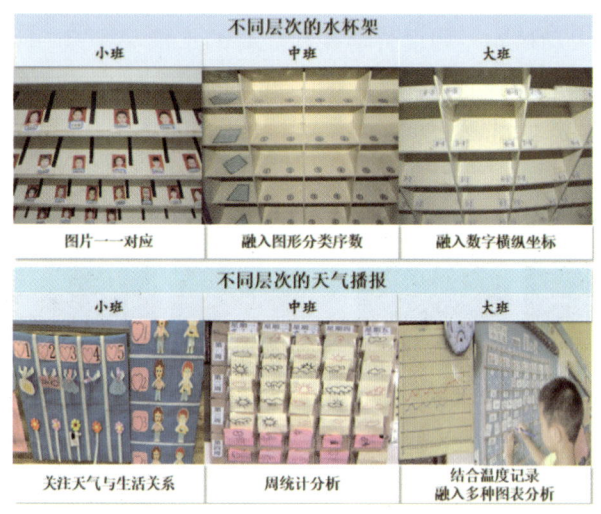

3. 室内外环境——基于资源、活动互融共生，促进幼儿全面发展

随着园本课程内容的完善，我们整理室内外各类活动关系。针对室内环境窄小、户外环境宽敞等情况，深入挖掘开发户外活动，并打通室内外活动的联结渠道，让户外环境成为幼儿学习、游戏的实践场，室内环境成为活动回顾讨论、经验表达、创造表现的准备场。室

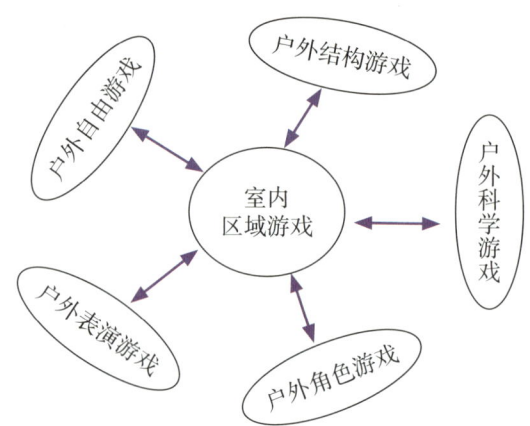

内外环境的联结融通,促进了室内外活动的共生共长及幼儿经验的持续生长。

如后花园的买卖游戏中,有幼儿想开蛋糕店时,他们就提前计划卖什么样的蛋糕,用什么材料制作,然后在室内区域先制作再到后花园卖,根据买卖情况到室内反思调整;香蕉林表演游戏需要装扮道具,幼儿就在室内区域自选材料制作道具;户外大结构游戏搭建技能欠缺时,室内多样的桌面、地面等小结构游戏便成为大结构游戏的补充;在户外探索的自然主题,也因室内主题墙探究历程的呈现而不断向纵深发展……

(二)课程目标内容——自然渗透、活动多元、结构合理

1.日常生活:帮助幼儿正确认识爱护自己,学会自主管理

我们从细处入手,重视生活中偶发事件的教育价值挖掘,充分利用生活中的点滴事件,让幼儿在关注生活、热爱生活中,养成良好行为习惯和文明生活方式。

如吃水果环节,我们投放夹子、筷子等,让幼儿根据生活墙上的数量提示自主取餐,使精细动作、自主管理、数学认知得到发展。吃水果时,小班仔细观察不同水果的外形、颜色,为语言表达、艺术表现提供活源头;大班讨论水果产地、对身体益处等,探索气候和植物关系及健康生活方法……

日常生活具体内容：自主入厕 班级公约 自主喝水 卫生扫除 晨间签到 新闻播报 一日餐点

一周水果统计　　　　　　　　　幼儿自主取餐

2. 野趣运动：促进幼儿身体素质的提高，喜爱运动习惯陪伴终生

我们把各年龄段运动目标蕴藏在环境、材料中，让幼儿自主选择、自主运动。打破年级、班级界线的户外体育活动，让运动充满"野趣乐"，使幼儿运动能力不断增强。

如每天上午是全园混合型户外运动，下午是有针对性的年级体育活动。在每天自由自主的运动中，大大小小的幼儿结伴爬山、捉迷藏、荡秋千、爬树，玩得非常愉悦投入。我们看到了亲近自然的幼儿，看到他们的大方自信、大胆交往、想象创造及对运动发自内心的热爱……

野趣运动具体内容：
全园混龄　年级项目
班级体能　家庭运动

3. 探究主题：引导幼儿用心观察研究事物，根植生命智慧

我们结合家园社资源优势，以身边内容为主题探究，恢复人—自然—社会的彼此联系，在亲近、探究自然中学会尊重、保护自然，实现可持续发展。

如"树"主题探究，当幼儿发现芙蓉树开变色花时，为了探寻红花变白还是白花变红，有从颜色渐变观察分析、有从花开盛蔫形态判断、有在树上系红白雪花片验证。当发现小鸟啄果子时，幼儿讨论后采用"做开放鸟笼放树上，里面放小鸟喜欢吃的食物，同时果子套袋保护"的方法，让鸟笼里只有关爱、没有陷阱。

探究主题
具体内容：
生活事件
自然主题
种植饲养

做标记探寻变色的芙蓉花

树主题活动中幼儿观察研究树皮

4. 自主游戏：培养幼儿遇事有责任有主见，善于合作交往、想象创造

我们坚持"回归幼儿、回归自然"的真游戏理念，坚守"自由、自主、愉悦、创造"的游戏精神，强调幼儿思维、情感的深层次参与和全情投入。

如具有坡地凹凸不平、树林浓郁茂密特点的香蕉林，是幼儿最喜欢的游戏场，不断生发出躲藏、角色、表演等各类游戏。2006年，一次大班幼儿的追逐玩耍，诞生了幼儿百玩不厌的"夺旗"游戏，该游戏发展过程是从"重运动能力发展的追逐嬉戏→融社会性发展的角色交往→助领域目标渗透的全面发展→促身体情感的融通发展"。

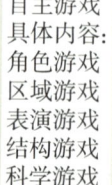

5. 节日节气：增强幼儿对中华文化的认同感和自豪感，感受生活的美好

我们结合传统、地域文化及幼儿年龄特点，精心筛选富有教育价值的节日节气，强调幼儿在节日节气活动前、中、后的全过程参与，让大社会成为探索学习的大课堂。

如我园将元旦、除夕、春节、元宵融合为"新年月"活动。元旦前幼儿进行新年习俗研究、家园新年环境布置等，制灯笼、剪窗花等活动自然融入；元旦全园开展亲子运动会、包饺子等活动感受团圆气氛；春节元宵期间，家园结合社会文化资源，开展写春联、送祝福、编灯谜等活动……

结合春节创作年画　　　　　　　　幼儿的剪纸手工及春联

自然教育课程注重提供给幼儿自己选择、解决问题、与他人合作或学习丰富语言的机会，不断引发思考，发现规律。让始终处于深度、丰富多元学习和探索中的南幼孩子热爱自然、乐于探究、自主创新、言行文雅、观察敏锐……

（三）课程实施评价——融于日常、家园合作、动态发展

幼儿发展是一个持续渐进的过程，只有不断深化前期经验，学习才可能深入、能力才可能巩固。我们通过一日作息调整，课程生活化、游戏化推进，家园社共育桥梁搭建，师幼评价视角转变等，建构起了注重过程的动态持续发展评价体系。

1. 课程生活化——通过生活、学习生活、面向生活

如大班数学经验，把目标与生活相融合开展"周末5元购物"活动。周末幼儿和家长讨论、计划购买的物品内容和价格，然后独立购买并做记录。下周一，幼儿把记录单带到幼儿园，教师帮助梳理经验，如购买技巧线路、相关数学经验等。在持续的家园购物活动中，幼儿生活、数学经验得到累积提升。

2. 课程游戏化——基于经验、着眼幼儿、聚焦发展

如中班幼儿基于幼儿园大门外的自由集市经验，在后花园生发"赶集"游戏，游戏中模拟集市买卖交易。当出现"手机扫码付钱"行为时，教师意识到这是帮助幼儿建立科学用钱意识的好时机，于是引导幼儿回家调查"手机里的钱来自哪里"。家园合作中，幼儿计划用钱的生活经验得到丰富，游戏也不断深入开展。

3. 家园社连接——立足资源、注重融通、合作共育

如中秋活动，我们以"团圆"为主旨，结合生活让幼儿理解"团圆"含义，充分利用中秋期间的自然、文化资源，通过与家庭合作，让幼儿充分体验感受中秋节的习俗，并把相关经验运用到园内游戏、食育等活动中，促进各类活动的自然整合交融，有效实现幼儿的完整深度学习和整体和谐发展。

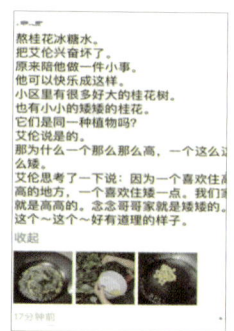

4. 考评视角改变——回归幼儿、聚焦发展、落地行为

如调整传统考评方式，从技能考评转为常态活动中的幼儿发展考评。将传统的保育员叠被子技能考核，调整为日常午睡后，行政深入现场观察了解幼儿叠被子情况。考评方式的转变，促使保育员将应付自身考评转向关注幼儿能力的发展。这种方式使考评也有了教育和幼儿发展的价值。

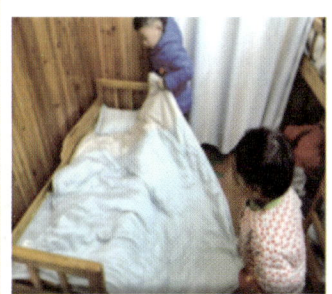

5. 幼儿发展评价——细化指标、提供抓手、着眼过程

细化"园本课程具体内容及实施指南""自然教育课程幼儿行为观察指标"等，为教师过程性诊断提供支持，形成系统的各类活动发展评价点，让教师心中有目标、眼里有幼儿，随时有教育。如科学活动有生命科学和物质科学两类，每类各有不同的内容目标等。

园本科学活动内容目标

周围事物现象	日常各类课程	内容列举	活动目标
生命科学	自然主题	大班：树朋友、养鱼、蜗牛、香蕉林、水、小乌龟、植物 中班：竹子、沙、蚯蚓、种植、蚂蚁、花、小鸡小鸭、蚕宝宝 小班：可爱的小鸡、好吃的水果、可爱的小兔、我们的幼儿园	喜欢探索周围事物、爱思考、爱提问、能与同伴合作探究与分享交流，关注了解自然、科技产品与人们生活的密切关系，知道尊重和珍惜生命，保护环境。
	种植饲养	种植：种植园呈现植物的丰富性与多样性。班级种植园以亲子种植、问题种植、自愿种植为主。 饲养：动物角常年饲养小兔、小鸡、小鸭、鸽子等各类常见小动物，根据主题有选择饲养特别的小动物。	感知生物的多样性和独特性，关注水、空气、土壤的清洁，感知适宜的环境对动植物的重要意义，珍惜生命，保护环境。

	随机探索	在小溪中捉蝌蚪、探索芙蓉花变化、摘茶、摘香蕉、统计幼儿园树的种类、探寻小树枯死的原因、寻找蚂蚁的家……	体会大自然的美与奇妙，热爱大自然，养成留心观察身边自然变化的好习惯，善于发现问题、分析问题和解决问题。
	天气预报	小班：天气与自己衣着、生活的关系。 中班：了解四季、关注天气的变化对生活的影响。 大班：了解季节变化的周期性，探寻气候变化的原因。	关注身边自然现象，了解气象与人们生活之间的关系，理解环境保护的重要意义。
物质科学	户外科学游戏	巧提沙、做蛋糕、挖隧道、滚动的车轮、做陀螺、摔响炮、竹蜻蜓、制作风车、自制风筝、站立的稻草人、制作不倒翁、吹泡泡、冲转水车、自制水枪、搭桥、动力小船……	感知沙水泥的基本特性，启发探索、实验精神，在探究过程中了解物体特性、结构、功能及相互联系，养成自主探索学习的习惯，培养发现、分析和解决问题的能力。
	随机探索	可自由玩沙、玩水、玩泥，也可随机开展各类关于自然的科学小实验，如沙土对比种植、打捞小溪中的落叶、树叶百变探索……	亲近大自然、热爱大自然，在观察探索中感知大自然的多样性，增强对自然的敏感性及培养留心身边事物、仔细观察自然的习惯和意识。

四、自然教育课程的管理文化

说到管理，可能大家就会想到一系列的考核细则和条条款款的制度，的确，一个团队的管理，完善的制度细则是基本保障，但知道这些制度细则怎么形成也很重要。是拿来主义还是基于本园问题解决而逐渐形成的？如果是拿来主义，再多的制度和细则，可能只会成为应付检查的纸质文档，无法真正去指导改变教师行为。教育不是流水线上的产品管理，教师面对的是一个个鲜活的生命，一个个独特的个体。有句广为流传的教育名言是这样说的："教育的本质是一棵树摇动另一棵树，一个灵魂去唤醒另一个灵魂。"如果没有一群富有生命力、充满活力、具有优秀品质和强烈的责任感，富有教育情怀的教师，幼儿园再多的考核细则都是一句空话。

文化是什么？文化决不是贴在墙上的口号或标语。著名作家梁晓声曾说："文化是植根于内心的修养，是无需提醒的自觉。"文化不是打造出来的，是内生形成的。资源、活动、课程整合的最高境界，就是形成园所特色文化。所以，文化是幼儿园发展的最高境界，是一个持续累积形成的过程，园所只有找准突破口，充分发挥优势，不懈努力，才能逐步形成独特的、优化的、稳定的办园思想和课程体系。当理念体系浸润于全体员工的内心，内化成所有人的工作准则和自觉行为、专业坚守时，独特园所文化就自然形成，幼儿园也会实现整体优质发展。我园自然教育课程是面向生命、指向生成、归向生活、走向共生的完整生态教育，落地于个体儿童全面发展的实践形态是幼儿园整体发展的最后一步，需要幼儿园在实践的各个层面、各个环节落实已构建的框架体系，建构与课程共生的园本教研、全员协作等多维联动支持体系，促进教育更完整和有意义。现在，"环境自然、教育自然"也成为南幼全体员工的基本教育观和课程观，家园社所有人都努力让每个幼儿在活动中的思想看得见、学习看得见、经验看得见，让每一个寻常时刻都幸福和有意义！

（一）沉淀优质活动——确保"抓手"和"质量基线"

近几年幼儿园课程中出现了"放羊式"的幼儿自由、教师自主现象，且不说教师素质、责任心参差不齐，就算一位业务能力强的老教师，要让她自主利用园所资源设计一日各类高品质活动，也是心有余而力不足，更何况在幼儿园快速扩展、年轻教师大量加入的今天，许多园所不管教师经验水平一味要求班本课程，求特色、求创新，故而导致许多教师设计的活动要不就是网上一大抄，要不就是今天的活动和明天的活动没有联系，这个活动和那个活动经验没有连接，日常活动大多简单重复、经验零散、低水平、无价值、无挑战。幼儿在园生活的质量由幼儿在一天中所经历的各类具体活动质量决定。高质量的教育都是精心策划的，教师前三步，幼儿才能进一步。优质的、高品质的活动不但能吸引幼儿热情投入参与，而且会帮助幼儿不断获得新经验，促进幼儿的完整学习和深度学习，帮助幼儿积蓄未来发展所需的宝贵品质和能力，为后继学习和终身发展奠定良好的素质基础。所以，依托园本资源生发、积累丰富有趣的高品质园本活动应该成为幼儿园课程建设的重点，它不仅能避免能力参差不齐的教师把时间浪费在无价值、无意义的活动选择和组织上，无谓消耗教师和幼儿的时间精力，而且能确保日常课程的底线，有效促进幼儿经验递进累积并向纵深发展，把幼儿全面发展落到实处。

为了避免日常活动的随意和无底线，特别是新教师的想当然，在园本课程建设中，我们注重园本活动的持续优化和模式提炼，建设园所活动资源库，把教师在实践中有趣有效的活动保存起来，将精品活动留痕留档，并再使用、再改造和再实践。在持续深入的园本课程建设积累中，不断有新活动入库，不断有教师去改造和完善，最后优化形成高品质的丰富园本活动。如后花园娃娃家、社会角色游戏、香蕉林夺旗、表演、捉迷藏等游戏，沙水泥区的动力小船、做水枪、摔泥碗等科学探究活动。同时我们注重提炼具体活动操作模式为一线教师的抓手，如针对"水果采摘"随意现象，提炼"观察辨别—撰写海报—收集工具—现场采摘—分享果实—总结回顾"模式，确立"语言表达、问题解决、计划反思"等全域目标。确定生活活动的大移除小班重兴趣、中班重意识、大班重计划等发展点，促进幼儿多样化经验获得及完整深度学习，确保日常课程质量基线及园本课程的传承创新，同时也是对教师智慧的尊重。

撰写海报

采摘现场

与园长妈妈分享

现我园已形成了各类课程的优质园本活动系列成果，有具体的活动内容提供选择，如自然主题：大班"树、水、昆虫、动物"等，中班"花、蚂蚁、蚕、小鸡小鸭"等，小班"幼儿园、小动物"等。同时，我们还注重提炼各类活动的独特价值及各年龄段幼儿发展的核心经验，注重层层递进及累积提升，让不同层次教师能在课程实施时"心中有目标、眼中有幼儿、随时有教育"。如生活活动"水杯架"：小班——对应；中班分组点数；大班横竖坐标。"天气预报"：小班关注天气与生活；中班加入周统计表；大班融入各类图表统计分析。"泥区"：小班自由造型，积累泥土黏性、造型经验；中班自制车轮、泥陀螺，积累滚动、转动等经验；大班自制不倒翁、玩摔泥碗，积累平衡、重心等经验。各年龄段表征记录能力：小班：图画、符号、粘贴、夹、插、照片、成人代为记录；中班：图画、其他符号、简单的记录表和调查表；大班：图画、图示、调查表、统计图表、记录表、统计表、做计划、做标本……最后形成了"自然教育课程内容及实施指南"，帮助年轻教师在模仿学习中运用内化，促进优秀教师在保底基础上的拓展创新。

"自然教育课程内容及实施指南"部分内容（全部内容见附录一）

活动名称	核心经验	各年龄段突破重点	各年龄段实施途径和具体内容	自然融入的全面发展经验
日常生活	自理自主	小班：自理能力	小班： 1. 日常生活 （引导下自己穿脱衣物叠被、收拾整理、不挑食、喝白开水、细嚼慢咽、作息规律、坚持刷牙、正确洗手、不随地吐痰、不乱扔垃圾、节水环保等） 2. 餐点利用 （食材认知、饮食文化、饮食技能如：亲子制作、认知菜谱、认识健康食物、辨别生熟等、点数取食、食品安全演练、区角制作、种植饲养、种植食物、参观农贸市场、创设食育环境、了解食物来源等） 3. 晨间签到 （自我关注、认识同伴、坚持上幼儿园等） 4. 天气播报 （关注气象、星期、穿衣指数等） 5. 新闻播报 （关注身边事、多元记录、家庭归属感） 6. 班级公约 （与孩子一起讨论的、动态的） 7. 情绪表达 （情绪卡、情绪发泄屋等）	小班： 1. 秩序感和安全感 （环境标识、活动流程等） 2. 健康 （自我保护的意识） 3. 语言表达 （能听懂日常会话，能口齿清楚表达，并作出回应） 4. 社会认知 （大胆询问、倾听） 5. 数学认知 （对应、次序、数字、点数、颜色、大小、形状、种类、方位、标记等） 6. 科学探究 （仔细观察、能初步的提问）

（二）提升课程领导力——从"管理"走向"领导力"

在自然教育课程的深入实践中，我园行政团队的管理方式逐渐从"管理"走向"领导"。"管理"从定义上来说，指在特定的环境下，对组织所拥有的资源进行有效的计划、组织、领导和控制以便达成既定的组织目标的过程。从定义里可以知道，要达成目标，就要按领导者自己的想法进行计划、组织。而"领导"的定义是：领导者为实现组织的目标而运用权力向其下属施加影响力的一种行为过程。如幼儿园文化的组织目标，领导者要去思考怎么样对下属施加影响力，不能以领导者的想法和要求强制执行。施加影响力可以有多种方式，如通过环境氛围浸润、文化打造、优秀教师示范榜样、教师专业水平提升等，促进团队所有人向组织目标前进，而不是按谁的想法去做。杜鲁克说，领导者一定是有人跟随，跟随你，你就是领导。不是说有职务就是领导，比如园长这个职务不叫领导，只能叫行政职务，领导要有人跟随，跟随原因一定是因为你的专业人格、视野、价值观、信念等。

在园本课程深度推进实施中，要重视行政团队的领导力建设，强调行政不能把自己看成负重前行的纤夫，不能把教师看成需要纤夫去拉动的逆行之舟。行政要充分发挥领导力的作用，建立"跟我来、看我的、一起做"的勇气和专业自信，给予足够投入和专业陪伴，努力把团队引向一个共同的目标和方向，真正成为教师专业成长的"牧者"。在日常课程实施中，我园行政团队和教师一起深入教育现场、聚集活动中的幼儿，一起基于日常课程的实际问题去解决改进。我们深知：优秀的教师和优秀的医生一样，是在日常教育实践中的儿童大数据中喂养出来的，只有这样，才可能培养出教育的敏感性，明白教育的大道理，从而因材施教、因势利导。经常有到我园跟岗学习的教师问："行政办公室为什么经常没人，行政去干什么了？"行政在巡班、在教育现场，在和教师一起分析幼儿的行为和想法，识别筛选幼儿的困难、问题中的学习机会，在思考帮助幼儿延伸拓展经验及提供挑战。

如大班搭桥游戏，大班幼儿在大带小中发现桥少不方便，于是准备给弟弟妹妹在小溪上搭几座桥。刚开始搭桥时，幼儿们寻找了生活中的轮胎、结构游戏中的长积木等材料来搭，这些材料比较简单，搭建也快。很快，稳固的桥就搭建好了。接下来的搭桥活动，幼儿们熟练地按已有经验不断重复搭桥。这个活动是否到此为止？大班幼儿的深度学习和发展在哪儿？行政和教师一起商量研讨后，找了农村木匠去山上找长短不一的圆柱形木头，代替标准长方体积木挑战幼儿。

于是，幼儿们开始用圆柱形木头探索搭桥，当出现滚动、不稳定、不牢固等问题时，幼儿们就在积极想办法解决问题过程中，获得认知、合作、情感等多方面发展。在幼儿们用圆柱形木头搭建出多种形状的稳固小桥后，行政在户外混体中观察发现：由于搭建的桥面窄，只能容纳一个人，大带小时，小班幼儿一个人走前面害怕，只能爬过桥，于是，行政提示教师聚焦引导大班幼儿通过比较、测量、计算等方法去解决问题。在搭建两个人、三个人甚至四个人并排过的宽桥探索中，幼儿们自然要去了解、运用相关数学知识不断解决问题，促进了深度完整学习。我园行政团队已从行政指令转变为专业引领、从任务布置转变为共同解决问题，有效促进了园本课程的不断升华。

（三）激活教师生命力——认同感、成就感和决策权

生命力是维持生命活动的能力、生存发展的能力。生命力应该源于人们的内心，是一份信念，一种坚守，一句承诺。幼儿教师的信念坚守到底靠什么？靠金钱？靠说教？讲奉献讲坚守？教师内心没有感动、没有感受，凭什么坚守？在工资待遇认可度都比较低的情况下去坚守？这些都是不行的。怎样才能激活教师的生命力？

1. 认同感

一是来自同行的认同，非常感谢全国各地来南幼跟岗学习的同行们，虽然我们的园本课程建设还在路上，虽然我们的课程和团队还不完美，但每一次跟岗结束后，同行们都给予了我园教师最大的肯定和鼓

励，给教师们带来认同感。记得桂林幼教专干们在一周跟岗学习后，专门编唱了一首桂林山歌感谢我园教师，很多教师当场感动流泪。有跟岗团队给教师们送锦旗、鲜花表达感谢，我园有教师说"感觉自己在做的教育是被人赞许的，这就是职业的幸福感"，还有教师说"暖暖的感动，幸福的流泪，油然而生的职业幸福感"。二是来自家长的认同，家长对我们专业的认同非常重要，我园小班新生开学第一次家长会全园统一开，园长向家长介绍了南幼的日常课程体系，以小事情为例给家长剖析幼教的重要及专业思考，如家长最关注的小班幼儿吃饭穿衣、争抢玩具、告状等问题，我园教师会如何处理，背后的专业思考是什么，带给幼儿终身受用的品质是什么，引导家长转变教育观、树立课程观，认同教师的专业性。有了这些基础后，教师接下来的日常课程实施，包括家园融合、各类活动配合协作共育等就有了一致的方向和思路，家长也会随着幼儿三年成长逐渐成为教育者。

2. 成就感

成就感从哪里来？从教师自身的专业进步和幼儿的成长中来。我们一定要做真教育，不要去追风、盲从。曾经调查过一些学前教育的大学生，他们觉得最摧毁他们专业信心的就是大学学的理论与在幼儿园实习时的现实情况是相违背的，导致他们毕业后不愿意到幼儿园任教。所以一定要做真教育，在真教育真研究中，教师会感受到专业的进步、幼儿的成长，才会有职业的

成就感。如我园一日活动时间安排调整就是在真研究中不断调整改进的，还给师生真发展。最初我园的一日活动顺序为"晨检—早操—集体教学—体育活动—区域游戏"，活动内容多、转换环节多，一上午教师感到像打仗一样，上一个活动师幼都还没有充分感受体验，下一个活动又开始了。在这过程中，幼儿的常规习惯不容易养成，教师也疲于应付，特别是幼儿的游戏活动时间不够，匆忙开始又匆忙结束，没有深度探索学习的可能。于是，我们进行分析调整，把早操和户外混体进行整合，幼儿晨检后，就是全园户外混体，让幼儿自主选择、自主运动，幼儿们特别喜欢，每天盼望早早入园，早上的良好情绪会带给幼儿一天的好心情。户外混体后是间餐，间餐后就是一个小时以上的主题或者各类游戏活动，让教师有充分的时间去观察幼儿，幼儿也有充分的时间去体验和享受各类活动。

再如对空间、材料的支持保障。如积木游戏带给幼儿的重要发展大家都清楚，但以前我园积木游戏只限于窄小活动室里的一个小角落，小角落里只能容纳三四个幼儿，积木也很少，参与的幼儿和发展空间都受到限制。于是，我们将园大门口外政府为我园教师修建的宽大车棚，改造为幼儿建构游戏区，同时投放了大量的各类积木和材料，让全园幼儿都可以玩积木游戏。以前我园库管员只管资料、物品借还，现在则能依据班级课程需要提供各类物质准备，如幼儿们经常需要防水的雨具，资源库的教师会将其放在方便幼儿取放的地方；班级常用的废旧材料则会在大门口进行每天收集，放在开放场所，方便教师幼儿经常取用……场地、时间、材料的充分保障，让教师们不仅感受到了课程带来的解放和发展，而且能静心实施课程，生命力得以激活。

3. 决策权

决策是做出决定或者选择。在现场的教育情境中没有绝对对错，重要的就是价值辨析。教育永远没有统一的模式方法，不同的幼儿在不同的情境下，应该有不同的教育方法。老祖先早就告诉我们因材施教、因势利导很重要。如在幼儿的小组协商中，如果看到平常特别强势、有主见，经常命令同伴做事的幼儿，可以压制一下，让他先听别人说，学会聆听尊重别人的意见，因为社会需要会合作的人。而对胆小懦弱、不敢发表意见的幼儿，教师就要去鼓励他、给他机会和条件，让他能大胆表达自己的意见。但在游戏小结时，强势有主见的幼儿则要鼓励他多说,因为他的想法可以启发其他幼儿。所以,对同一个幼儿,不同情境下则要用不同的方法支持。如幼儿们为了解决问题,很多时候采用石头剪刀布或者举手表决方法,但不是所有问题解决都适合用这些办法。

教师在日常活动中拥有专业决策权非常重要,这可以让教师知道做什么及为什么这样做,教师学会思考是其专业成长及促进幼儿发展的基础。如我园大班幼儿在选择毕业典礼衣服时,出现了意见不同的问题时,教师思考后,没有按传统方式让他们划拳或投票解决,而是把问题当成教育契机,让他们通过调查、记录表达自己的看法和选择理由,尝试用证据去说服对方。这个过程中,幼儿语言、思辨、协商等多方面能力得到发展。国庆节七十周年大庆时,大家都认为这是对幼儿进行爱国主义教育的好时机,于是许多园所轰轰烈烈开展唱红歌、摇红旗,脸上画国旗的庆祝活动。我园教师结合这些现象思考:唱唱红歌、摇摇红旗、脸上画画国旗就能根植幼儿的爱国之情吗?这类活动的价值取向在哪儿、幼儿发展在哪儿?通过讨论,教师们认为教育不应是临时起意的敲打,而应是恒久深厚的渲染。爱祖国、爱家乡的教育更需要结合日常课程进行持续推进、自然浸润,才会让幼儿内化于心、外化于形。其实,同样的问题事件,不同班的幼儿会有不同的选择,这就是教师专业价值的体现,也是开放课程的魅力所在。在真实的教育现场没有非此即彼,更多的是考验教师的专业思考和智慧,让教师成为课程的主人翁和决策者非常重要。

(四)重构各类关系——建立民主、和谐、共生关系

教育由多要素组成,是整体联系、相互促进的。幼儿的一日生活也具有重复性、琐碎性、教育性的特点,保教一体是幼儿教育的重要特点。因此,我们课程实施人员从园内发展到园内外所有人员,强调联系生活、连接家庭、关注过程、自然渗透,不仅建立以课程实施为中心的园本教研、家园共育、前后勤协作、资源提供等多维联动体系,而且基于日常实施的整合性与自然性,重构了"放开引导"的师幼关系、"紧密共育"的家园关系、"前后勤协作"的保教关系等来促进课程的整体融合、自然渗透,努力让园内外所有人

事物都为幼儿成长提供支持和保障,让保教一体、和谐协作成为常态。

人际氛围的和谐性:教育质量高低取决于团队专业素质,自然教育课程最终要转变为幼儿行为素养,一定是基于师幼互动质量和团队协作保障。随着前后勤一体化管理推进,全体员工的儿童意识、课程观都有了根本转变,整个团队团结一心、聚焦儿童、醉心研究,就连后勤各部门人员也会主动学《指南》、用《指南》,逐渐向专业化迈进。如保安会在晨间和幼儿打招呼时,依据幼儿不同的性格、情绪给予不一样的招呼;库管、花工、厨师等能随时因儿童、课程需求走进教育现场,为儿童探索学习提供支持保障;厨师会在幼儿邀请下,进班与幼儿讨论食物的准备、加工、处理、分类等;花工会根据班级课程需求来增减、修剪园内植物;保健医生会提供日常餐点教育建议……人人都是教育者,时时处处皆教育,幼儿园的和谐园风得以形成。

课程建设的共生性:在课程建设中,我们始终把儿童放在课程中心,注重儿童与环境、课程的交互作用、共生共长,使儿童在园所环境、课程建设的参与过程中,从"边缘参与→核心参与→完全自主",实现"儿童创生环境和课程、环境和课程哺育儿童"。其实,教师的成长也是如此,只有与日常课程共生的教研,沉淀于寻常教育时刻的思考,才会帮助教师对自己的教学实践进行不断剖析、反思、提炼、重构。因此,我们根据各类课程专业要求度的不同以及不同层级教师的专业现状,建构起了与园本课程共生的立体教研体系,如聚焦"真""小"问题解决的年级组抱团与班级小问题教研,满足不同层次教师及各类课程纵深发展需要的分层教研及课程研究小组等,有效促进了课程与教师共同的持续、动态、深入发展。

家园共育的一体性:在自然教育课程中,家长的工作不是灌输,而是激发、唤醒、点燃。日常课程是幼儿成长的载体、家园合作的基础,只有基于日常课程实施形成的家园合力,才能帮助幼儿在日积月累中形成终身受用的品质能力。虽然我园约70%的家长来自农村,但在日常课程中,我们注重通过资源、活动让"家园社"自然联结、一体化共育。如幼儿每次游戏结束后,要进行个体游戏反思回顾(图夹文),幼儿会将游戏故事带回家请父母边听边用文字记录,此过程既能帮助家长了解幼儿游戏内容,借助家社资源丰富、拓展幼儿经验,家长的文字记录也能帮助教师快速了解每个幼儿的所思所想,及时进行支持助推游戏开展。日常课程有大量的家长参与的家社资源调查活动、亲子社会实践活动、半日开放活动等，让家长明白身边到处是教育资源、大社会是活教材……通过不断走进、融入自然教育课程，家长们走出了"唯知识技能论"的误区，提升了儿童观和课程观，与幼儿园建立起一种和谐的相互信任和支持的关系，在这种关系中成长起来的幼儿，自然是幸福美好的。

第二章 自然教育生活课程

第二章　自然教育生活课程

第一节　自然教育生活课程概述

一、自然教育生活课程的内涵与特质

"一日生活是幼儿在幼儿园一天的全部经历，是幼儿生命充实与展现的历程，'是个体在参与、体验与创造中，利用环境自我更新的历程'。"[1]如何在一日生活中有意义地支持和引导幼儿成长，成为越来越多幼儿教育者开始思考的问题。我国著名教育家陶行知和陈鹤琴提出的"生活教育"和"活教育"，指出在观察儿童、了解儿童的基础上，教育内容要和儿童的生活相联系，关注生活中的教育价值。《指南》中也多次提及幼儿园教育要珍视幼儿的真实生活。由此可见，幼儿园要重视幼儿在"生活"中的学习，生活课程理应是幼儿园课程体系中不可或缺的重要组成部分。

（一）生活课程开展的常见问题

1. 窄化了对生活课程的理解

教育实践中，教师十分重视幼儿生活起居，认为生活只是管好幼儿的"吃喝拉撒睡"。教师对生活的丰富内涵理解不全，忽视了生活中的心理环境、生活事件中的教育契机对幼儿的影响，以及生活环境对幼儿的教育作用。幼儿在园的一日生活，不是仅仅让他们学会如何健康地"吃喝拉撒睡"，而是要依托生活环节及环境的暗示浸润，帮助幼儿发展各项能力、规范行为、形成良好品质，提升幼儿生活能力。

2. 生活课程开展形式较单一

《指南》中五大领域的目标内容能很好地融入生活课程中，但是在实施的过程中容易固化思维，把本应浸润和享受的生活环节，开展成一节节数学、语言等集体教学，把成人的意志强加给幼儿。生活课程的最终目标不是掌握

---

[1] 李季湄，冯晓霞主编：《〈3—6岁儿童学习与发展指南〉解读》，人民教育出版社，2013年版，第215页。

知识，而是要利用课程中的教育契机引发幼儿对生活的关注、思考与热爱。

3. 生活课程未能回归于生活

生活课程源于生活，理应回归于生活。生活课程的最终目标是能看到幼儿将所学内化于心，外化于行。比如，在日常生活中也能与在园时一样，能坚持饭前用七步洗手法洗手，能坚持自己的事情自己做，而不是在幼儿园里坚持了好习惯，但在家庭中又是另一番景象：不洗手就吃饭，衣服也不会自己穿。现实中，一些教师强调了幼儿在园生活的状态，却未能坚持关注幼儿在园外的真实生活情况。再如幼儿在园学习了系鞋带，但在家庭中鞋带散了，幼儿仍不会主动系，教师也无法及时关注并跟进。这样的生活课程就与实际生活脱节，所学不能为之所用。

4. 生活课程与家社连接较弱

生活课程的实施，既要充分挖掘园内生活资源，也要充分连接社区与家庭。因为幼儿的生活场就是家园社的结合。实践中，存在生活课程开展就园内生活而生活，不与社区和家庭连接的问题。例如，幼儿在园内学习并获得了119相关的消防经验，教师却没有继续推进，让幼儿的经验能延续到社区和家庭中去。教师可以提醒幼儿回到家，观察家中是否有安全隐患，思考如果家里发生火灾，应该怎么办。了解小区里的消防器材有哪些，在什么位置。发生火灾时，可以从哪些地方逃生……类似的一日生活中安全知识的积累其实特别需要家园社的紧密连接。园内的生活课程只有充分连接家庭和社区，才能真正助益幼儿将所学运用于自己的生活中。

（二）自然教育生活课程的主要内涵

自然教育生活课程作为园本课程体系下的课程，强调"顺应自然、因性而为"。要在尊重幼儿天性的前提下，通过真实的生活情景和事件，在自主自理、解决问题、关爱互助、健康的生活方式和习惯、关注社会和热爱生活等方面，促进幼儿能力的提升。

因此对生活课程的理解应是：在幼儿一日生活活动中，教师有计划、有目的地挖掘具有课程价值的生活事件，并将之研发为利于幼儿获得多元的有益学习经验的相关活动的总和。在这一思想的指导下，我园的生活课程致力于关注幼儿生活能力的培养,通过构建和实践快乐而有价值的生活活动,形成自主自理、解决问题的生活课程目标,把传统的教师为幼儿服务的思想转变为在生活情境中,教师采取适宜的支持促进幼儿自理自主能力的发展。

我园的生活课程由以下三个版块组成:一日生活的各个环节、安全教育和食育活动。

一日生活的各个环节以日常生活、晨间签到、天气统计、新闻播报、大移除等生活环节为主要内容,以"自主管理、解决问题"为核心,利用生活中的事件和契机去分辨、思考、解决、行动、积累,帮助幼儿在遇到类似问题时有主见、找方法去解决。

安全教育包含了两个层面,第一是身心安全层面的教育,第二是文化安全层面的教育。身心安全层面:一方面是指心理安全教育,即让幼儿有一份安然的心境,从内心深处对自己所处的环境产生自然、舒服之感,也可以叫作心理安全感教育。另一方面是生理上的安全教育,即人身安全,让幼儿身体、生命不受到伤害和威胁。文化安全层面:主要针对目前成人文化和外国文化对幼儿文化世界的侵蚀,我们的幼儿园课程所做的文化价值层面的审视与实践。一是让幼儿做自己,不必讨好和模仿成人;二是给幼儿根植中国心,让幼儿有中国根、中国魂。

食育活动简单说就是与饮食相关的教育,以食育之,寓教于食。我们以园内的"两餐两点"活动、园外"拓展到家庭食育"活动、家园社结合"节日食育"活动为载体,以小中大各年龄段幼儿五大领域目标为基本发展目标,引导幼儿传承传统的饮食文化,普及健康的饮食行为,树立与自然和谐共生的意识,培养生活的基本技能,发展艺术想象力和创造力。并通过我园特色的四个基本实施途径,如种植饲养活动、正餐活动、间餐活动、节日节气活动,家园社一体化融"安全、自然、健康、快乐、创意"在日常食育浸润中。

(三)自然教育生活课程的核心价值
1. 良好的生活习惯和能力态度培养

生活课程中的起床、盥洗、进餐、收拾整理等生活环节,每天都在重复进行,会生发出许多问题。教师要善于在问题中形成规则约定,利用方法呈现帮助幼儿提升经验,构建幼儿的生活习惯和能力态度。

2. 快乐而有价值的生活情感体验

"自然教育"理念下,我们强调把幼儿的发展融于他们的生活与游戏中,在生活中学、做中学。在生活课程的内涵把握上,注重幼儿日常生活环节的教育价值,也重视具有教育价值的偶发事件的捕捉,与家园社形成生活课程的实施合力,关注三者之间的经验连接补充和运用,最终达到幼儿在意生活中发生的事情对自己和他人带来的影响和作用,愿意热心、积极主动地面对和解决问题,身体、认知、情感和社会性得到发展的目标。

(四)自然教育生活课程的基本特质

1. 渗透性

生活课程倡导学习来源于生活,又回归于生活。这意味着课程实施方式是与生活深深地镶嵌在一起,是一种自然的渗透式学习。因而,教师应积极挖掘生活中利于学习的课程资源,了解各年龄段幼儿五大领域的目标,并将资源转化为幼儿的学习经验。

如从小班开始,在幼儿的一日生活"水果间餐"环节中,教师会投放一些不同难度的取餐工具,如筷子、勺子、大夹子、小夹子等,以及相关数字点卡图片供幼儿自主取餐。这时候小班幼儿的自我服务意识、数学学习和手部小肌肉的灵活性,以及取餐过程中用分散、排队、轮流、等待的方法解决拥挤问题,就在这样真实的生活场景中得以

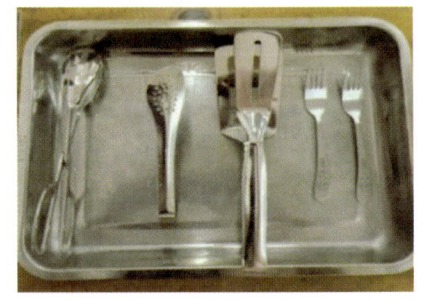

培养。这样的教育就是教师慢慢地、小心翼翼地在幼儿的真实生活开展教育,让幼儿学会更从容自主地生活,过真正的生活。

值得一提的是,当我们将教育渗透于生活的时候,一定不能失去生活中很重要的特性"自然性"。有的教师提出了这样的问题:"为了帮助幼儿经历有意义的一日生活,就鼓励幼儿每天进行人数统计、天气播报、新闻播报,开始是能发展幼儿数学认知和关爱同伴等能力,但久而久之幼儿就出现不感

兴趣不积极参与的现象,这样的生活课程还有必要继续进行吗?"我们认为,作为与幼儿共同生活的教师,应该明白幼儿园教育的"适时随机性"和"灵活多样性"。教师心中要有目标,找准每日活动的侧重点,根据需要灵活地组织与开展。切忌在生活环节让幼儿枯燥地练习一些能力和技能,或者五大领域能力一起上阵,让幼儿一日生活变得过于模式化和枯燥乏味。

2. 整合性

陶行知先生曾提到:"是生活就是教育;是好生活就是好教育,是坏生活就是坏教育;是认真的生活,就是认真的教育,是马虎的生活,就是马虎的教育;是合理的生活,就是合理的教育,是不合理的生活,就是不合理的教育;不是生活就不是教育。"

生活课程中的内容,往往就是生活所发生的各种"问题",而"问题"本身就是"整体的、综合的",非"割裂的、学科的"。因而,基于生活课程的学习,更利于幼儿身心的整体性发展。教师在组织和实施生活课程时,不仅要考虑利用周围环境和社区资源,关注课程各领域的有机整合,还要从幼儿个体发展来调节生活课程的张弛度和内容,关注幼儿在这样的生活内容中能否获得多方面能力的有效提升,促进幼儿整体、和谐、主动地学习与发展。

如我园生活课程中的饮水环节,大中小班放水杯的方式根据幼儿不同年龄特点运用一些数字、符号进行标识,适时适宜地发展一些数学能力。在具体饮水方面,会与幼儿不断讨论形成经验共识:

什么时候该喝水?

什么情况下要多喝水?

什么情况下不宜喝水?

"多"喝水的标准是什么?

水倒多了怎么办?

怎样节约用水?

再到一些容积、刻度的认识,自然融合去解决生活中遇到的真实的问题。所以,我们在此活动中想向幼儿传递的是一种多元、综合、

有益学习经验的习得,如灵动健康的生活方式、节水环保意识,以及渗透一些数学数量关系认识。

3. 生成性

幼儿的生活既有重复性,也有偶发性的特点。针对生活中的偶发事件,教师要以敏锐的眼光捕捉其中的教育契机,生成新的教育活动。当然,教师依托偶发事件生成活动时,心中要装有幼儿各年龄段的核心经验,这样在生成活动时才能及时作出价值判断,选取适宜的内容促成有意义的学习。

如间餐分配玲珑小番茄时,大班幼儿按平时梳理出的方法平均分到了每个小朋友的间餐盘里。有一组的盘子里还剩下2颗小番茄。怎么办?同桌幼儿开始讨论:

"这两个番茄不够分呀。"

"给女生吃吧,男生让女生。"

"每次都给女生吗?不公平。"男孩子说。

"我不想吃了,不要多的。"女孩子说。

教师及时发现这事,并将这偶发事件的经过记下,在间餐小结时,和幼儿讨论这件事。

"剩下的2颗小番茄可以怎么分配?"

"这2颗小番茄只能分给自己组的朋友吗?"

"每次多出的东西都要分给女生吗?怎样分更合理?"

通过讨论,大班幼儿得出几种处理办法:一是谁先吃完谁就可以吃多余的水果;二是可以再次切分,多出的东西可以轮流分给同组的朋友,这次他多分,下次她多分;三是如果少了的可以去其他组看看有没有多的;四是给教师和朋友分享;如果都不想多吃,还可以分给其他组有需要的朋友……

在这个分间餐的活动中,分不完是生活中的一次偶发事件,不在教师的预设之中。但在幼儿遇到分不完同时又有认知冲突的情况下,

教师能及时抓住这个教育契机，将公平分配、关爱同伴等高位目标融入活动，让东西分不完的这一事件散发出浓浓的爱意。可见，在利用偶发事件生成活动时，教师要具备大教育观，能从大处着眼，小处着手，让生活课程内容源于生活，又高于生活。

二、自然教育生活课程的发展历程

我园的生活课程研究经历了从零散经验到系统整合的一个过程。南幼的自然教育生活课程在2000年左右就逐渐进入教师的视野，当时我园的园本课程正处于积累和架构的过程，更多关注了生活中偶发的教育契机。随着园本课程的逐渐丰满，课程之间整合的需求出现，教师教育敏锐度也有所提高，逐渐开始关注主题探究、心理安全、餐点利用中的教育价值，积累了一些好的方法，比如教师有意识地将数学、艺术等领域内容融入间餐水果和口杯架上，把相应的方法呈现在班级墙面上，形成幼儿与之互动的资源。从最初生活教育的提出到现在生活课程的形成，我们经历了以下三个阶段：

（一）第一阶段（2000—2006年）：因环境，而教育——关注生活中的偶发事件，捕捉自然教育契机

南幼丰富的自然资源，为幼儿的生活教育提供了许多鲜活的素材，我们打破传统的静坐静听模式，把幼儿园丰富的户外资源积极利用起来。比如幼儿园的芙蓉花在开花过程中，幼儿发现有白、粉两种颜色的花，产生"芙蓉花到底从白变粉还是从粉变白"的讨论，教师及时捕捉这样的教育契机，采用系绳子、贴标签等多种方法做标记，并进行持久的观察。经过一段时间后他们得出芙蓉花是由白变粉的观察结果，对花开花谢的时间产生了兴趣，也对其他花产生了观察验证的兴趣。像这样的偶发事件很多，班级开展不久就可能没有兴趣，也难以形成一定的经验让幼儿进行迁移和拓展。

（二）第二阶段（2007—2015 年）：因环境，为儿童，而教育——挖掘日常生活环节教育价值，形成初步的生活教育活动

随着"自然教育"课程架构的逐渐凸显，课程整合意识开始萌发，我园开始思考如何将五大领域的教育内容融入生活教育活动中，发挥生活教育的最大价值，于是从日常生活入手，即盥洗、刷牙、节水、饮水、间餐、点到、大移除等生活环节融入数学、语言、社会等内容。比如水杯架和玩具柜融入横纵坐标的概念，形成了小中大班的数学经验：小班照片一一对应、中班横向和竖向数字的认识、大班横纵坐标的认识。但是随着时间推移，我们发现幼儿认识有困难，仅靠背数字记住自己的口杯，还出现了教师直接教的情况。我们分析原因，幼儿在杯架中对数字的认识得有个循序渐进的过程，同时还要考虑儿童的不同发展水平，适当调整一下方法，比如用动植物形象代表横纵方向，横坐标旁边贴上幼儿姓名后期再去掉，以及后期幼儿熟悉后换成活动式的、幼儿可自由选择的坐标，进行灵活使用等等。这个时期我们关注课程之间的衔接与整合，关注经验的连续性、全面性、整合性，不断挖掘生活课程的教育价值，形成了一些初步的方法和策略，以及生活环境创设理念从求新求异逐渐转变为创设能与儿童互动的有意义的墙面等。

（三）第三阶段（2016—2020 年）：因环境，为儿童，促发展，而教育——在生活中融入安全和食育课程，形成系统完善的生活课程体系

随着重新认识和定义生活课程的意义，口杯架的坐标不再统一，间餐分享时光有的小组会多一点有的小组会少一点，吃坚果和葡萄的时候除了点数还出现了分类和群数，教师更加灵活地实施生活课程。同时生活课程的范畴逐渐扩大，不仅整合生活环节的教育价值，丰富生活环境的互动性，还将安全课程纳入了生活课程之中，从人身安全、心理安全、文化安全等方面进行了整合，因为《指南》健康领域是幼儿活动和发展的基础，只有健康的身心发展，创设具有安全感的环境，幼儿的成长和发展才会有基本条件。比如每个年龄班都会用相应的情绪墙呈现，小班幼儿认识不同的情绪，中班幼儿辨识不同的情绪并寻找原因，大班幼儿表征更丰富的情绪并学会调节情绪，循

序渐进引导幼儿认识自我、学会调节情绪，真正落实了对幼儿身心健康的关注。对于班级突发的安全事件，不再以教师的角度去处理和解决，而是让幼儿参与，获得方法。如果班级有汤菜或者牛奶洒落，幼儿会主动用三角标志来警示此处，再寻找应急角的工具进行处置，共同维护班集体的环境，感受小主人的成就感。

随着南幼"十四五"课程核心理念"整体融合·和谐共生"的提出，生活课程绝不仅仅是在幼儿园发生的事件的总和，更多的是要形成家园联动、前后勤联动、各部门协作这样一种经验的连接，从之前就事件说事件、就经验谈经验的模式，逐渐在家园之间得到了经验的连接和互补，幼儿的经验得以连续地发展。

食育课程的提出就是继安全课程之后的又一新举措，是对已有生活课程体系的进一步完善。因为两餐两点的教育价值早就开始挖掘，但是怎样连接家庭和社区的资源，让幼儿的学习和发展拓宽到更广阔的视野，是我们在这个阶段努力的方向。为此，我们联合保健医生从一周食谱推荐中开始改革，通过食材介绍、食谱推荐，周末幼儿与父母进行购买规划、食材甄别、亲子制作等活动，将食育课程从一日餐点推广到家庭联动，弥补了食育课程的家园空白，也让家长在系列活动中发现教育的契机，提升育儿水平、增进亲子感情。同时，我们还将日常一些有意义的事件、话题反馈给家长，让家长带领幼儿进行"五元购买计划""农贸市场调查""社区职业调查""高铁站调查"

等活动,将五大领域和日常课程的内容巧妙地与家庭、社区融合,形成一个完善的生活课程体系。

第二节 自然教育生活课程的目标和内容

一、自然教育生活课程的目标构建

在幼儿园的一日活动中,很多问题是值得幼儿去发现和解决的,依靠成人的力量解决问题,不会帮助幼儿形成连续的经验,真正的成长应该是依靠自己的观察和判断来解决生活中的各种问题。而教师要做的则是帮助幼儿积累各种能力、融合各领域经验,让幼儿在解决问题的过程中获得和谐的发展。因此生活课程目标着重在发展幼儿自主自理、解决问题方面的能力,要求并帮助教师在实际实施的过程中有总的目标和方向,同时结合领域发展目标,形成拓展领域关注点,注重生活课程的整合性。

(一)生活课程总体目标

经过多年的不断建构和完善,结合《指南》的各领域发展目标,我园的自然教育生活课程形成了以下总的生活课程目标:

1. 通过有价值的生活环节,养成良好的生活习惯。
2. 在生活中能独立思考、主动解决问题,学会自主管理。
3. 在快乐而有价值的生活情感体验中,提升完整的生活态度。

(二)各类生活课程的目标和内容

我园结合大中小班幼儿年龄特点,注重生活课程开展的层次性和连续性,帮助幼儿形成连续的经验,实现一日生活的各个环节、安全教育和食育活动三个版块的年龄段目标。

1. 生活课程中的一日生活环节目标和内容

幼儿在园的一日活动环节中，处处隐藏着教育价值，我园利用这些契机，挖掘出了以下活动内容及其目标。

自然教育生活课程一日生活环节目标和内容

活动内容	3-4 岁	4-5 岁	5-6 岁
晨间点到	关注自我，认识同伴，坚持上幼儿园，体会到自己是班级的一员。	关注小组和他人，调查原因，喜欢自己所在的幼儿园和班级，积极参加集体活动。	团队关注、比较分析、归因统计、时间关注等，愿意为集体做事，为集体的成绩感到高兴。
天气播报	1. 认识基本的天气、星期、穿衣指数。 2. 能感知和体验天气对自己生活和活动的影响。	1. 通过图画记录周统计，关注天气。 2. 能感知和发现不同季节的特点，体验季节对动植物和人的影响。	1. 融入不同形式的图表等方式记录温度。 2. 融入地图和日历感知不同地方的天气、季节和温度等，感知并了解季节变化的周期性，知道变化的顺序。
新闻播报	关注身边人事物，有初步的归属感。	关注自己家乡（省市县）的人事物，知道自己是中国人。	知道国家一些重大成就，爱祖国，为自己是中国人感到自豪。
班级公约	在提醒下，能遵守游戏和公共场所的规则，关注自我。	感受规则的意义，并能基本遵守规则，关注同伴。	理解规则的意义，能与同伴协商制定游戏和活动规则，关注集体。
一日作息	知道早中晚时间段对应的活动内容，具有初步的时间概念。	知道上下午时间对应的活动内容，建立有规律的作息。	知道一天的时间安排，认识时间和时钟，合理安排和规划自己的一日活动。

续表

日常生活	1. 愿意自己动手或者在成人帮助下完成穿脱衣服，能将物品放回原处。 2. 在提醒下能早晚刷牙、便后洗手、餐后漱口。 3. 在引导下健康饮食、健康生活，愿意饮用白开水，不贪喝饮料。不偏食、挑食，爱护环境卫生。	1. 能自己穿脱衣服、鞋袜、扣纽扣，能主动整理自己和班级的物品，按照生活流程有序进行。 2. 能坚持早晚刷牙、便后洗手、餐后漱口、节水行动。 3. 知道健康饮食、健康生活，常喝白开水，不贪喝饮料。爱护环境卫生。	1. 能关注天气和温度变化，增减衣服；制定自我管理的标准，并适当调整评价。能按类别整理好物品。 2. 能主动早晚刷牙、便后洗手、餐后漱口、节水行动。 3. 主动健康饮食、健康生活，主动饮用白开水，不贪喝饮料。爱护环境卫生。
大扫除	1. 自己能做的事情愿意自己做，具有初步为自己服务的意识。 2. 喜欢承担一些小任务。	1. 通过小组分工协作，感受同伴协作的乐趣。 2. 自己的事情尽量自己做，不依赖别人。 3. 敢于尝试有一定难度的活动和任务。	1. 团队分工协作完成任务，体验团队的力量和成就感。 2. 主动承担任务，遇到困难能够坚持而不轻易求助。 3. 与别人的看法不同时，敢于坚持自己的意见并说出理由。

2. 生活课程中的安全教育目标和内容

孩子不能总是在成人的保护和照顾下生活，随着年龄的逐渐增长，幼儿需要在成人的指导下学习和掌握基本的安全知识，具备一定的自我保护能力。《指南》中给出了心理安全与人身安全的目标。其中，心理安全的三大目标：一是幼儿对周围环境形成安全感和信赖感，二是学会恰当表达和调控情绪，三是有适应生活环境变化的能力。人身安全的两大目标：具备基本的安全知识和自我保护能力。我园结合幼儿年龄特点，针对幼儿生活环境与发展需要，制定了以下安全教育内容和目标。

自然教育生活课程安全教育目标和内容

活动内容	3–4 岁	4–5 岁	5–6 岁
心理安全	1. 情绪比较稳定，喜欢上幼儿园。 2. 有比较强烈的情绪反应时，能在成人的安抚下逐渐平静下来。 3. 在帮助下能较快适应集体生活。	1. 经常保持愉快的情绪，不高兴时能较快缓解。 2. 有比较强烈的情绪反应时，能在成人的提醒下逐渐平静下来。 3. 愿意把自己的情绪告诉亲近的人，一起分享快乐或求得安慰。 4. 能较快适应人际环境中发生的变化。如换了新教师能较快适应。	1. 经常保持愉快的情绪。知道引起自己某种情绪的原因，并努力缓解。 2. 表达情绪的方式比较适度，不乱发脾气。 3. 能随着活动的需要转换情绪和注意力。 4. 能较快融入新的人际关系环境。如换了新的幼儿园或班级能较快适应。
生活环节安全	1. 知道不能在教室内奔跑和打闹。 2. 左右脚交替上下楼梯，并抓紧扶手。 3. 不随便将东西放在口鼻处。	1. 能根据安全提示进行行动。如门口"右进左出"的地面标识。 2. 知道上下楼梯抓扶手，有序排队。 3. 正确使用剪刀、笔等较尖锐物品。	1. 能感知安全隐患，并提出相对的自我保护方法。 2. 上下楼梯能保持安全距离。 3. 知道危险动作可能带来的后果，懂得保护自己和同伴。
活动安全（运动和游戏）	1. 分散跑时能躲避他人的碰撞。 2. 了解运动器械、游戏材料的玩法。	1. 运动时能主动躲避危险。 2. 能自觉遵守游戏规则。	1. 运动时能注意安全，不给他人造成危险。 2. 能参与制定游戏规则并自觉遵守。
家园社人身安全	1. 不吃陌生人的东西，不跟陌生人走。 2. 在提醒下能注意安全，不做危险的事。 3. 在公共场所走失时，能向警察或求助人员说出自己和家长的名字、电话号码等简单信息。	1. 知道在公共场合不远离成人的视线单独活动。 2. 认识常见的安全标志，能遵守安全守则。 3. 知道简单的求助方式。	1. 未经大人允许不给陌生人开门。 2. 能自觉遵守基本的安全规则和交通规则。 3. 知道一些基本的防灾知识。

关于文化安全教育，一是指在幼儿园课程中，要有属于幼儿的活动内容。比如音乐教育要唱属于幼儿的歌曲，朗诵属于幼儿的诗词，减少成人文化的侵蚀；二是文化建设要重视中国文化的浸润，包括爱家人、爱班级、爱幼儿园、爱家乡、爱祖国等活动的自然浸润。

从《指南》的目标可以看出，安全教育是有阶段性和持续性的。关注每个年龄段的目标，同时也要关注经验的持续性问题。明确安全课程目标，心中就有了方向。

关于安全教育内容方面，具体来说有心理安全方面的情绪情感教育，适应能力教育，以及人身安全方面包括交通安全教育、防震教育、消防安全教育、防溺水教育、防拐骗教育、防暴教育及其他生活安全教育等。其中其他生活安全教育包括食品卫生安全教育、防触电教育、幼儿园玩具安全教育、隐私安全教育和防止锐物伤害、烫伤、摔伤、动物咬伤等意外伤害的教育等。明确了安全教育的内容后，结合《指南》中对各年龄段幼儿的要求，我们就可以在一日生活中适时适宜地实施我们的安全课程。

3. 生活课程中的食育目标和内容

我园的食育课程从两餐两点活动出发，结合种植饲养活动，连接家庭、社区的食育活动，形成了以下食育课程的目标和内容。

自然教育食育课程目标和内容

活动内容	3-4岁	4-5岁	5-6岁
餐点环节（包括水果、点心和正餐）	1. 能够认识常见食物的主要名称。 2. 能够运用多种感官感知蔬菜、水果等食物的外形特征。 3. 能够按照蔬菜水果等食物的显著外形（颜色、形状）进行分类。 4. 在引导下不挑食，不偏食。 5. 喜欢吃瓜果蔬菜等新鲜食物。	1. 了解各色食物的基本营养价值。 2. 了解食物的正确食用方法。 3. 对食物进行初步统计和分类探究（食用部分、味道）。 4. 了解食物在人体内的变化过程。 5. 喜欢吃各色食物，知道饮食健康的作用，具有基本的饮食卫生习惯。	1. 进一步梳理各类食物对身体相关部位的营养价值，对比梳理食物的正确食用方法。 2. 了解食物的相克。 3. 养成吃东西细嚼慢咽，不挑食的好习惯。 4. 了解不同地域的进餐礼仪，养成良好的进餐礼仪。 5. 探究不同地域食物的生长方式和影响因素。
	6. 学习收拾整理餐具的正确方法，愿意动手参与活动（自理能力、餐桌礼仪）。 7. 对"许多"的量的感知。	6. 主动参与到餐桌餐具的收拾整理中，了解基本的进餐礼仪。 7. 按数取食（一一点数、两个两个地数）。	6. 主动参与餐具收拾整理等劳动。 7. 多种方式取食（均分、称、量等），用数学方法分配食物，解决问题。

续表

种植活动	喜欢参与种植活动，感知动植物的生长变化。	1. 能够通过简单的调查，收集关于食物、种植的信息。 2. 对比观察同类食物不同的生长环境，探索蔬菜水果生长的不同方式（地域、季节）。 3. 感知蔬菜水果生长的基本条件，愿意用正确的方式照顾。	1. 大胆探究梳理不同类型食物的不同营养价值、生长环境、条件。 2. 积极动手探究（测量、称重、点数）。 3. 积极参与到种植活动中，进一步认识食物对人体的价值。
亲子小厨房	1. 初步了解自己生活周围的食物。 2. 对食物制作感兴趣，愿意参与。	1. 知道当地有代表性的菜肴。 2. 结合节日节气参与食物制作（中秋节做月饼、冬至包饺子等）。	1. 探索食物制作的过程和原理。 2. 能够通过计划（做什么菜、需要哪些材料、需要哪些步骤）、购买（10元购买，感知10的分解）、实施，在周末参与家庭食物制作。

教师要充分挖掘多元饮食中适合不同年龄段幼儿发展的内容与目标，在适宜的时候抓住教育契机，结合家园社的资源进一步拓展食材和饮食文化背后的教育价值，让幼儿多感官体验饮食活动的趣味，多角度了解与食物相关的文化，结合社会资源多维度地参与食育活动，获得与食物有关的发展。

二、自然教育生活课程的环境创设

根据生活课程的核心价值，我们梳理了小、中、大不同年龄段幼儿生活课程的环境创设内容，凸显层次和难度的不同，便于教师在一日生活教育中迅速抓住重点。（具体创设细则见附录五）

自然教育生活课程的环境创设内容

3-4岁
日常生活（饮水、盥洗、睡眠、值日、收拾整理等）、晨间点到、天气感知、新闻感知、班级公约、一日作息、大扫除、食育活动、节日节气、情绪情感等。

续表

4-5岁
日常生活（饮水、盥洗、睡眠、值日、收拾整理、环保节水等）、晨间小组点到、天气播报、新闻播报、班级公约、一周作息、大移除、食育活动、节日节气、情绪情感等。
5-6岁
日常生活（饮水、盥洗、睡眠、值日、收拾整理、环保节水等）、晨间集体点到、天气播报（温度统计）、新闻播报、班级公约、一周作息、大移除、食育活动、节日节气、情绪情感等。

我园根据不同年龄段幼儿在生活课程中所需的核心经验，形成生活课程实施指南，进一步支持教师把握生活课程具体内容以及幼儿经验生长点。

自然教育园本课程各类活动实施指南

活动名称	核心经验	各年龄段突破重点	各年龄段实施途径和具体内容	自然融入的全面发展经验
日常生活	自理自主解决问题	小班：自理能力 中班：自我管理 大班：自主管理 小班：愿意解决问题 中班：主动解决问题 大班：独立解决问题	小班： 1. 日常生活 （引导下自己穿脱衣物叠被、收拾整理、不挑食、喝白开水、细嚼慢咽、作息规律、坚持刷牙、正确洗手、不随地吐痰、不乱扔垃圾、节水环保等） 2. 餐点利用 （食材认知、饮食文化、饮食技能如：亲子制作、认知菜谱、认识健康食物、辨别生熟等、点数取食、食品安全演练、区角制作、种植饲养、种植食物、参观农贸市场、创设食育环境、了解食物来源等） 3. 晨间签到 （自我关注、认识同伴、坚持上幼儿园等） 4. 天气播报 （关注气象、星期、穿衣指数等） 5. 新闻播报 （关注身边事、多元记录、家庭归属感） 6. 班级公约 （与孩子一起讨论的、动态的） 7. 情绪表达 （情绪卡、情绪发泄屋等）	小班： 1. 秩序感和安全感 （环境标识、活动流程等） 2. 健康 （自我保护的意识） 3. 语言表达 （能听懂日常会话，能口齿清楚表达，并作出回应） 4. 社会认知 （大胆询问、倾听） 5. 数学认知 （对应、次序、数字、点数、颜色、大小、形状、种类、方位、标记等） 6. 科学探究 （仔细观察、能初步的提问） 7. 表征记录 （直观形状图片观察）

续表

第三节 自然教育生活课程的实施

一、自然教育生活课程的实施原则

我们将生活课程的核心价值定位为：培养幼儿有独立思考的思维、有主动解决生活中各种大大小小的问题的能力。根据生活课程的核心价值，我们梳理了小、中、大不同年龄段幼儿在"问题解决"方面的发展目标，并以此为依托，在幼儿生活中关注和渗透不同年龄段所需要的能力发展培养。在生活课程实施中遵循如下基本原则，能确保教师在操作中有抓手，在实施的过程中整合各类经验、拓展更多能力。

（一）有机渗透，整合经验

《指南》提出我们要"理解幼儿的学习方式和特点"。那么什么是幼儿喜欢的学习方式？教师如何走近幼儿、理解幼儿来实施课程？其实，我国著名教育家陶行知先生所倡导的"一日生活皆课程"就可以很好地回答这个问题，即必须从幼儿自然的生活样态出发，这是每个幼教工作者必须明确的首要问题。幼儿在园的"一日活动"就是真实发生的生活，可以说"生活就是课程，课程就是生活"。由此可见，园内的"一日活动"都是"生活课程"发生的地方。

我们将《指南》中各领域目标有针对性地分解到一日生活中，发现每个生活教育时刻都有一定的匹配点，比如间餐活动与食材营养有关，同时也能发展幼儿数学应用、语言表达、解决问题、轮流接纳等能力，幼儿获得的能力反过来在各类课程中迁移和应用，助推日常课程的发展。

（二）环境呈现，及时梳理

在幼儿园，幼儿才是生活的主体，园内一切课程活动的开展是随幼儿的需要而建构的。幼儿的学习方式主要有直接感知、亲身体验、实际操作，通过真实体验与环境资源的不断互动实现发展。环境的内容打造要遵循幼儿感官视角、现有发展水平及未来发展需要。无论是幼儿园环境资源的打造，还是家园社资源的挖掘都十分重要，当我们对环境对资源足够了解后，就能做到心中有数地开展整合性的课程活动。

1. 生活环境：连接生活、参与互动

（1）把握年龄特点，适应幼儿需要

幼儿的生活环境创设不应只是追求美观，更要注重环境的教育性。为了充分发挥环境的教育功能，在创设生活环境时，必须明确环境创设所要达到的教育目的，以教育目标为依据、以教育问题为契机来创设生活环境。在体现幼儿"直观形象、富有童趣"的特点时，环境应同时具备教育意义和教育价值。

①小班环境创设策略：以直观形象的照片形式呈现

3—4岁的小班幼儿具有好奇、好动，语言交往能力、生活自理能力及协调能力差的特点，在生活环境创设过程中要注意直观形象、造型简单、温馨和谐、相对高度较矮等因素。他们处于色彩认知的初期阶段，而且多有分离焦虑容易缺乏安全感，所以小班生活环境主要以暖色调为主，烘托出家庭般温暖的氛围，调动幼儿的积极性，满足幼儿的安全感需求。

小班环境创设的内容多以直观形象的照片呈现。小班幼儿处于幼儿初期，自我意识刚形成，依赖性也很强，外部环境因素会使幼儿产生焦虑不安的情绪，而且他们认知活动和理解事物主要依靠外界事物以及自己的经验和情绪来进行判断，认知过程一般也是通过模仿来进行。针对这样的特点，要为幼儿提供接触实物、实景的机会，让幼儿能够在观察直观图片中，模仿学习中建立内在秩序感、缓解分离焦虑，同时习得简单的生活自理能力，为中班的生活奠基。

例如：大家都知道小班的幼儿入园分离焦虑普遍存在，其原因在于对未知的幼儿园生活充满了太多的不确定性，他们不知道一件事结束后，下一件事情会干什么，所以他内心是不安全的。顺应幼儿的这种特点，我们和幼儿共同讨论出每个生活环节要做的事情，有了这样的一些基本生活步骤以后，幼儿就很清楚每个环节具体应该做什么、怎么做，慢慢也建立起了秩序感和安全感。

②中班环境创设策略：以简洁明了的图画形式呈现

4—5岁的中班幼儿具有一定的动手操作能力，认识能力相应提高，人际交往也逐渐有方法。在创设环境时，要侧重在放手让幼儿自主动手、动脑、同伴合作的基础上完成环境创设。对于色彩的认知相较于小班幼儿来说，中班幼儿已能分辨简单的复合颜色，在主色调的选用上可以黄、蓝、绿搭配为主，通过空间颜色使幼儿保持活跃的思维和心态。

中班幼儿经过一年的集体生活，对生活环境已经比较熟悉，掌握了与人交往的基本技巧，所以他们活泼好动；他们的思维比较具体形象（小班幼儿主要依靠行动进行思维，中班则靠表象），开始出现了语词或其他符号，开始出现表象的图式。针对这些特点，中班的环境呈现形式可主要以图画的方式为主，因为图画是通过图形符号来代表外物或者内心想法的一种表征方式，这种具体形象的特点正符合中班幼儿思维的典型特征。

中班的图画墙的呈现不应是教师的单方设置，而应来源于日常生活中幼儿们对周围事物的关注，如他们平时见到生活中的各种标志——天气标志、交通标志、安全标志等，可以融入主题课程去深入观察标志之间的不同，了解每个标志背后的意义，这样幼儿会很熟悉各种标志，同时积累很多关于图画的经验。比如：抬小椅子、悄悄地、用笔画……这些图画的收集并不是一两次的积累就能完成的，幼儿要在各种游戏规则中、班级约定中、个体反思回顾的经验板中慢慢累积起来，逐渐形成共性的符号表征方式。关于值日生的经验板，幼儿发现值日生在洗水杯时只是随意地用水冲洗一下，大家觉得不卫生、容易滋生细菌，他们讨论应该开小水并将手放进去，转动着洗干净。关于值日生拖地的问题，很多幼儿这里拖一下、那里拖一下，导致很久都不能把事情做完，最后讨论需要从第一组拖到第二组，轮流着拖地。这样的经验呈现对于中班幼儿就一目了然。

③大班环境创设策略：以图文结合的符号形式呈现

5—6岁的大班幼儿思维更加活跃，抽象思维开始萌芽，喜欢探究一些事物与问题，团队协作的意识也开始萌发，做任何事情都逐渐有自己的主见和想法。在环境创设中应该多鼓励幼儿通过小组讨论、集体抉择的方式确定环境创设内容，以幼儿的兴趣和需求为导向，鼓励幼儿用自己的方式呈现生活环境。这个时期的幼儿对于色彩的认知更为完善，考虑到大班活动的特征，要从以玩为主到玩中学过渡，空间色彩在调动幼儿积极性的同时也能让幼儿冷静清醒，在生活主色调的选择上，考虑浅绿色、淡黄色等明度低的颜色搭配。

大班幼儿比较独立、自主，合作意识强，活动更有目的和计划性，开始出现抽象思维的萌芽，处于前书写前阅读的关键期。针对这些特点，环境呈现形式主要以符号为主。
符号是"一种能够有意义
地代表某种事物的东西，
包括示意、动作、手势、
共同遵守的规定以及主要
的书面和口头语言"。每个
符号下面再配以一一对应
的文字，这样就能让幼儿
将符号与文字建立良好的
对应关系，激发幼儿的前
书写前阅读能力。比如"新

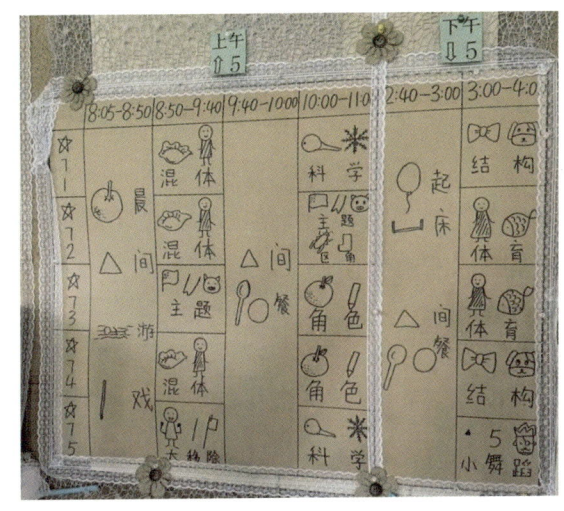

闻播报"可能一开始幼儿也是不认识下面的汉字，但是在耳濡目染的浸润过程中就会越来越熟悉。同时每个大班都会有一面符号墙，这里的符号和中班一样，也是幼儿们在各类课程中积累起来的公用符号。大班的符号我们注重多元符号的创意，比如和形象建立联系（王和老虎）、谐音的代替（要和药）、数字的代替（旗和7）、方言的代替（通和通通）等，让幼儿在创作的同时感受汉字博大精深的演变过程。有了公用符号的梳理后，班级的环境就能用共性符号进行呈现。

（2）连接生活点滴，促进动态发展

幼儿的生活和游戏会随着每次活动的深入而发生改变，自身、小组以及全班的经验也会在每一次活动后产生新变化、新的积累，这些变化就是学习的履历，也是幼儿经验互相编织的草席。幼儿学习的履历会在日复一日中不断交织，在重复中产生新经验。

环境创设是一项持续性的活动，并非固定不变，而应随着活动主题、课程、节日的变化而变化。在环境中有意识地引导幼儿将有益的核心经验和问题进行梳理、提炼，以幼儿自己的形式呈现于环境中，这就是帮助幼儿将零散经验进行归纳提炼，也是帮助幼儿建立自主学习的习惯。这些经验的呈现是幼儿学习和生活的历程，也能促进新经验的生成。

班级的生活环境创设也绝不是一次到位，变成只能供幼儿欣赏的摆设。

每一个内容板块都应该围绕课程经验与幼儿能力发展而运用起来。我园幼儿的生活课程经验会依托班级生活的一些生活环创版块的运用而不断发展。

如水果统计墙、天气新闻墙、晨间签到墙、情绪管理墙、应急资源角、主题墙、生活盥洗墙、自理能力展示墙等。这些版块的创设能引发幼儿在生活中常常与之互动，并帮助幼儿在日复一日的生活练习中获得数学、语言等多种能力品质的发展。

水果统计墙

情绪墙

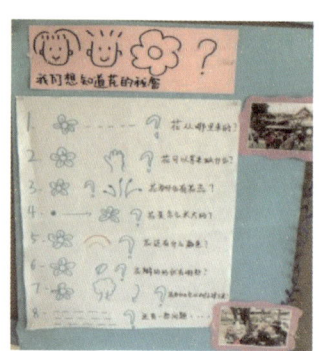
主题墙

（3）注重隐性教育，营造良好精神环境

良好的精神环境主要包括人际交往及一般的心理气氛等。生活环境如果是积极、友好的，那么身在其中的幼儿也一定是自尊、自信、安全、融洽、和谐、健康的，这种环境下的幼儿即使在游戏中把别人的衣服弄脏了，也会主动道歉并寻求帮助同伴清理的方法；在不小心将牛奶打翻后，会去卫生工具角寻找适合的工具主动将地上的奶渍清理干净。这样的隐性教育，是幼儿生活和游戏的第一层保障环境，这样的环境能帮助幼儿形成自由又不失自律、自信又不失自主的品质。

2. 家社环境——资源利用，感知体验

我们充分将家社环境运用到课程之中，让幼儿深入家社环境，通过观察、发现、感知、体验，获取有益经验。通过幼儿参与课程，借助家社环境的相关经验梳理出系列资源包，以服务于课程深入开展。如我园门口的菜市场，可以成为幼儿种植活动中调查、寻证的资源，可以成为食育活动中的观察资源，可以成为幼儿10元购买活动的实践场，还可以成为幼儿角色游戏中的角色调查和角色体验资源。我们以幼儿园为中心点，将距离幼儿园100米、500米、2公里、5公里、10公里……范围内可以利用的资源都进行梳理和分析，让教师开展活动时能有效联系，让家社环境充分发挥支持作用。

3. 生活外环境——互通互融、共生共长

随着自然教育课程活动内容的丰满，我们进一步厘清生活外各类活动关系，针对生活环境窄小、户外环境宽敞的情况，深入挖掘开发户外多元活动，努力打通生活外活动和经验联结的渠道和空间，让户外环境成为幼儿学习、游戏实践场，生活环境成为各类活动的经验准备、回顾、表现场所。生活外环境通过活动、课程的贯通，促进了幼儿经验的持续生长，进一步丰富完善了环境。

如户外种植园，幼儿在种植观察的过程中，通常会遇到许许多多的问题：种植的步骤有哪些？一块地要种多种植物，可以怎么划分？青菜叶子上为什么有洞？怎么区分蔬菜和杂草？幼儿遇到这些问题，是探究和学习的机会，而解决的过程也是经验生长的过程，教师要及时抓住

有价值的问题和幼儿一起深入探究和解决。我们利用种植园旁边的围墙，将幼儿遇到的问题、探究的过程、解决的方法形成"小话题"呈现出来，让他们可以直观回顾，将获得的经验内化于心、外化于行。而每个班级所呈现的小话题内容，无疑也成为全园幼儿可以相互分享的教育资源。

（三）灵活实施，动态开展

生活因可变化而多姿多彩，生活一定是多样、随机和可变的。在进行生活环创的开发和利用时，也不是一成不变的。对某些课程可做一些适当调整，更好地服务于当下的幼儿生活，随幼儿的经验和兴趣层层推进。

如小班幼儿晨间签到，小班一整年就必须要一一对应签到吗？可以根据幼儿的年龄发展和班级环境变化需要，渗透男女性别的区分和认识，分为男生一组和女生一组来插卡签到，还可以结合认识幼儿园选择不同的进班级路线签到，增加签到的趣味性。小班幼儿在"值日生发勺子"中总是出现多发、漏发、错发等现象，教师开始思考值日生和签到墙的关系，变为小组签到：以小组形式开火车，全班几个组就有几列火车，幼儿每天来对应小组火车，将卡一一对应插进火车即可，小值日在分发勺子的时候就可以观察签到墙，直观对应人数分发勺子。从关注自我到关注小组的意识就在此萌发，教师要善于关注幼儿生活中的真实问题，做一些尝试帮助幼儿解决问题，从而更好地面向生活、回归生活。

（四）注重关系，整体联动

生活是以整体的方式呈现的，幼儿的生活是在家园社场域发生的，实施生活课程尤其应将"基于关系的教育"这一理念渗透其中，即加强家园社的整体联动关系，将家园社有机地建立积极的联系，并以整体的方式呈现给幼儿，脱离了任何一方都难以助推幼儿经验的发展。在幼儿园发生的教育事件可以延伸到家庭和社区进一步丰富、完善，在家庭社区发生的事情又能成为班级的教育契机，促进幼儿经验的形成。

到了大班，教室里会挂上地图。地图里蕴含了许多教育价值，比如对家乡地名、地理方位、地方习俗、地理特征、交通工具等都有探究的价值。在一次幼儿分享小长假去月牙泉玩耍的趣闻后，幼儿对少见的沙漠产生了兴趣，他们开始在地图上讨论月牙泉的位置在哪里，离成都有多远，坐什么交通工具最方便去。后期开始对当地人文特征产生兴趣，进而知道了回族的穿着和建筑特征。带着浓浓的兴趣幼儿和家长共同约定，通过制订"了解甘肃、认识西北"的出游计划，感受中国不同的风貌。这个时候刚好福建跟岗的教师来了，他们又开始讨论福建在哪里，为什么会有围屋，那里的渔女为什么戴帽子？四川的代表动物是熊猫，福建会有什么动物？是不是可以看见海洋的鲨鱼？这些都成为班级新闻播报源源不断的内容。幼儿对中国人文地理的书籍和信息很感兴趣，也得到家长大力支持。最后在地图上形成了属于班级特有的人文风俗、动植物经验板，从关注城市风景、人文逐渐到动植物分布和环境保护。

二、各类生活课程的具体实施建议

前文提到我园的生活课程内容主要有一日生活环节、安全教育、食育教育三个版块，针对每个版块我们梳理了具体的实施策略，帮助教师有针对性地选择和使用，抓住生活细节中的教育契机。

（一）一日生活环节的实施策略
1. 数学认知方面，融入数量形方面内容
《指南》指出，幼儿的学习是以直接经验为基础，在游戏和日常生活中进

行的。幼儿园的教育活动是"有目的、有计划地引导幼儿生动、活泼、主动活动的、多种形式的教育过程"。幼儿期是掌握基本数概念的重要时期，因此，我们从幼儿的年龄特点和需求出发，尝试将数概念与幼儿的一日生活环节结合，帮助幼儿不断积累和发展数学经验。教师遵循各年龄段幼儿的特点有目的地规划活动，帮助幼儿在真实生活体验中成长积累知识经验。

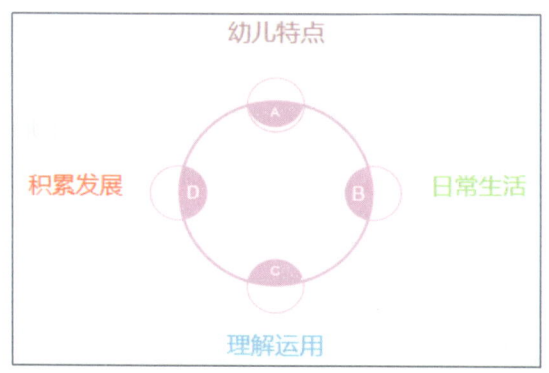

（1）晨间签到中的数学——数的形成与数量关系

当幼儿踏进幼儿园门口的时候，教育就已经开始了。晨间签到是大中小班都有的每日生活环节，可对幼儿数学认知等能力的发展提供有效的支持。

小班幼儿关注自己，所以可采用——对应形式，将幼儿的头像或几何图形作为身份牌插入点到墙，潜移默化地认识各种图形和理解数的一一对应。

中班幼儿关注小组，签到方式开始以小组的形式进行，可融入相关数学经验来进行签到，幼儿通过点到墙关注本组未到幼儿的情况。还可以通过变换签到圆盘上的方向，进行顺时针和逆时针的感知，为认识时钟丰富经验。数学方面很重要的能力就是理解数的含义，可从实际的数学现象和问题理解序数、数的大小、数的组成等等。

大班幼儿关注集体，可加入统计，每天统计来园人数和缺勤人数。签到方式可先以小组进行再集体统计，也可以分男女生签到。到了大班更要注重培养幼儿的时间概念，为适应小学的生活作息奠定基础，所以可以链接认识时钟的经验，结合时间概念来统计人数。

（2）间餐中的数学——组成与均分

在间餐分水果、分蛋糕生活环节，可以让幼儿感受数的分解组成和均分。

在每天的间餐中，不是由教师不厌其烦地口头告知幼儿今天吃什么、每样吃多少，而是把问题放手给幼儿，创设水果墙让幼儿学会观察和解决问题。可以根据幼儿不同的发展水平进行创设：小、中班投放相应数字卡片或者点数卡片，幼儿自主选择工具按数取物。大班为小组自主均分餐点。

小班幼儿可以观察点卡和数卡一一对应取水果，也可以将星期的概念融入水果墙感知时间，后续再开展水果类型、颜色、形状等数学统计活动。幼儿在一天又一天的真实生活与练习中，通过认识数字、按数取物、手口一致的点数逐渐理解数量的关系。

中大班可以创设一定的问题情境——多的餐点和少的餐点怎么办，让幼儿在小组内解决问题，根据幼儿当前问题和需求改变取餐方式，让幼儿经验层层递进系统发展。

鼓励大班幼儿自己思考和解决问题，如：我们组一共有几个人？一共有多少个水果？多了几个？少了几个？多了怎么办？少了怎么办？给幼儿创造自主解决问题的机会，他们会去别的小组观察询问，或者索要，这又需要幼儿运用语言来解决问题。多了的水果怎么办？他们学会相互谦让，男孩让女孩，大的让小的，或者轮流分享，无形中形成了幼儿的美好品德。教师需要做的是观察幼儿、搜集照片、小结点评，帮助幼儿梳理提升方法。数学能力都不是朝夕之间，或者一次集教就能获得的，需要在大量的生活中积累和运用，生活课程刚好提供了这样的学习机会。

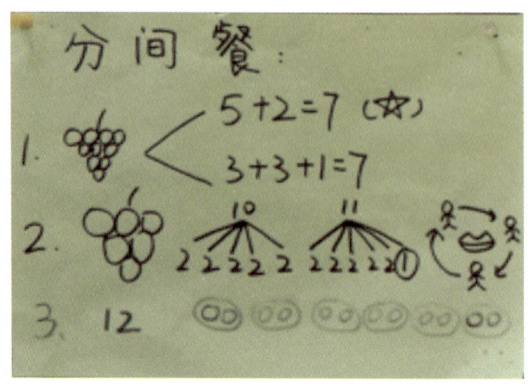

（3）周活动中的数学——时间概念

认识时钟是对钟表刻度的理解及空间方位的认知，更重要的是时间概念的形成。可以根据幼儿的日常生活来帮助他们理解昨天、今天、明天的时间概念，还可以从他们日常熟悉的生活环节入手，如起床时间、上学放学时间等进一步认识时钟，知道什么时候要完成什么事情，也就是常常说的"今日事今日毕"。

一是通过周活动表对照建立时间感。如在小班，教师通过口头计划和一些图片步骤图来帮助幼儿初步地感受生活计划性；中班加入一周计划图表，让幼儿清楚了解一周生活的环节，为他们到大班学会独立规划活动打基础；大班详细到时间段的区分，日常对照挂钟自然而然地观察，就会认识时钟了。

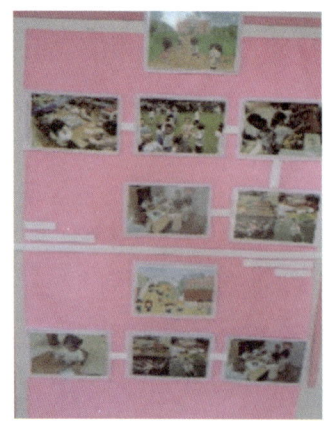

小班一日活动

中班周活动　　　　　　　　　　大班周活动

二是在日常生活环节关注时间。各个生活过渡环节的适宜提醒和关注，用倒计时提醒牌，幼儿就会感知时间只能向前不能往后，时间还是有限的，通过有计划地做事以及直接感知生活与时间的关系，知道时间的重要性并更懂得珍惜把握时间。

（4）倒牛奶中的数学——数量关系

如果是保育教师分倒牛奶，不用担心量的问题和卫生问题，但是幼儿会错失许多学习数学的机会。重视幼儿生活自理能力的教育，要放手交给幼儿去尝试，在倒牛奶这件事情上，幼儿的经验不同、自我需求不同，会产生很多问题。

小班幼儿学习自己拧和盖瓶盖，特别是瓶盖，不及时盖好不仅不卫生还容易被打翻倾洒，因此每个幼儿倒了后教师要提醒及时盖上。一瓶500毫升的鲜牛奶小班幼儿怎么自己倒呢？难道不会洒出来吗？如果经常与幼儿梳理小结方法就容易多了：双手扶瓶、瓶口向左、瓶口挨杯口、缓慢倾斜，如果满瓶倒实在困难，教师可以适当协助，多次练习后幼儿就完全能自己倒了。关于喝多少的问题，也是小班比较难的一件事，要不多了要不少了，如果解决了前面倒牛奶的方法，接下来则需要让幼儿仔细观察和感知一杯、半杯的不同：幼儿会发现一杯太多容易洒，半杯在杯把的小耳朵那里，就很好带回座位也不会感觉喝太多，如果有需要还可以继续加一次。实在倒多了，先喝一口再端走。

中大班幼儿同样出现一些问题："老师牛奶怎么没有了？""老师你看他倒好多哦！都漫出来了！""老师倒好多可以吗？老师你看可以了吗？"为了

帮助幼儿解决生活中实际的问题，教师可以与他们一起谈话分析牛奶很快喝完的原因，一瓶牛奶可以供多少幼儿喝，牛奶的刻度能带来哪些数学学习等，理解数学能解决日常的问题。可以提供带有刻度的参照图、量杯供幼儿估算，提供电子秤供幼儿感受不同的测量方式和工具的使用方法，以及丰富量词。

（5）环境中的数学——测量与重量

在幼儿的生活环境中，可以投放多元的测量工具，如体重秤、身高尺、直尺软尺、不同显示方式的温度计和时钟，帮助幼儿感受事物的数值、尺寸、重量等，养成严谨的科学精神，为今后学习数学奠定基础。

室外温度计

室内温度计

电子钟

机械钟

如尺子测量区角活动材料的长短，方便有效地进行分类整理；与健康相关的数学学习，喝完牛奶吃完饭去量一量身高、称一称体重；认读温度计的温度值，比较室内和室外的温度不同，发现不同刻度的读数方法，结合温度感知季节、天气的规律与自己穿衣的规律，学会更好地自我管理。

特别是在疫情时期，教师每天要记录三次全班幼儿的体温，不断有幼儿会问："老师我发烧了吗？老师我体温正常吗？"何不换成幼儿一起来记录，把例行之事变为幼儿主动关注自我的学习机会，从记录中不断分析、解决问题，这是在生活中学数学的好契机。而幼儿记录不准确的问题，如他们会把36.9℃记录成3106.9或306.9，可能有人会说让大班幼儿理解小数点是否太难，我们需要的是观察和解读幼儿：从幼儿记录来看，他们会念读，因为从小就有就医经验以及疫情经验，说明对数值有初步的了解，但是转换成书写经验就不够，通过及时地小结记录中的问题，可以了解温度计三个数字正确的书写方式。同时根据体温监测汇总，发现了正常体温和发烧数值的关系，划分出了正常体温和异常体温的范围，用红色的标记标识异常体温，更加自主管理自我。这些日常生活过程，就是在帮助幼儿养成用科学方法解决问题的习惯，感受数学在生活中的实用性，持续地积累兴趣。（详见第八章案例"测体温的故事"）

2. 重视幼儿全语言教育，关注语言学习的整体性和自然性

有心理学家认为：健康儿童的语言能力和认知能力的迅速发展主要是以自发性为特征的，因为幼儿期的语言主要是在社会环境的作用下，依靠听觉，通过模仿自然形成的。我们也十分强调幼儿的语言学习是在自然而然的日常生活与游戏中，经过大量亲身参与、实际感知、倾听与表达运用中发展起来的。

（1）从生活时事、自然情景中积累口语表达策略

对于幼儿来说，每天都应该是新的有趣的一天。他们会满怀期待地关注一日生活怎样开始，今天有没有最喜欢玩的游戏，要过什么节日，要做些什么特别的事情……这些真实生活事件会引发他们强烈的好奇心和表达欲望。我们在晨间的小结和播报环节，开启幼儿"心中有数"的美好一天——

准备和形式：晨间播报可以依托"新闻墙、节日墙、天气温度墙、一周计划、签到墙"来进行，根据各年龄段幼儿发展水平来开展。在播报前，鼓励幼儿提前做准备和调查，拓展到家庭协助幼儿进行准备。播报的形式，可以单独播报，也可以全班集体播报。

符号表征、连贯表达：通过符号收集与幼儿共同梳理大家看得懂的图片符号。从有礼貌地打招呼开始，"大家好，我是今天的天气播报员×××，今天是星期×，外面的天气是×××，我们玩的游戏是×××，建议大家穿××的衣服，注意×××（多喝水、带雨伞等类似的温馨提示），谢谢大家"，到有礼貌的结尾，帮助幼儿理清思路，支持鼓励每一个幼儿有得说、敢于说，有序连贯清楚地说。

关注生活、积累词汇：关注身边的事物，理解和积累一些高级词汇和优美书面语句。如形容天气"灰蒙蒙、晴空万里、阴雨绵绵、天气晴朗、阳光明媚"，能为日常语言的表达积累词汇量。

（2）丰富并规范幼儿的语言表达

语言是思维的外壳，在语言领域目标中，不仅要让幼儿想说、愿意说、喜欢说，发展幼儿口语表达能力，还要关注幼儿的全语言学习，帮助他们通过生活中大量的听、说、读、写，让语言得到全面发展。因而，在平常幼儿与环境互动时，应积极创造宽松的谈话氛围，帮助幼儿及时梳理提炼相关词汇、语句以及语言符号，从口头语言到书面语言的发展，欣赏儿童百种语言的表达，为幼儿后续语言学习奠定基础。

间餐中的语言高级美：日常生活中吃水果的小环节里，应注意从小班开始教幼儿正确的量词，如一块、一个、一颗、一粒、一串等，积少成多。引导幼儿关注水果形色和口感等，鼓励幼儿用五官去感知并用高级词汇"红彤彤、绿油油、甜甜蜜蜜、又香又甜"等进行介绍。

椅子上的成语美：我们在中大班幼儿的小椅子上会贴上与幼儿名字其中一个字相关的成语或词语，教师则带动并鼓励幼儿在每天餐前饭后时相互介绍分享，久而久之幼儿就能自然而然地积累一定的高级词汇量。

游戏回顾的语言美：利用游戏过渡环节自主选择活动片段，画一画一日生活的所见所闻，可以是游戏故事回顾、朋友二三事、遇到的问题困难等等，最后将自己的故事与同伴、教师、家长进行分享。

3. 关注幼儿生活自理能力、品质习惯的养成

根据小、中、大班幼儿不同年龄段特点，我们梳理出了幼儿自理能力培养的核心经验与方法，给教师提供一个有效的抓手，更好地关注培养幼儿从自理再到自主到独立生活的能力。

幼儿生活能力发展目标

	小班	中班	大班
生活自理	1. 愿意自己穿脱衣服和鞋子。 2. 小班下期愿意与同伴尝试用对折的方式折叠被子。 3. 尝试与同伴相互垫汗巾。 4. 自己用餐盘拿取水果点心。	1. 能较熟练穿脱衣服和鞋子。 2. 能自己主动叠被子和整理床铺。 3. 能与同伴相互垫汗巾和擦汗。 4. 尝试自己舀菜汤。	1. 能根据天气温度及当日活动情况，自主选择适宜的衣物并能熟练穿脱，能自己系鞋带。 2. 能叠较复杂的方块被。 3. 根据需求量自主添饭菜，能合理所取。
生活习惯	1. 能在提示下进行七步洗手法洗手，有节约用水意识。 2. 愿意参与劳动，体验劳动的乐趣。 3. 能按照图片提示收拾整理玩具。 4. 能根据图片提示遵守规则。	1. 能较主动洗手，并能坚持节约用水探索节约用水的方法。 2. 能了解劳动工具的用途。 3. 能根据物品种类进行整理分类。 4. 做事有一定的计划。	1. 能主动坚持正确洗手的方法，探究节水的多种方法。 2. 主动参与劳动活动，与同伴分工合作、选择合理的工具细致打扫。 3. 能自主收拾自己的书包和行李箱。 4. 能为自己的活动规划准备所需的物品。 5. 乐于反思自己的行为。

（1）养成健康生活习惯和良好的秩序感

健康的生活方式、行为习惯的养成关乎生命的长远发展，因此要十分注重幼儿从小养成健康积极的好习惯，如养成按时起床睡觉和午睡习惯，喜欢运动，不挑食，喜欢吃蔬菜水果，喝白开水不喝饮料，饭前便后洗手，不用脏手揉眼睛和吃东西等等。这些良好行为习惯不是一朝一夕就能促成的，也不是靠幼儿园单方面培养就能改善和习得的。

因此，幼儿自理能力的培养需要家长转变观念并引起重视，教师要注重提供正确的方式方法，如在生活环境中直观呈现"穿衣叠被步骤图""洗手步骤图""一日活动流程图"等,让家长在家再进行一对一巩固。

喝水中的自我管理:喝水并不是喝得多才健康,满足身体需要是第一位。我们也曾经尝试过约定在哪些环节喝水,插卡记录次数,但是出现了喝水过量和记录如同虚设等问题,要引导幼儿及时关注身体对水的需求量,即关注个体需求:关注尿液的颜色以增减喝水量、大运动后及时补充水分、天气热可以多喝水、生病了多喝水、利用生活过渡环节喝水。从喝水逐步关注到身体健康状况方面的真实问题。

身体健康管理:为了更好地开展家园合作,我们在班级门口提供一周一次的"幼儿在家行为习惯打卡墙",用直观形象的方式将幼儿健康生活相关的经验呈现在环境中,形成"身体健康打卡墙",且每一项身体状况后面都对应相应的改善方法,让家长有更便捷的机会与教师建立沟通关系,也便于教师更好地了解每个幼儿现阶段的习惯发展,利于个体关注和针对性指导。

一个做事情井然有序,言行举止优雅的人,在社会生活中一定是受人喜爱且会走得更远的人,而这些美好的习惯品质则是在日常生活中一件件细微的事情中培养起来的。

洗手的秩序:七步洗手法的习惯养成可通过环境的提示、儿歌的渗透、家庭的配合等多种途径进行,幼儿能逐渐愉悦地接受。但是要完成七步洗手,时间会很长,就会出现消极等待的现象。教师应抓住这一教育契机,让幼儿主动观察和思考:怎样节约时间?流水式洗手会减少消极等待时间,即前一个幼儿冲水抹肥皂后,排到队伍的最后认真搓肥皂,把位置留给下一个幼儿淋湿手、抹肥皂,如此循环排队七步洗手法已然完成,只需冲洗干净。这个过程也有利于幼儿遵守秩序好品质的形成,也养成认真做好每件事的习惯。

（2）让规则意识成为幼儿未来生活的保护伞

在幼儿园里,教师要同时与几十个不同的幼儿一起生活,照看他们的饮食起居,带领他们进行团队活动与游戏。不能因为害怕安全事故的发生而剥夺幼儿自由游戏与生活的权利,不能让他们成为襁褓下才能绽放的花朵,而要引导他们有责任有担当有敬畏心,学会为自己担责。因此我们每个班级都因地制宜制订了"班级约定",为了发挥"班级约定"的实质意义,引导幼儿主动地遵守和执行,我们作了如下几点思考：

一是明确它存在的价值意义。出于对幼儿的保护,从生活常规、情感品质等幼儿现阶段最需解决的问题,共同制定相关内容。

二是尽量使用儿童愿意听、听得懂的语言。如把"不准说话"变为"请保持安静","不准跑"变为"慢慢走",用正面的语言更能让幼儿接受和理解。同时根据不同年龄层次幼儿认知水平采取图片或图夹文方式,用朗朗上口的话语,"在教室里要像小猫一样慢慢走""吃饭静悄悄""玩滑滑梯要排队一个接着一个玩""关爱朋友,相互谦让"等,让幼儿自觉遵守、自我管理。

三是能与幼儿共情,师幼互动有效。对幼儿有约定,教师也要遵守约定,

续表

以身作则。幼儿有班级公约，教师也可以制定班级公约，定期和幼儿一起回顾、小结，形成进步共同体。

四是联系生活实际，真实地运用起来。结合"每日小结"进行个人、小组集体或小组的反思，从而慢慢将规则内化于心，更懂得生活，也会生活得更好和更快乐。

（3）培养幼儿劳动意识和自主解决问题的能力

生活课程的核心应该是培养一群有独立思考习惯、有主动解决生活中各种问题能力的幼儿，教师要尽可能地为他们创造独立解决问题的机会。结合"问题解决"方面的发展目标点，有效关注和渗透不同年龄段幼儿所需要的能力发展。

"问题解决"发展目标点

	小班	中班	大班
问题解决	1. 有向成人请求帮助的意愿，并在成人提示下愿意尝试自己解决问题。 2. 遇到困难在成人的帮助下情绪能很快稳定。 ……	1. 尝试自己动脑思考办法解决问题。 2. 能关心他人的问题，并愿意帮助想办法来解决问题。 ……	1. 能自主解决问题。 2. 能与周围人妥善协商，表达自己的观点及听取别人的意见解决问题。 3. 主动与同伴一起承担责任，共同解决问题。 ……

面对幼儿把牛奶打翻、把饭打翻的现象，如果一味地批评和指责，不会让幼儿学会主动地解决问题。教师应该从不同的角度看待问题，学会利用危机提高幼儿解决问题的能力。牛奶打翻的教育价值在于，可以教会幼儿"直面自己的不当或者错误，进一步采取方法措施""收拾整理能力的培养，使用适宜的工具进行清理"。在那个当下多问一句："这该怎么办呢？清理干净需要什么工具呢？怎样做下次才不会打翻了呢？"相信幼儿会更积极主动地去思考和解决问题，下次再遇到此类问题自然而然就会独立解决了。

所以，在每个班级，我们都设置一个"卫生工具角"专门投放适合幼儿的工具，也为每周一次的"大移除"活动提供支持。

（4）帮助幼儿学会自我管理，从容地享受生活

"自律即自由"，一个懂得自律的人在生活中也一定会获得相对的自由。幼儿的发展是有弹性的，应该根据他们不同阶段的发展目标来增加或调整生活内容，让他们学会自我管理并渗透于一日生活各过渡环节中。

美国著名教育家曼恩说："习惯像一根缆绳，我们每天给它缠上一股新索，要不了多久，它就会变得牢不可破。"我们通过图片或者视频的方式，抛出过渡环节出现的问题，如教室内秩序混乱、部分幼儿无所事事、安全问题等等，让幼儿来讨论这个时间段怎么玩、玩什么更合理。对小班我们会提供一些绘本、折纸、拼图、小玩具，中班则在小班基础上提供一些益智玩具、绘画工具。针对大班幼小衔接的自我管理方面，幼儿的一日活动中增加了一项"自由课间十分钟"环节，放手让幼儿尝试自由自主地进行活动。根据幼儿需求，我们分别在每个组投放了字卡、花绳、折纸、记录本、绘本等材料，让幼儿学会合理安排自己的课间时间，自选材料，边玩边学习，班级的秩序井然。

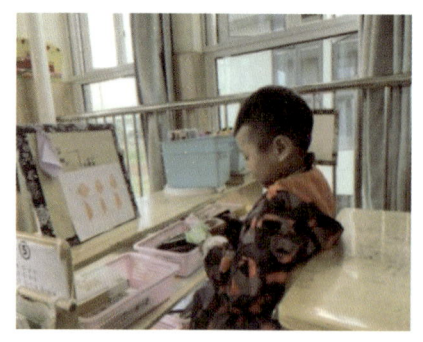
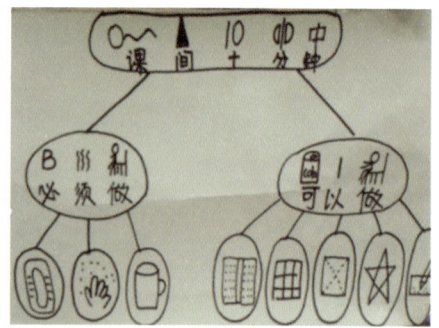

当然，不是每个幼儿都能做到自律的。我们希望以引导幼儿发现问题、解决问题的方式来促进生活课程的丰富性，通过师幼一起梳理有意义的事件，帮助幼儿能在进入小学后更自主地管理自己、更快适应新生活。

综上所述，一日活动内容都是幼儿真实体验的生活内容，都是现实的问题，所以最容易被幼儿理解，幼儿也愿意去理解。无论是有计划的教育还是随机的教育，都应该联系幼儿的生活实际，让幼儿体验生活，积累经验，发展能力。幼儿的能力发展就是在一日生活点点滴滴的经验积累中，不断吸收、内化、运用和提升起来的。

4. 生活课程案例分析

（1）案例一：周末购买活动

为了帮助幼儿直接体验到数学的实用性，积累点数、减运算、分类、集合的经验，并促进良好的社会性发展，形成正确的消费观，大班教师会和幼儿及家长约定每周进行一次"周末购买计划"，即计划购买五元或十元的东西，让超市成为幼儿"生活中学数学"的有效实践场地。

首先，要提前思考：这些钱要怎么用？十块钱可以买什么东西呢？能买多少呢？怎样买？买什么才能发挥十块钱的最大价值呢？这些都是幼儿要思考的。而在实施的过程中还会遇到实际的问题，需要幼儿一步步去发现、分析、思考、调整和解决，这些过程都有益于幼儿经验的积累。

当幼儿和家长第一次购物计划体验完成后，教师便会组织幼儿把所购买的东西和购买计划带到幼儿园进行小组和集体分享。用十块钱有买一样和两样东西的，最多的买了六样；有的全部买了自己喜欢吃的，

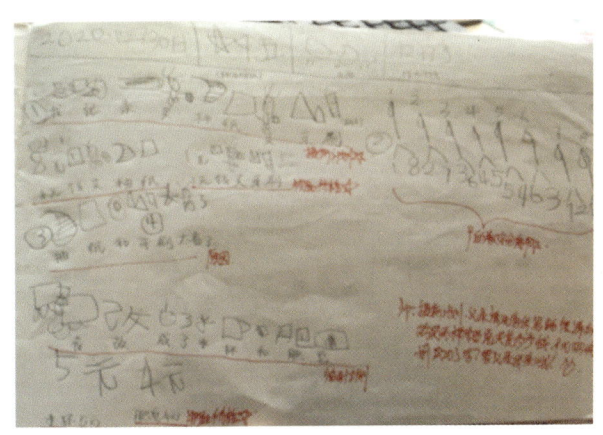

有的买了生活用品和学习用品；有的买了家里需要的物品，有的为了凑数买了不实用的东西；有的在购买过程中发现十块钱根本不够用，实际的物品价

格没有预期的那么便宜；有的家长带幼儿直接称了一斤糖，有的出现了小数点，而家长干脆包办代替完成运算。

所以关注个体，调动提升家长的教育意识，就是这个活动的关键。于是，针对幼儿每一次的十元购物计划，师幼进行一些问题的梳理小结。

①家长的有效参与让幼儿的能力得以更多地生发

教育者要做到心中有数，父母是幼儿的家庭教育者，同样要提升他们的教育意识。如果是在购买初期，幼儿不能理解小数点的含义，可以暂时不纳入购买计划，下次再购买时幼儿则需要提前注意这点。遇到斤两重量的问题，我们认为是可以让幼儿尝试感受和理解的，但是要考虑幼儿学习理解数学关系、获得数学经验的阶段性和层次性。

如：可以先引导帮助幼儿形成完整的计数概念。整斤多少钱？有多少个？半斤多少钱？什么叫半斤？大概又能买到多少个？或者计划买两块钱一斤的物品，数一数相关斤两大概有多少个？帮助幼儿进一步获得提前做规划、推测、估算、数量关系等能力。

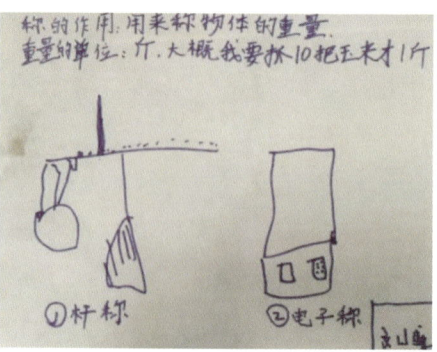

②关注幼儿多种能力品质的发展

购买的同时,除了关注自己的需求,还要关注家人朋友的需求,买目前真正需要的东西,即把钱花在刀刃上,而不是胡乱买一堆吃的。

有的幼儿购物的初衷就非常好,他能清楚地解释买糖的原因,是要送给好朋友,想成为一辈子甜蜜蜜的朋友。这样关爱的品质就在其中萌发了。所以在计划时就和幼儿一起商议"你为什么要买这些东西",让幼儿讲清楚因果关系,发展良好的语言表达能力和较强的逻辑性思维。

③帮助幼儿梳理思维过程,懂得反思思考

购物中的计算方法与分解组成建立了联系,可以用思维导图的方式梳理得更清楚,幼儿能从中慢慢形成有序、有逻辑的思维模式,通过一次次梳理活动过程,感受数学的奇妙性和有用性,从而保持学数学、用数学的热情。

教师会定期与幼儿梳理活动中的数学方法、经验,让家长能真切感受到幼儿数学能力的不断发展。从开始的不会计划、少量购买,慢慢地熟练运用加减法、10以内的分解方法,幼儿的数学能力就获得了持续的发展。

(2)案例二:调查农贸市场

活动缘由:幼儿进入中班以后,随着年龄的增长,与同伴之间的交往越来越频繁,特别是走出家庭与其他人员交流的需求越来越多,于是产生了摆摊售卖的游戏情节。为什么会产生这样的游戏情节呢?因为离幼儿园20米不远的地方就是蒲江的盐井沟农贸市场,幼儿每天上学放学都会经过此地,各种摆摊售卖的情景进入了他们的内心,成为游戏的一部分。但是随着游戏准备开始,出现了一些问题:我们要卖什么?我们的东西乱糟糟的,怎么样才能摆好?卖东西和收钱的是一个人吗?我们知道自己卖了多少钱吗?生意不好,是不是价钱太贵了?多少钱合适呢?问题随着游戏开展逐渐产生。这些经验怎样让幼儿获得呢?让家长带着幼儿放学后、周末买菜时留心观察,这样获得的经验较零散,很多方法也只能从同伴口中听说。于是,我们与家长一起开展了一次"调查农贸市场"活动。

制定调查计划:我们制定调查计划,内容包括物品摆放、货架调查、价钱调查、角色分工调查、招揽生意调查等等。带着目标,我们一起出发,家

长也根据幼儿的计划有目的地带着幼儿观察、询问和记录。最后汇总,我们发现:

A.店铺物品不能随意摆放,要注意美观:如花店要插花摆放才更好卖,水果要分类用筐子装,蛋糕店有做蛋糕还有卖蛋糕的人,收了钱要存在收银机里。

B.物品有不同的售卖方式:有店铺里卖、有地摊上卖、有货架上卖,还有挑着担子、推着车、骑着车卖。

C.有不同的吆喝方式:大甩卖可以在门口喊,也可以用音乐吸引客人,也可以用礼貌用语招揽客人。

D.不同的定价方式:比较大的重的论个卖,轻的和少的一堆或者一包卖,还有称重卖的。肉类有点贵,价格一般由2个数字组成,蔬菜有贵的也有便宜的,贵的多是外地运到蒲江的,便宜的大多是蒲江农民伯伯种的。

试试自己的方法是否好用:发现了农贸市场的许多秘密之后,幼儿就开始在区角中准备售卖的物品,回家与父母一起收集布置卖场的材料,在游戏中搭建自己的货架,准备好招揽客人的语句,做好分工,开始游戏。

在后面的游戏中,问题也随着游戏情节的丰富不断产生。我们秉着家园共同丰富经验的理念,向家长不断反馈幼儿的问题和需求,帮助幼儿共同梳理方法和经验,不断丰富游戏活动。家长也欣喜地发现自己的孩子在计划分工、语言发展、交流沟通、解决问题方面有了进步,对班级活动更加支持。

我们始终牢记在与幼儿共同生活时,要一起回归生活、学会生活。生活本该充满未知和挑战才更有意义,教育亦是如此。我们希望与幼儿共同生活在一起的时光,能通过多角度观察评估幼儿,结合幼儿最近发展区及差异性评价对某些课程做一些适当调整,更好地服务于当前当下的幼儿生活。所以,让我们和幼儿一起在幼儿园、家庭、社区中不断发现更好的生活,一起去看见生命的美好未来。

(二)生活课程中的安全教育实施策略

1. 心理安全教育的策略

安然的心境是一切活动的基础,在幼儿园里,我们针对心理安全的每一个小目标进行了相关的策略研究:幼儿如何对周围环境形成安全感和信赖感?幼儿如何学会恰当表达和调控情绪?幼儿如何拥有适应生活环境变化的能力?

(1) 对周围环境形成安全感和信赖感

①创设自然生态、有序整洁的室内外环境

我园经过二十多年的自然教育实践研究,现已形成了生态自然的充满野趣乐的户外大环境,幼儿与大自然有许多亲密接触的机会。幼儿在大园子里能爬树,能找蚂蚁,能玩泥、玩沙、玩水,喂养动物,种植各种蔬菜瓜果等。

爬树

种植

除了室外环境的生态自然,室内环境整洁有序对幼儿的安全感建立也有积极的作用。我园的室内环境物品摆放整齐有序,色彩和谐统一,没有杂乱无章、花里胡哨的杂乱感，只有整洁和谐有序带来的舒适感受。

此外，我们还提供支持，帮助幼儿熟悉园内的人事物，因为越熟悉越有安全感。刚入园的小班开展主题活动"我爱幼儿园"，在这个主题活动中，幼儿要认识班级并接触幼儿园每位教师、办公室人员、后勤人员以及其他班级人员。幼儿对每一处玩耍的地方，每个小动物，每棵树，每种花都会留下许多回忆，对身边的人、事、物一切都会逐渐熟悉起来。

同时，我们还借助大带小活动，大班幼儿带小班弟弟妹妹，一对一结对照顾与帮助，让幼儿在园里有一个温暖的依靠。混体活动中大班哥哥姐姐会带弟弟妹妹去玩各种游戏，哥哥姐姐还会进入弟弟妹妹班级教他们洗手、进餐、叠被子，相互融入和生活，让幼儿影响幼儿。

经过哥哥姐姐的照顾，到了中班，幼儿与同伴有了更多的互动，大家一起深入去探索幼儿园里的花、虫、泥、沙才会更生动。到了大班，幼儿就能更深入关注园内某一类事物的共性特点，形成相关概念。了解越深，投入的感情也越多，越有归属感、成就感和价值感。

  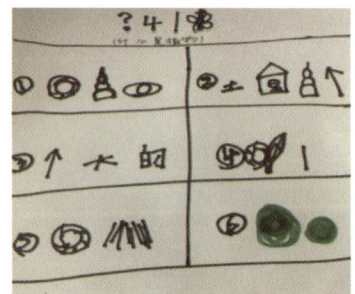

大班幼儿带小班弟弟　　　中班探索蚂蚁　　　大班探究什么是植物

②营造温暖、轻松的人际互动环境

我们生活的社会是一个彼此建立关系的世界，这些关系几乎影响了我们发展的所有方面，包括智力、社会性、情感、身体、行为和道德。所以，一个温暖、轻松的人际互动环境是幼儿情绪愉快安定的基础。我们从班级和园级两大层面来营造这种良好环境。

A.创设家一般的班级互动环境，教师给予幼儿积极的情感关注与支持

幼儿进入幼儿园，对其影响最大的是班级的三位教师。教师的爱是幼儿

在园安全感建立的关键。教师要利用口头语言、肢体语言、表情语言对幼儿进行积极关注，让小班幼儿有"我很喜欢"的情感，让中班幼儿有"我很能干"的感受，让大班幼儿有"我很重要"的感觉。

如对小班幼儿，每天教师可利用来园时间微笑拥抱问好，餐前餐后时间聊天互动来增进感情。中班教师则要积极关注幼儿经过努力取得的各种成就，给予各种鼓励："你通过练习能自己叠好被子了，我感到很高兴。"这些鼓励能让幼儿有莫大的成就感。对大班幼儿，教师要积极关注幼儿勇于挑战、乐于奉献的品质，激发幼儿更好地实现自我。如鼓励大班幼儿更多参与幼儿园的活动，布置节日环境、照顾新入园的弟弟妹妹，为幼儿园的更美更暖提出自己的意见和贡献力量。教师与幼儿建立起爱的连接后，师幼之间是信任的、安全的关系时，幼儿在园的一切状态都会充满力量。

教师与教师之间的相处氛围也是幼儿学习的榜样，耳濡目染也会给幼儿积极的影响。所以班级三位教师之间的日常互动也应是温馨、温柔、有温度的。

B.幼儿与幼儿之间相亲相爱，乐分享重合作

和谐的同伴关系是促进幼儿心理安全感有效形成的关键。良好的同伴关系能够让幼儿爱上幼儿园、缓解消极情绪。为此，我们通过开展分享自己的生日喜悦、分享绘本、分享玩具等活动增进幼儿感情，引导幼儿玩在一起、爱在一起。

同时，我们还借助园内各种游戏课程为幼儿搭建交往的平台，让幼儿主动积极地投身于游戏，从而与同伴形成良好的交流与互动。如在结构游戏中，小班幼儿在为小动物们修房子时自发出现两两交往；中班幼儿在结构游戏"饲养角"中进行小组合作，出现更多的互动交流；大班结构游戏中团体的合作更需要同伴间的深度互动与交流。但在游戏的实际情景里，难免会出现矛盾，教师要及时捕捉，引导幼儿讨论，找出与同伴相处与交流的好方法与技巧。幼儿获得交往经验，会迁移运用在各种人际交往环境中，心理的安全感也就逐渐增强。"我能""我可以"的自信是安全之本，力量之源。

C.幼儿园人、事、物全卷入，对幼儿的活动给予支持

幼儿园里各个岗位的人员，门卫叔叔、厨房阿姨、保健医生等等都是幼

儿一日生活中常常接触到的人，他们对幼儿的热情、对幼儿的爱也是幼儿对环境形成安全感与信赖感的重要条件。门卫叔叔每天对幼儿的热情招呼、保健医生对幼儿身体的关心、厨房阿姨在送饭菜时与幼儿的对话，这些都会让幼儿感受到园里每一个人的友善和关爱。同时，幼儿在各类活动中有什么需要，都可以随时请他们帮忙，他们也乐意提供各种帮助。

厨房阿姨与幼儿互动

询问保健医生

D.引导家长带领幼儿熟悉社区环境

社区对幼儿来说也是非常重要的一个生活环境，在各类课程中，我们十分注重家、园、社三位一体的联系，特别注重开发社区资源。幼儿对社区环境的熟悉，也是他们安然心境形成的重要条件。

如角色游戏需要丰富经验，需要了解街市到底开了哪些店铺、店铺里都是怎样的摆设，要走进大大小小的店铺进行调查；主题活动"萝卜收获后"，根据课程需要，联系超市让幼儿走进卖场，售卖自己

走进菜市场

调查社区里的人

种植的萝卜；数学活动中，结合小区开发的各类活动，统计小区里的健身器材有哪些，可以锻炼的地方在哪里，小区有多少栋房子，标识有哪些特点等等；五一劳动节，幼儿走进社区，了解社区各类职业，关注他们的生活，关

心和感恩他们的付出。幼儿通过对社区人员的了解,感受生活环境的美好。

结合课程,让幼儿愿意走入社区,与社区里的各类人事物进行互动,从而对周围环境形成安全感和信赖感。

帮助幼儿对环境形成安全感和信赖感的建议

		小班	中班	大班
创设自然生态、有序整洁的室内外环境(物质环境)	\multicolumn{4}{}{室外环境生态自然,室内环境整洁有序。}			
	通过主题探究熟悉环境。	广泛探究幼儿园的人事物。	探究园内各类事物如花、虫、泥、沙、动物等。	探究园内某一类事物共同特性。
营造温暖轻松的人际互动环境(人文环境)	班级环境	师幼互动:积极的情感关注与活动支持。	教师利用口头、肢体、表情语言的积极支持。如拥抱、聊天等。"我很喜欢在这里。"	关注幼儿的各种努力和进步,给予鼓励。如叠被子、穿衣等自理活动中的进步。"在这里,我很能干。"	鼓励参与幼儿园活动。如照顾弟弟妹妹,布置幼儿园大环境,对幼儿园提出建议。"在这里,我很重要。"
		幼幼互动:乐分享重合作。	各类游戏中三三两两的自发交往。	游戏中的小组合作,积累交往经验。	团队合作有更多交往情境,积累和迁移运用各类交往经验。
	园级环境:幼儿园人、事、物全卷入。	\multicolumn{3}{}{各个岗位的人员,如门卫叔叔、厨房阿姨、保健医生、园艺爷爷等热情对待每一个幼儿,给予幼儿活动支持。}		
	社区环境:引导家长带领幼儿熟悉社区环境。	\multicolumn{3}{}{节日、角色游戏、结构游戏等课程全面连接社区,充分挖掘社区资源,提供方法帮助幼儿与周边社区积极互动。}		

(2)学会恰当表达和调控情绪

幼儿情绪能力是指幼儿辨别、理解自己与他人的情绪,并在此基础上控制、调节并适当表达自身情绪的能力,主要由情绪识别与理解、情绪表达、情绪调节三个维度构成。[1] 幼儿情绪能力的培养需要家园密切配合。

---

[1] 刘云艳,刘婷,周涛:《运用情绪主题绘本开展幼儿情绪教育的理论基础与教学模式》,《学前教育研究》,2011年第8期。

《幼儿全人教育》小中大班幼儿情绪管理发展目标

小班	中班	大班
1. 知道自己常出现的正负向情绪。 2. 运用动作或者表情来表达自己的情绪。 3. 知道自己情绪出现的原因。 4. 处理自己常出现的负向情绪。	1. 辨认自己常出现的复杂情绪。 2. 运用动作、表情、语言表达自己的情绪。 3. 知道自己复杂情绪出现的原因。 4. 运用等待或改变想法的策略调节自己的情绪。	1. 辨认自己常出现的复杂情绪。 2. 以符合社会文化的方式来表达自己的情绪。 3. 知道自己在同一事件中产生多种情绪的原因。 4. 运用多种策略调节自己的情绪。

①关注一日活动中的积极与消极情绪，帮助幼儿用恰当的情绪词汇描述感受。

在一日活动中，教师可通过拍摄捕捉幼儿积极情绪的照片或者视频，帮助幼儿用准确的情绪词汇进行表达，抒发情绪、认识情绪。如捕捉幼儿某个时刻的图片，分析此刻心情就叫"自豪"。接着，分析为什么会有这种情绪，因为"晨间游戏做出了一架直升飞机，给每位老师和朋友分享自己的劳动成果"。再如晨间看到一个女孩子难过地大哭，事后可以和大家一起分析，这种情绪可以用"难过、委屈"来描述，鼓励幼儿大胆告诉教师或朋友"我很难过，我感觉很委屈"，原因是"在家里打弟弟挨骂了。弟弟先打我，当我准备打弟弟时，奶奶没有问原因批评了我，但是没有看到弟弟先动手，只看到我的行为，心里很难受很委屈"。接着再引导幼儿分析难受委屈时可以做哪些事情来调节："可以跑步或其他的运动""可以听听音乐""可以给好朋友讲一讲，倾诉可以缓解自己难过的心情""可以画画""可以在没人的地方大哭一场，哭完就舒服多了"。

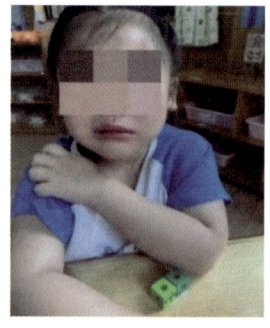 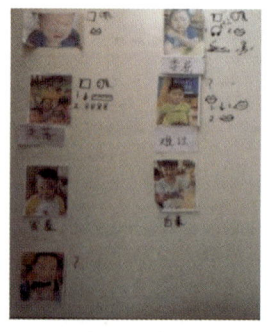

关注委屈大哭的幼儿　　梳理调节各类情绪的方法

②家园合力共推情绪教育

已有研究证明，绘本阅读可以提升幼儿的情绪调节能力，与幼儿进行情绪绘本共读的过程就是幼儿与绘本主人公共同经历一个情绪事件，学会识别主人公的表情，认知主人公的情绪，进而学会调节自己和他人情绪的一个过程。

所以我们幼儿园的阅读活动，会系列推出情绪类绘本，也鼓励家长进行相关的绘本的亲子阅读。如通过绘本《我的情绪小怪兽》《小情绪 大情感》帮助幼儿认知情感，如开心、快乐、难过、激动、委屈、沮丧等。在日常生活中学习用这些词汇来描述自己的情绪状态，并学习使用书中的好方法来调节情绪。

③在游戏情境中运用表达、调控情绪情感的方法

除了生活中关注情绪表达与调控，在游戏情境中，也可引导幼儿根据真实游戏情境中的问题进行分析调节。如角色游戏中，幼儿因为没有扮演到自己想要的角色而愤怒和伤心时，要引导幼儿用准确的语言表达自己的情绪，帮助幼儿以适当的方式宣泄消极情绪，如鼓励幼儿说出自己的情绪，或通过运动、绘画、游戏等活动转移自身注意力；再引导幼儿对此进行分析，将消极情绪转化为积极情绪。表演游戏中，可专门通过戏剧的方式去表现各种情绪状态的人物表情动作，通过感同身受的方式去感受各种情绪。

帮助幼儿学会恰当表达和调控情绪的活动建议

	小班	中班	大班
班级环境创设中关注情绪（情绪墙）	关注幼儿情绪。帮助幼儿用恰当情绪词汇进行描述。在教师帮助下能适当调节。	关注幼儿在各类游戏中的情感受，帮助其分析原因，尝试调节。	结合身边事件（如上小学的内心情感），用一些恰当的词汇描述，分析原因，通过课程帮助讨论解决方法。
家园情绪绘本共读	寻找适合各年龄段的情绪绘本，师幼、亲子共读如《情绪小怪兽》《谁开心，谁难过》《小情绪 大情感》。		
在游戏情境中运用表达、调控情绪情感的方法	表演游戏中利用创编的生活小故事，演绎情绪表达和调节。真实游戏情境中，日常生活中运用梳理的情绪调节方法。		

（3）适应环境的变化

环境的变化包括物理环境和人文环境的变化，在我们的心理安全教育上，主要指幼儿适应人文环境的变化。

①采取积极措施帮助幼儿适应不同阶段的环境变化

小班时，幼儿从家庭走进幼儿园小集体，我们通过六大措施帮助幼儿缓解对新环境的焦虑与不安。一是班集体家庭感的建立；二是有属于自己的物品；三是大带小的活动；四是关注幼儿心理发展需要，设置有幼儿喜爱的陪

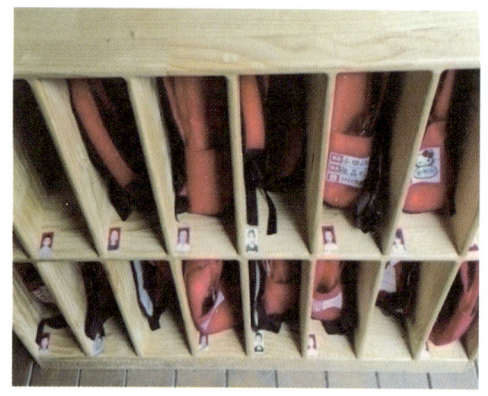

小班物品与照片一一对应

全班全家福家庭感的建立

伴物的秘密角，能宣泄内心情绪的爱心小屋；五是开展"我爱幼儿园"主题活动让幼儿熟悉幼儿园的人事物；六是家访活动让教师了解每一个幼儿的生活环境，有针对性地给予教育建议。

中班时，我们通过各类游戏情境，帮助幼儿学习在小组中的人际交往和合作。如在结构游戏、

小组中遇到人多了

角色游戏中的解决问题，主题探究小组中的初步合作，大移除活动中的分工，生活中吃间餐时组内如何分配多余的水果……遇到问题，教师引导幼儿共同

分析解决，帮助幼儿积累各种交往合作的经验。

商量解决办法

大班时，各类游戏有更多的团队交往，各种情境的转换也给了幼儿学习处理各种人际关系变化的机会。如大移除活动中的团队分工以及游戏中团队的协商合作，更加考验幼儿协调人际关系能力。此外，在幼儿即将毕业时，我们还从三大方面帮助幼儿了解和向往小学生活：一是活动方式的调整，二是小话题活动"我要上小学"，三是习惯能力的培养。

活动方式的调整，如过渡环节的准备，上一个活动和下一个活动之间会留出10分钟时间，让幼儿逐渐学习自主安排过渡时间，提前做好计划，准备好活动材料。通过小话题"我要上小学"，一起对上小学的各类问题进行讨论、梳理和解决。后期还会组织幼儿走进小学实地参观，通过再次分析、对比小学与幼儿园的相同与不同，引导幼儿对小学充满美好期待。习惯能力的培养，从小班就开始逐渐培养幼儿的各种好习惯。如计划能力要从小班就开始培养，让幼儿了解什么是一日活动安排，有哪些自己喜欢的活动，逐渐了解周活动；中班可在各类游戏中渗透计划，让幼儿开始做简单的一日计划与记录；大班则在游戏中会有详细的计划、回顾和反思。这些能力的培养能为幼儿适应小学生活打好基础。

关于小学的小话题讨论　　　　　一日计划与记录

②让幼儿感受不同天气环境中各种活动的乐趣

天气的变化也会在不同程度上影响幼儿的感受。如何引导幼儿适应不同的天气状况？在我们园，下雨天有穿着雨衣的探索，冬天的户外游戏也依然在开展。要让幼儿感受到，无论刮风下雨、酷暑严寒，我们都会开展适宜的活动，任何天气都有丰富有趣的活动。雨天有雨天的乐趣——穿着雨衣雨靴踏水；炎热夏季有炎热夏季的美——开心地打水仗。

除此之外，我们还鼓励家长引导幼儿适应并学习不同人际交往环境中的语言。鼓励家长带着幼儿到不同的社区场景去玩耍，和不同的人打交道。在幼儿园里，我们组织混龄体育活动，让幼儿在不同人际环境中学习与各种同伴交往。

总之，心理安全教育是安全教育的重要内容，也是幼儿人格得以完善的基础和前提。所以一定要重视物质环境、人文环境以及幼儿自身的情绪管理能力对幼儿心理发展的重要作用，帮助幼儿最终达到情绪安定愉快，能适应周围环境变化，心境安然地生活。

帮助幼儿适应环境变化的活动建议

	小班	中班	大班
适应不同阶段的环境变化	适应从家庭走入幼儿园的变化： 1. 班集体家庭感的建立。 2. 有属于自己的物品。 3. 大带小活动。 4. 关注幼儿心理发展需要，设置有幼儿喜爱的陪伴物的秘密角，能宣泄内心情绪的爱心小屋。 5. 开展"我爱幼儿园"主题活动让其熟悉幼儿园的人事物。 6. 家访活动让教师了解每一个幼儿的生活环境，有针对性地给予教育建议。	适应较为复杂的小组活动人际环境： 1. 在结构游戏、角色游戏中通过同伴自由组合解决问题。 2. 主题探究小组中的初步合作。 3. 大移除活动中的分工、生活活动如吃间餐中的小组如何分配多出的水果…… 遇到问题，共同分析解决，积累与不同朋友交往合作的经验。	适应更大的团队交往：大移除活动中的团队分工以及游戏中鼓励大团队的协商合作。 适应幼升小的变化： 1. 活动方式的调整。自主安排过渡10分钟活动。 2. 小话题活动"我要上小学"。 3. 习惯能力的培养。一日计划与记录，自我管理记录等。
感受不同天气环境下各种活动的乐趣	提供物质保障，户外活动安全有序开展。（雨天的雨衣、雨靴，夏天的户外水区活动，冬季的赏雪、赏花活动等）		
鼓励幼儿适应与学习不同人际环境中的语言	依托家庭，鼓励家长带着幼儿到不同的社区场景去玩耍，和认识与不认识的人打交道。 在幼儿园的混龄体育活动，幼儿可以在不同人际环境下去学习。		

2. 人身安全教育策略

（1）在环境创设中，学习相关安全常识

环境是无声的教师，一个蕴含安全信息的环境能引发幼儿的关注并深入学习安全知识。所以，在幼儿园里，室内外各处应精心设置一些安全标志，让幼儿关注到这些标志，并产生一系列的主题学习。

我们在幼儿园里，不同的地方会精心放置一些安全标志。如在攀爬墙旁边贴上"小心坠落"的标志，幼儿在散步时发现了这个安全标志牌子，好奇地问"这是什么呀"。通过观察安全标志上的图画，分析它代表的含义，最后一起确定这个标志的意义。幼儿也了解安全标志上的简单的图画代表一定的含义。

有了这一学习经验后，幼儿继续寻找幼儿园里的其他安全标志。在继续寻找和梳理过程中，幼儿发现安全标志根据颜色来分有不同的意义。红色表示禁止，黄色表示提醒，蓝色表示指令，绿色是提示标志，示意目标的方向。

安全标志引发好奇

找不同颜色的标志

有了这些基本认知，中班幼儿就能判断自己生活的环境，哪里需要什么安全标志，并和家人一起设计简单实用的安全标志。如教室门之前是没有标志的，幼儿发现门框处容易夹手，所以设计了黄色的小心夹手的标志。大班幼儿还会根据已有经验去检验环境中的标志是否合理，敢于质疑和提出自己的想法。如在迷宫区，有一处标志是红色的，提醒此处地滑，要当心。幼儿提出了"红色是禁止标志，可是这个标记是提醒我们要当心，好像颜色不太合适"这样的疑问，教师同幼儿一起就此问题进行了讨论，最后对负责安全的管理人员表达了想法，换成黄色的标志，进一步规范了园内安全标记。

设计禁止标志

小心钉子，黄色标志代表提醒

关于安全标志的学习，还可以继续拓展到社区、社会生活中，鼓励幼儿观察生活中的标志，并自然运用。如家长在小区停车时，幼儿看到旁边有红色标志，赶紧提醒"这里有红色禁止的标志，不可以停车"；幼儿乘坐地铁时，根据周围标识指示，判断如何走出去。

这些看到、问到、想到、认识到、运用到的过程，就是主动学习的过程。主动学习建构的经验更利于幼儿迁移运用，更好地保护自己、保护他人。

（2）在生活活动中，提高自我保护能力

安全课程最终的目标是让幼儿拥有自我保护能力。一日生活中，关于人身安全的课程组织还有三个特点。

①渗透性：各类课程中渗透自我保护的意识与方法

人身安全的内容包括了方方面面，单一的说教不符合幼儿的学习特点，要让安全意识内化于心，就得在日复一日的活动中进行渗透，将安全课程与其他课程进行自然的融合。

以体育课程中进行安全教育的实践操作为例：户外混体活动是我园体育课程的重要内容，玩具安全也是安全教育的内容之一，如何将二者结合进行？首先，教师会利用散步时间或者专门的活动时间熟悉各种器材、了解玩法、猜测可能发生的危险，让幼儿讨论怎么做安全又好玩。其次，教师在户外混龄体育活动中会有意拍下一些活动过程的照片，让幼儿园在混体小结中进行分析：这样玩合适吗？为什么？并给出自己的建议。最后，下一次混体活动时继续跟进上次讨论出的方法，追踪幼儿是不是真正做到，进行鼓励评价。

在游戏课程中，教师通过一些照片与幼儿一起讨论分析利弊，保证游戏中的人身安全。比如户外角色游戏中，幼儿在凹凸不平的坡地里抬救伤员，他们会真的坐在竹制担架上，特别危险。教师在游戏小结中会抛出问题进行讨论：在这样凹凸不平的坡地里，怎样救治伤员才是安全的，既真正保护"伤员"，也不伤害自己。经过讨论，大家约定了新的游戏规则——伤员不坐在担架上，手扶担架，双脚下地自己慢慢走，护士在前后抬着担架保护。

我们还会结合戏剧课程就一些关乎安全的情境进行表演，让幼儿换位思考，在此情此景中自己怎么做才好。让幼儿学会判断、分析，才能以不变应万变，灵活保护自己。

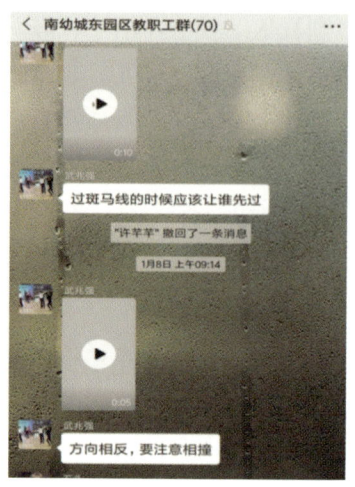

体育课程中渗透安全教育　　　　游戏课程中渗透

②生活性：日复一日做好生活中的安全提醒与照看

一日生活的许多方面都存在着或大或小的安全隐患。为了幼儿的安全，我们要时刻提醒幼儿注意安全、排除隐患、学会自我保护。对于安全隐患，更多的应该是防患于未然，不能让幼儿有尝试的机会，比如防触电教育、防溺水教育。同时，这类安全教育必须家园配合同步进行，教育幼儿不随身携带锐利的器具到园，如小剪刀等尖尖刺刺的东西。

此外，除了各种提醒与照看，还可以充分运用安全平台教育的资源进行家园一体教育。学校安全平台上的安全学习趣味性强，动画的形式幼儿易于接受，教师要引导家长利用这些资源，亲子互动学习。比如可以让幼儿讲述分享安全视频内容，不仅锻炼讲述能力，也能将安全知识转化为自己的经验。同时，还可以结合身边的安全事件与新闻谈谈自己对安全的理解，将身边时事融于安全教育。

③预备性：常态演练提高应对能力

对于生活中不常见但又特别重要的安全防护怎么办？如地震、火灾、暴恐等突发偶发事件，需要通过仿真演练提高幼儿的应对能力。

我们的演练特点是家园一体化。前期有谈话活动，有各种经验做铺垫，在此基础上再进行演练，保证了演练有序、有目标，演练后再继续跟进家庭的拓展活动。比如消防演练，前期班级会进行消防主题活动，先通过儿歌、视频、情境游戏帮助幼儿了解消防知识，接着再进行实际演练，投放烟幕弹，模拟仿真火灾情形，各班进行疏散演练。演练结束后班级会进行感受分享，回顾并梳理方法，把安全意识根植于心。回家后，家庭进行火灾逃生小演习，由幼儿统筹安排，学以致用。同时要注重家园社全方位连接，充分利用各种资源，增强幼儿安全意识与自我保护能力，如鼓励幼儿关注小区和超市的消防设施，带幼儿去消防队参观感受，邀请消防战士进行消防安全讲座等等。

仿真情境演练

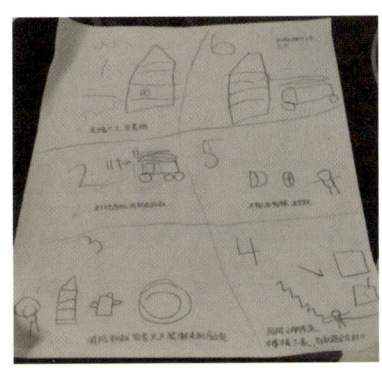
拓展：做好家庭演练计划

消防战士来园互动

（3）在家园社联动中，提升家长的安全教育能力

幼儿的生活场所包括幼儿园、家庭和社区，所以安全教育的落地需要家、园、社联动。因此，幼儿园还需承担起指导家长进行科学安全教育的责任，并积极开发和利用社区资源进行安全教育。

幼儿园可通过班级家委会和园级园委会，让家园双方积极主动地相互了解、配合支持，共同促进幼儿的健康发展，形成安全意识的教育合力。具体来说，可以通过微信和QQ群、家长沙龙、亲子实践活动等形式，对家长进行科学的安全教育指导。

例如防拐骗的演练中，除了在幼儿园里做演练，还应结合家庭共同引导幼儿当小老师，回家观察道路、小区的哪些地方容易出现坏人，思考坏人除了用食物、玩具、谎言外还会用什么方式骗取幼儿的信任……将幼儿园里的活动经验迁移运用到生活中去。

幼儿园里的各类自然渗透的安全活动我们都会及时传递到微信群，让家长了解教师是如何与幼儿互动，引导幼儿建构安全经验的。

例如中班幼儿在班级生活中发现了锥形桶这个新事物，对此充满好奇。教师及时捕捉了这个教育契机，与幼儿一起讨论锥形桶的作用，延伸到生活中哪些地方会出现锥形桶，并把这一对话过程完整呈现在家长群里，引导家长带着幼儿继续找寻生活中其他场所的锥形桶，了解锥形桶在那些场所的作用。小处着手，以小见大，服务生活。

（4）在课程教研中，提升教师的意识和能力

安全教育在游戏实践活动中容易被忽视，所以尽管知道安全重要，往往行动上没有更多的措施和科学系统的方法。因此在日常教研中，我们采用线上线下的方式对安全教育的实施进行研究和梳理。大家畅所欲言、集思广益、智慧分享，让安全教育与日常生活结合得更紧更有效。

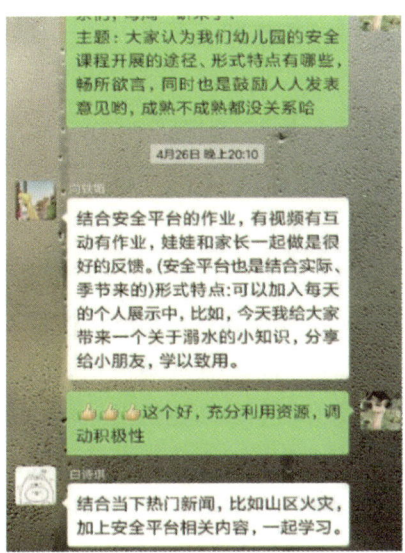
线上教研

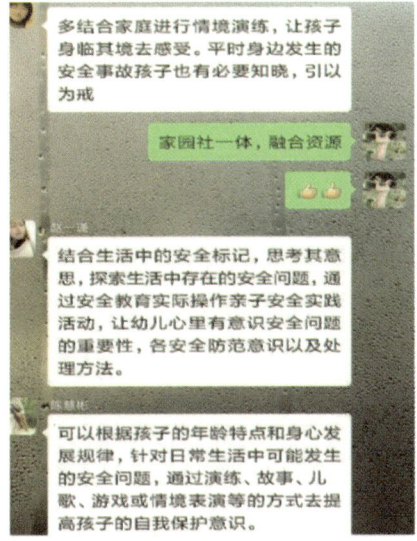
线上教研

人身安全教育的活动建议

	小班	中班	大班
在环境创设中，学习相关安全常识	观察认识园内各种安全标志	为自己生活的环境，设计简单实用的安全标志	将安全标志的学习运用拓展到社区
在生活活动中，提高自我保护能力	1. 各类课程中渗透自我保护的意识与方法。如混龄体育活动小结，游戏课程中关乎安全的情境讨论。 2. 日复一日做好生活中的安全提醒与照看。 3. 常态演练提高应对能力。如连接家庭的地震、火灾演练。		
在家园社联动中，提升家长的安全教育能力	1. 通过微信和QQ群、家长沙龙、亲子实践活动等形式，对家长进行科学的安全教育指导。 2. 幼儿园里的各类自然渗透的安全活动都会及时传递到微信群，让家长了解教师是如何与幼儿互动，引导幼儿建构安全经验的。		
在课程教研中，提升教师意识和能力	以线上线下的方式对安全课程的实施进行研究和梳理。		

3. 文化安全的教育策略

（1）让幼儿做幼儿，减少成人文化的侵蚀

让幼儿做幼儿，尊重幼儿生活的秩序和法则，不急不躁。不把生活环节变成一节节集教活动，如对时钟的认识、对温度的感知，都可以在一日活动的运用中熟悉内化。还可将幼儿喜欢的音乐、诗歌自然浸润到生活过渡环节（减少使用成人流行歌曲）。再如结合各类节日节气，把经典诗词音乐浸润在各类过渡环节，幼儿听着优美的诗词，和着旋律，自然而然地进入下一个环节。

在选择游戏活动内容时，要注重给予幼儿正面积极的影响，积累有益的经验，避免价值层面的误区。如在区角游戏中，幼儿拿着扑克牌学着大人玩"斗地主"游戏，"4个2就是炸弹""5个连子""3带1"，把成人语言模仿得淋漓尽致。教师此时要思考：是继续让幼儿模仿玩下去，还是引导幼儿分析更适合他们的扑克玩法？教师可以和幼儿一起讨论："学着大人斗地主适不适合我们玩，为什么？""在幼儿园里可以用扑克牌玩哪些游戏？"在幼儿园里，应该引导幼儿积累更多有益经验。经过讨论，我们分析扑克牌有3种玩法，一是"比大小，赢小棒"；二是火车接龙，看谁赢得多；三是凑10挑战，看谁算得快。让幼儿把扑克牌和数学加减结合起来，在竞赛游戏中运用数的运算，玩出乐趣，玩出智慧！所以在活动选择上，要认真审视各类活动的价值，不能一味地任由幼儿模仿成人的行为。

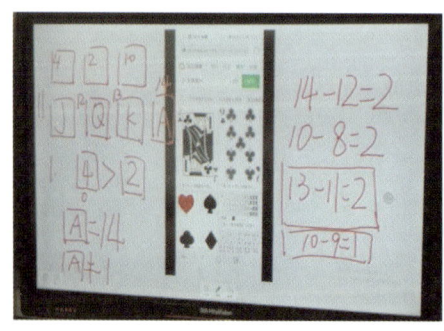
比大小

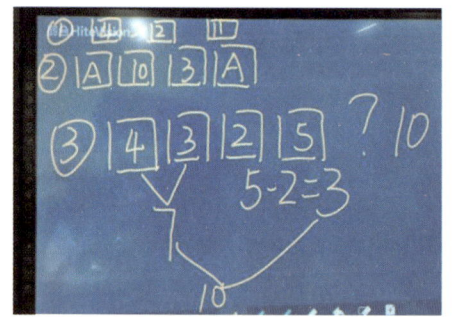
讨论的三种玩法

在一日活动中，我们注重发展幼儿自理自主、自我解决问题的能力，让幼儿对自己有充分的自信，让幼儿有底气自我判断，成为更好的自己。在生活、游戏中教师要遵循幼儿成长的节奏，关注个体差异，陪伴在幼儿旁边静待花开。

（2）给幼儿根植中国心，让幼儿有中国根、中国魂

在培育幼儿的文化自信上，我们注重用中华民族优秀文化去滋养幼儿的心灵，注重传承和发扬中华民族的优秀文化。

比如在节日课程方面，我园以培养有中国心、中国情、中国根的儿童为目标，选择符合我国文化价值观的节日节气课程开展相关活动。像元旦、清明、端午、中秋、重阳、国庆……还有二十四节气等节日，通过活动感受传统节日中深厚的文化底蕴和文化价值，以此滋养每一个幼儿的心灵。

我园的户外大屏幕，每月两次开展坝坝电影活动，幼儿通过欣赏经典的中国动画，将皮影戏、水墨画、木偶戏等优秀文化浸润在心中。

同时，我们也引导幼儿积极关注身边事，在班级环创中，结合地图进行新闻播报活动。从小班关注班级、关注幼儿园，到中班关注社区、县城，到大班关注国家大事，层层递进，让幼儿能对周围人事物进行积极关注，热爱祖国的每一寸土地。

在幼儿园课程内容选择上，进行文化安全的积极思考和实践，是我们教育者的应尽之责。我们相信有了这种文化安全意识的考虑，我们的课程更能体现出中国味道。

文化安全的活动建议

	小班	中班	大班
让幼儿做幼儿，减少成人文化的侵蚀	尊重幼儿生活的秩序和法则，不急不躁： 1.生活环节中自然渗透幼儿喜欢又适合的音乐、诗歌以及各领域的认知经验（如对温度的感知，对时钟的认识，对日历的认识等）。 2.选择幼儿园课程内容时，我们注重给予幼儿正面积极的影响，积累有益经验。 3.一日活动中，发展幼儿自理自主、自我解决问题的能力，让幼儿对自己有充分的自信。 4.教师遵循幼儿成长的节奏、关注个体差异，陪伴在幼儿旁边静待花开。		

续表

给幼儿根植中国心，让幼儿有中国根、中国魂	培育儿童的中国文化自信，传承和发扬中华民族的优秀文化： 1. 节日课程：选择具备我们国家的文化价值观的节日节气课程内容。 2. 坝坝电影活动，欣赏经典的中国动画，将皮影戏、水墨画、木偶戏等优秀文化浸润在幼儿心中。 3. 幼儿积极关注身边事，在班级环创中，小中大班会结合地图进行新闻播报活动。 小班关注班级，关注幼儿园； 中班关注我们的社区，县城； 大班关注国家大事。

总之，在幼儿教育中，安全是第一位的，也是工作底线。教师应知晓安全课程的目标与内容，清楚各年龄段的教育内容，寻找符合幼儿身心发展特点的方式方法，在一日活动中自然融入安全教育。在不断提升自身安全教育水平的同时，引导家长树立正确的安全观并运用合理的安全教育方法。相信在家园社的共同努力下，一定能为幼儿提供安全的环境，让其健康成长，能为民族的伟大复兴，为中国梦的实现贡献自己的力量。

（三）生活课程中的食育实施策略

1. 两餐两点藏食育

前面我们已经分析了在食育中小中大班幼儿的不同发展点。具体实施中，食育课程从幼儿进园就看见的食谱展示柜这里开始了。食育课程能丰富幼儿五大领域的经验，并自然而然地促进各类课程的相融和渗透。

在食品展示柜上，应根据幼儿年龄和食材的特点，多元化地呈现食物的原型，给幼儿提供一个可以观察、探究和认知的空间。幼儿的经验是需要在日常生活中慢慢渗透的，食育经验的获得也是如此。食品展示柜在很多幼儿园就是陈列餐点成品，但是我园深入挖掘展柜对幼儿的教育作用，尽量用食材的原貌唤起幼儿的经验和记忆。比如展示食材原貌，幼儿通过观察会发起"原来我们班也种了番茄""为什么买的番茄和我们种的不一样"等话题讨论；不仅展示食材整体外貌，还可以展示食材的部分和多切面，让幼儿关注整体和部分的关系；保健医生甚至可以利用食材的果皮核蒂进行艺术上的组合造型，从色彩、形状、空间上传递对美的表达，如此食品展柜对幼儿来说每天都是新鲜的、有意义的。

食品展示柜中的原型食材

食材摆盘方式

以下是我园一周的食谱安排，从这个食谱的安排可见我园的食育三部曲。

食之前，究清楚。每周食谱安排我们会提前一周在公众号告知家长和教师，让幼儿有足够的时间关注到本周的正餐和间餐的食谱。幼儿会提前在家和父母查阅食物的相关知识，如食物的营养价值、产地、季节性等内容，来园后就可以和同伴互相分享关于食物的"发现"。吃的时候，幼儿会带着情感去吃，从而对食物更珍惜，重视食物所赋予的价值。做到吃时有情感，吃后有经验。

蒲江县南街幼儿园一周食谱

（2022年5月30日—6月3日）

日期 餐次	星期一	星期二	星期三	星期四	星期五
早点	蓝莓、 红心柚子	香蕉、葡萄	甜瓜、冬枣	火龙果、 姑娘果	帝皇蕉、 青提
中餐	黑米软米饭 （黑米、大米） 佛手瓜烧排骨 （排骨、佛手瓜） 糖醋莲白 （莲白、黄灯笼椒） 紫菜酸汤 （紫菜、西红柿）	红薯米饭 （红薯、大米） 粉丝鸭肉粒 （鸭肉、猪肉、龙口粉丝、豇豆、甜椒） 素炒瓢儿菜 （瓢儿菜） 三鲜汤 （白萝卜、火腿肠、虾皮）	碎金饭 （大米、玉米渣） 咖喱鸡块 （鸡肉、咖喱、洋葱 土豆） 西红柿烩花菜 （西红柿、花菜） 肉末青菜汤 （猪肉、青菜）	荞麦米饭 （荞麦、大米） 红烧狮子头 （猪肉、茄子） 清炒玉米粒 （黄瓜、玉米粒） 白菜笋片汤 （大白菜、菜笋）	小米米饭 （大米、小米） 麻香猪肘 （猪肘、白芝麻、莲藕） 菌香丝瓜 （丝瓜、茶树菇、大蒜） 碧波汤 （落葵叶、软浆叶、豆腐菜、木耳菜、鸡蛋）

续表

午点	鲜牛奶、麦芽饼	酸奶、海苔卷	鲜牛奶、苹果脆	酸奶、山楂条	学生原味盒奶、纳福饼
晚餐	香米饭（大米）肉末豆腐（猪肉、豆腐、木耳、小葱）素炒藕丝（莲藕、灯笼椒）棒骨芋儿蔬菜汤（棒骨、芋头、小白菜）	鸡蛋米线（猪肉、鸡蛋、米线、小白菜）蒸山药（铁棍山药）枸杞雪梨银耳汤（雪梨、枸杞、银耳）	香米饭（大米）冬瓜炖酥肉（猪肉、冬瓜、海带）桃仁菠菜（菠菜、核桃仁）	牛肉炒饭（牛肉、猪肉、蒜苔、青豆、腐皮）蒜蓉油麦菜（油麦菜、大蒜）薏仁甜汤（冰糖、薏仁、红枣、红豆）	

食之时，享发展。每日间餐中的水果，有着鲜艳的颜色，扑鼻的香味，可爱的形状，这些特点能激发幼儿瞧一瞧、摸一摸、闻一闻、尝一尝的兴趣。他们脑子里对食物的美好的形容词正在酝酿，或许是一首诗，或许是一首歌，或许是一个艺术创造……这是幼儿对食物的真实感受。吃之前对美味的食物有所了解，更能激发幼儿的食欲。可是怎么吃、吃多少、为什么吃、食物的异同、对身体的好处等等，就是幼儿在吃的过程中亲身感知后的真实问题情境。不同年龄和不同经验水平的幼儿，在吃的过程中的感知体验是不同的，教师要多关注幼儿在享受美食时碰撞出的火花。

自制"食物"在游戏中的使用

食之后，去表达。享受完美食后，幼儿已经对食物有了新的经验，在游戏时愿意用各种材料去表达表现自己的想法。教师还可将食育中的经验和话题延伸到家庭中，在家长支持下操作拓展，让幼儿获得持续发展。

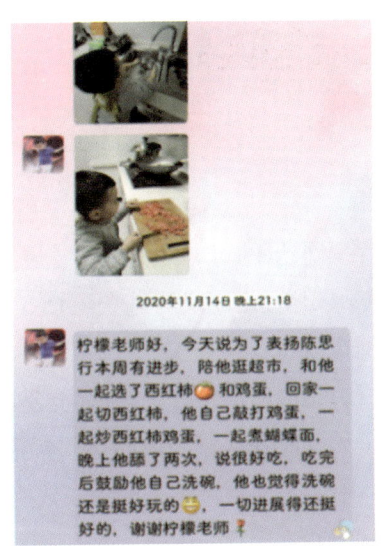

2. 食育与各类课程相交融

我园自然教育课程体系下各类课程的经验是相互融合的。幼儿的食育活动属于生活课程的一部分，必然能够与其他课程的经验融合、互通，促进各类课程经验的和谐发展。

（1）融入小班各类课程的食育活动

自然融入五大领域活动：幼儿吃水果的时候，可以通过仔细观察，摸一摸，闻一闻，再用好听的语句说一说自己的发现。在取水果的时候，数一数今天要取几个水果，关注间餐水果墙上每天吃什么水果、什么样的、吃几颗，幼儿还能够自主地根据水果的形态选择匹配的夹取工具。一周下来，他们就清楚地知道吃过哪些水果，能够根据水果的不同特征进行分类。如吃青葡萄和紫葡萄，幼儿发现都是葡萄，但青葡萄最甜，紫葡萄有一点酸酸的味道。在取餐的过程中还可以进行点数，如大大的紫葡萄夹3颗，小小的青葡萄可以夹5颗。吃完洗餐具的时候，还可以跟朋友聊葡萄的味道和吃法。

提供多种取餐工具

小班间餐水果环境

小班幼儿在充分地了解水果的奇特之处后，会更容易接受、爱上不同种类的水果。同时慢慢渗透小班幼儿良好的进餐习惯，如坐姿、餐具摆放和使用、进餐卫生、进餐氛围等。

自然融入游戏活动：幼儿可以将食育中获得的经验迁移到区角游戏中，用不同材料进行表达表现（如黏土捏、画、撕贴）。有的幼儿会用黏土和小木棒做一颗颗的葡萄，一串一串的葡萄；剥下来的橘子皮在幼儿手中变化万千，有的说"这是我剥的螃蟹橘子皮"，有的说"这是我变的小飞机"。幼儿还会把食育中的经验迁移到娃娃家游戏中：小班幼儿会在区角搓一些不同颜色的圆、长条、弯状等形状的黏土造型，通过替代想象放进娃娃家中使用，圆形可以是樱桃、橘子，长条形可以是哈密瓜、香瓜等，红色的有番茄、苹果等，绿色的则是青枣、葡萄等，这些都促进了幼儿多元表达表现能力的发展。

小班幼儿会通过事物的局部特征进行想象替代。在积累了丰富的肉类、蔬菜、水果的整体感知经验后，区角游戏中，他们能根据材料的颜色、形状、特征制作相应的"食物"，投放在娃娃家游戏中，进行社会性的交往。

自然融入生活活动：中午后勤人员送饭到各班教室，幼儿闻到香香的饭菜就会猜测今天吃的是什么。在餐前教师会结合食品展示柜的原型食材让幼儿观察，看一看、摸一摸。他们发现冬瓜的皮上有细细的刺，并回忆起黄瓜也有刺。闻一闻，发现洋葱很刺鼻，但吃起来是甜甜的。比一比，则发现黄瓜是细细的、长长的，冬瓜是胖胖的、大大的。教师在餐前会为幼儿介绍菜名，引导幼儿关注菜名与食材的关系，同时也会让幼儿看着菜品给食物取名字，在食育中激发幼儿想说、敢说、喜欢说。

自然融入种植活动：小班幼儿在一次主题课程中探究幼儿园的"物"时，发现毕业的哥哥姐姐为幼儿园种下的橘子树结果了。幼儿从果子的颜色和味道上判断，橘子可以吃了。根据果树的高矮、果实的大小和数量，幼儿在真实情境中积累数学经验。采摘了橘子后，分送到幼儿园各班，又促进了幼儿语言的表达，鼓励他们与幼儿园更多的人交流，并自己想办法解决路途中遇到的问题。另一方面也能引发各班关于橘子的话题讨论，激发幼儿种植水果的广泛兴趣，关注到幼儿园其他种类植物的种植。

小班采摘活动海报　　　　　　小班采摘活动

（2）融入中班各类课程的食育活动

自然融入五大领域活动：健康方面，渗透对食物的基本营养价值的了解。社会方面，感受集体生活中进餐时的良好氛围，能够有序排队、轮流取餐、分享食物，互帮互助。语言方面，发展连贯说的能力，把食育活动引入创编谜语、儿歌、童谣等活动中，丰富修饰词、叠词、形容词的储备量。科学方面，通过对食物的对比观察，了解食物的生长环境、制作方法，多维度分类统计食物的颜色、形状、大小、味道、形态，学习用符号表征进行记录。如间餐吃坚果时，幼儿发现吃过很多种类的坚果，还发现坚果和水果都有"果"字，但坚果里面没有那么多水。幼儿还会用叠词来描述坚果，如干干的、脆脆的、香香的。幼儿还能够根据名称来猜测为什么叫坚果，如杏仁、开心果、松子，它们的壳都是硬硬的。

观察辨别

自然融入游戏活动：一方面幼儿可通过间餐环节中的自然观察，欣赏各种水果的形态、横纵切面的异同，然后在区角游戏中进行写生、线描、手工等注重细节的表达表现活动。另一方面，结合在间餐活动中感知多种水果，幼儿自然会在赶集游戏中想要开水果店。在游戏中，社会性发展和替代想象是角色游戏的独特价值，所以幼儿在收集了大量的低结构材料后，涂上颜色的石头就可以当成各种水果，不同切面的松果可以当成葡萄，不仅能促进幼儿多元表达表现，还有利于促进他们语言表达和数学认知的发展。

角色游戏

区角游戏

自然融入生活活动：我园的中大班用餐时采用的是自主取餐，幼儿对每种菜品有适度的选择权，也能根据各自所需取饭，这样既保证了营养均衡，又保证了不浪费食物。在一次吃土豆烧排骨时，结合前期家庭经验，幼儿知道土豆生长的环境，接下来对土里的其他食物产生调查的兴趣。在绘本《跳跳和闹闹》中，幼儿发现这类植物的根长在果实身上，如山药、红薯、萝卜、魔芋等。晚上吃老鸭炖山药时，有的幼儿就提出疑问说中午吃了土豆，晚上怎么还吃土豆。有的幼儿通过观察比较后提出不同的见解，指出中午吃的是土豆，晚上吃的是山药：它们都要削皮，看起来都是白色的，吃起来糯糯的，但是土豆经常红烧，山药一般清炖；吃过的土豆是切块的，还有打成泥的，山药是切成节或者片。饭后休息时，幼儿还一起去图书角找关于食物的书籍来看，他们发现，除了长在泥土里的食材，还有结在藤上的，如四季豆、冬瓜、黄瓜等，正好种植园种了这些蔬菜，大家可以进行进一步的探究。

自然融入种植饲养活动：在小班基础上，幼儿丰富了对水果的认知，也喜欢吃更多各种各样的水果，但仍有一种水果是幼儿很排斥的——小番茄。番茄的营养价值很高，如何让幼儿接受并喜欢上呢？结合食育课程、种植活动、主题活动和季节关注，我

亲子种植圣女果

们在种植园开展了种植番茄的活动，让幼儿从亲身参与到细心照料再到全情投入，感知番茄从种植到收获的辛勤和付出，从而爱上吃番茄。过程中，幼儿不但喜欢上番茄，同时在观察番茄的过程中积累了对比观察、记录表征、表达表现、问题解决等经验。

自然融入主题探究活动：在"小鸡小鸭"主题活动中，幼儿开始探讨食物的来源和健康饮食。幼儿从认识食物的源头、参与种植饲养、甄选食材，慢慢了解饮食文化，珍惜食物的来之不易，养成健康的饮食习惯。他们观察小鸡小鸭的身体结构和生活特点，发现小鸡的嘴巴尖尖的，喜欢吃细细的食物，除了饲料它们还要吃软软的食物和新鲜的蔬菜；小鸭的嘴巴扁扁的，喜欢吃飘在水上的食物，所以喂它们的时候要多放点水。幼儿不仅仅关注到人的饮食，还关注到动物的饮食，学习更科学地照顾动物朋友。

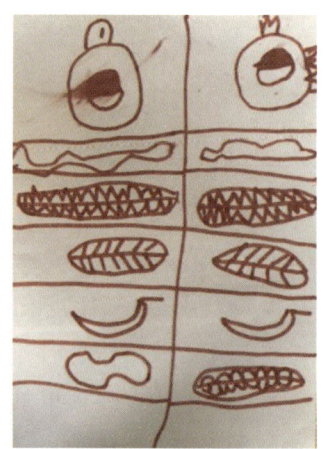

食育与主题探究活动相结合

（3）融入大班各类课程的食育活动分享

自然融入领域活动：在日常的餐点分享中，幼儿能够用群数、均分、等分等数学方法分配食物；通过调查统计、梳理归纳，形成食育经验板，呈现食物在地域、生长环境、身体作用方面的内容；在描述食物和感受时，能够使用成语如香甜可口、津津有味来丰富相关的词汇，并用图夹文方式梳理呈现在词汇墙；幼儿提前做好准备，自主介绍当日食谱，用创编、朗诵等多种方式表达自己的感受，并能寻求食物背后的营养价值，以及植物与人体的生存与生长关系。

  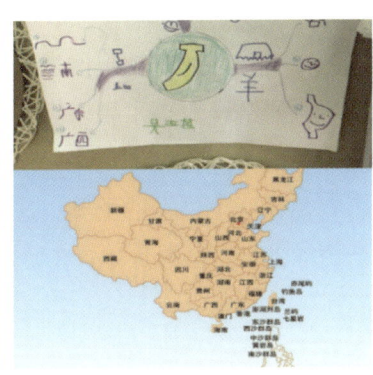

融入成语　　　　　　　公平均分　　　　　　　产地文化

将食育与社会生活相结合，如与新闻、地图结合，我们开展了广西美食调查、砂糖橘产地调查、哈密瓜名称来源调查等活动。一次间餐水果是哈密瓜和青枣，幼儿就好奇：绿皮哈密瓜是不是成熟了？变黄了是判断成熟的唯一标准吗？有的幼儿提出不同的意见，青枣是绿色的，但也是甜甜的可以吃。幼儿在观察、比较、分析的过程中，提出自己的意见和想法，同伴之间相互辩论，还把话题延伸到家庭和父母一起讨论。而结合地图和书籍收集哈密瓜的相关信息，就认识了新疆、找到了哈密市，发现新疆哈密产的瓜最甜，因此以地名命名水果。回到幼儿身边的事物，成都蒲江的特产是什么呢？通过食育活动，幼儿能够说出蒲江的特产有丑柑、耙耙柑、猕猴桃、樱桃、茶叶，知道西崃是茶马古道经过的小镇，丑柑、猕猴桃坐上蓉欧高铁去了外国，还学会使用一些成语如物产丰饶、垂涎欲滴和叠词来介绍特产。

自然融入游戏活动：结合大班夺

地方特产

旗游戏，我们组织幼儿讨论在安全的游戏玩法下打中的规则是什么，并结合身体结构图做了分析：如头部很重要，不能打人的头部，头部需要盔甲来保护；心脏是身体最重要的部分，打中就不能再继续游戏等。从人的身体结构、器官特征积累认知经验，学会在游戏中保护自己。知道身体器官的重要性后，该怎样用实际的行动来保护自己呢？我们通过食育活动丰富幼儿健康饮食的经验，如结合大班水果调查等活动，将对身体有益的水果进行分类、归纳和统计。调查过程中，幼儿发现蓝莓对眼睛、心脏等器官好，对心脏好的水果还有葡萄、苹果、柚子等。这样幼儿在生活中会更容易接受不同的水果，也会更加爱惜自己的身体，在游戏中也会想出更多的好办法来保护自己的身体。

保护头部

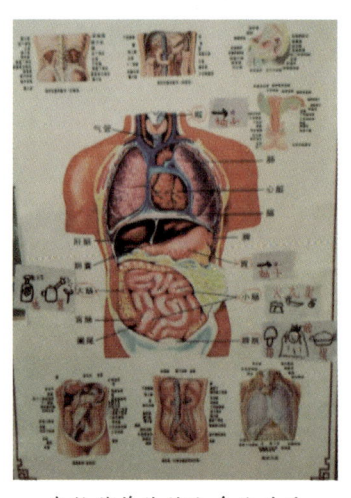
食物营养价值和身体关系

自然融入生活活动：有一次吃扬州炒饭，幼儿认识了扬州这个地方和扬州炒饭相关的文化。又过一周吃的是五仁炒饭，幼儿发现炒饭里有各种各样的坚果，就询问保健医生为什么要放坚果在炒饭里。保健医生把人体骨架模型展示给幼儿，让其直观感知并了解了人体结构，知道吃坚果对身体的好处，以及不同的食物有不同的营养价值。在此基础上幼儿又提出以下问题：坚果长在哪里？干干的坚果又是怎样形成的？在一次次探究过程中询问、感知、查阅资料、梳理、归纳观点，幼儿科学地认识了食物与人体的关系，形成对食物金字塔的认知。每次餐点中，我们都鼓励幼儿自然而然地关注、了解食物的相关话题，然后多感官地感知并表达表现，从而获得系列的食育经验。

食物金字塔

自然融入种植饲养活动：在种植活动中，幼儿通过观察农作物生长的过程，了解植物的不同变化和状态，丰富农作物生长的知识，感受大自然的神奇，从而逐渐学会感恩大自然、珍惜粮食。在照料和观察农作物的过程中，幼儿能够学会辩证地看待问题，讨论出最适合的种植方式。如幼儿发现青菜长虫了，有的说要去捉虫，有的说要洒农药，有的说用水冲走，最后询问大棚种植的农民伯伯，发现应该定期给大棚里的蔬菜喷药。有的幼儿提出喷农药会间接让小鸟死掉，收获蔬菜时会有农药伤害皮肤，最后决定用手捉虫。经过辩论，幼儿认识到有虫眼的蔬菜虽然品相不好，在市场上不容

易售卖，但是绿色、健康才应该是饮食安全健康的第一位。

春夏季节，一张"斗鸡公"（鸡枞菌）的照片引发了幼儿对"当季"这个词语的兴趣。通过观察幼儿园种植的果树，以及街市贩卖的当季蔬菜和水果，幼儿发现了水果的上市种类与时令有关系：春吃樱桃、夏吃西瓜、秋吃梨子、冬吃甘蔗。在此过程中，幼儿通过调查和观察，将温度与降水量进行记录统计，发现

了解时令水果

不同季节的降雨量或日照时长对蔬菜水果的影响及作用，归纳哪些水果喜阳、哪些水果喜雨、哪些蔬菜耐寒、哪些蔬菜喜热，这就让幼儿切身感受到季节的变化与我们饮食之间的关系。

幼儿的学习与发展是通过活动获得的，教师应该筛选好的、有价值的教育点，做到"心中有目标，眼中有孩子，随时有教育"，为幼儿的后续发展准备有利的经验，让他们终身受益。

3. 以节日节气为载体开展食育活动

（1）节日节气开展食育活动的价值与意义

节日的饮食文化有助于幼儿了解节日的文化内涵，感受和体验与食育有关的饮食意义，并有阶段性和持续性经验的积累，从而真正理解节日与饮食的文化传承关系。教师需要清楚节日相关饮食背后的意义，依托节日来开展食育活动。

节将至，先了解：节日前夕，保健医生会提前发出与节日相关的饮食安排，让幼儿结合节日课程了解节日的含义以及在节日中饮食的意义，即：为什么要吃它、什么时候吃、吃的时候有什么感受。

节日来，重感受：有了前期对节日的初步了解，在节日来临时，在有准备的环境中，结合各年龄段的节日课程内容，幼儿再次感受强烈的节日气息。此情此景下，幼儿再品尝美食，定会感受到节日背后的浓浓情意，达到知、情、意、行结合的效果。

节日后，再落实：节日教育后，通过意识情感上的表达和对文化传统的充分感受，幼儿能够深切地感受节日中的情感，从而落实到日常生活中，形成连续的经验和情感。

（2）节日节气开展食育活动的实施策略

①结合相关节气基本特征，在种植活动中亲身感受并丰富食育经验

包粽子游戏

农耕种植活动不是去模仿农耕的行为，而是借助农村资源、农耕文化，让幼儿在真实的问题中，去引发多元思维，建立解决问题的思维模式。大班幼儿在水稻种植活动中，通过水稻育苗、种植、观察、照顾等活动，结合时节与气候天气特征，解决栽种水稻的数学问题，观察中记录水稻的变化，探索收割与取米中工具等等活动，在种植活动中不断感受动植物的和谐共生关系，丰富了幼儿对生命与自然更全面的认知。从一粒稻谷出发，最后变回一粒稻谷，幼儿在整个活动中感受春生、夏长、秋收、冬藏的奥秘，生命轮回的神奇会让人震撼。

关于生命、种子，有非常多的绘本、书籍可以投放在幼儿身边，让他们有意识去翻阅，从书本中获取重要信息。

②家园社结合，了解节日节气相关饮食文化，感受节日节气氛围

比如中秋节、国庆节将至，节日的氛围和相关的美食逐渐呈现，幼儿将自己的亲身经历与感受用日记画、新闻画的方式分享给同伴和教师。在节日课程中感受了中秋节文化后，回到食育中，幼儿在家长陪伴下在家里制作中秋美食，从做美食计划开始，进行采买和制作，制作过程中发现月饼的花纹和样式各有不同，幼儿会把相应的经验在区角游戏中进行表达表现，最后带到角色游戏中进行买卖，将节日经验与游戏课程紧密结合。

③提前明晰不同年龄段节日节气食育发展点的不同，提供目标与思路

在现代快节奏的生活中，不是每个中国幼儿都知道节日的含义，隆重温馨、丰富有意义的传统节日正在被淡忘和简化，如冬至这一天除了吃水饺，

仿佛没有什么特别的庆祝活动了。中国传统的冬至文化中包含着感恩、祈福、平安、喜乐、新的开始等美好的期望与祝福。幼儿对这些传统的文化和习俗的认识和了解不是一蹴而就的,要有一个循序渐进的过程,不同年龄段的幼儿发展目标应该清晰,且层次分明。

小班:了解冬至的饮食文化并说出相关食物名称,与家人一起品尝冬至美食。

中班:知道冬至美食代表团团圆圆,平安、感恩的含义,尝试与家人一起制作、品尝冬至美食。

大班:结合地图,了解南方和北方冬至饮食文化的不同,并能按计划和家人一起制作、分享冬至美食。

4. 以亲子活动为载体开展食育活动

(1) 亲子食育活动的意义

①转变家长传统饮食观念

食育是否只是与"吃"相关的教育呢?很多家长对于幼儿在园的饮食情况存在片面的理解,比如会告诉教师"孩子喜欢吃的食物就吃,不喜欢吃就不吃吧",缺乏健康营养的饮食观念。教师通过幼儿园一日的饮食安排和分享,不仅能帮助幼儿养成健康的饮食方法,还可以指导家长从食材选购、烹饪方法、营养搭配、餐点时间安排、饮食顺序、激发幼儿饮食兴趣等方面来获得科学的饮食教育经验。

②引发家长关注幼儿园饮食的教育价值

食育不仅仅要关注如何吃得多、吃得好、吃得丰盛,还要关注幼儿在食育中获得的发展,同时能够向家长传达科学、健康的饮食理念,向家长示范如何利用日常餐点提升教育意识,即通过吃之前、吃之时、吃之后等环节,自然而然地融入幼儿五大领域知识和经验、技能和情感,引导家长从只关注"我的孩子吃了什么、吃了多少"到关注实施食育的方法和技巧,从而家园社一体化地有效开展食育活动。通过一棵蔬菜、一块水果、一截豆苗看似普通的小事物,从幼儿的年龄特点、地域特色、生长环境、外形特征、饮食的口感等方面,给予家长方法上的支持,从中挖掘饮食中无限的教育价值。

饮食除了满足生理上的饱腹感,还应该重视其对幼儿一生的身体和心理发展的促进作用，所以食育绝不是一蹴而就的，而需要在日常生活中的食育过程点滴渗透。

（2）亲子食育活动的实施策略

①在家庭中尝试实践有价值的饮食活动

家庭饮食和幼儿园饮食占据幼儿大部分的饮食活动，同时两者是互相补充的关系，只有家园共同做好科学、合理、有意义的饮食活动，幼儿才能获得全面的饮食经验和发展，因此家庭饮食活动与幼儿园饮食活动需要同步开展。

②提高日常生活中健康饮食意识和示范

言传身教要具体到幼儿做某件事的行为表现。幼儿从懂得饮食开始就有了模仿行为，并在日常饮食中逐步形成最初的饮食意识。所以家长首先要以身示范，展示良好的饮食行为，在与幼儿的饮食互动中，帮助幼儿获得积极的饮食经验并养成健康的饮食行为习惯。

③关注和利用连接家园社饮食文化资源

做好亲子食育活动，离不开家园的均衡营养和幼儿园开展的各类食育活动，同时社区的饮食文化和饮食资源也会影响亲子食育活动的实施效果，所以既要抓好幼儿在园已有的经验巩固，又需要补充和拓展家园、社区更多的食育经验。

（3）亲子食育活动的具体建议

①亲子食育生活智慧

A. 帮助幼儿学习选购食品的方法

喜欢吃和玩是幼儿的天性，面对超市里琳琅满目的食品，幼儿会失去判断和选择从而随意购买。此时，非常需要成人对幼儿选购食品的能力进行引导和提升，培养幼儿日常生活的基本技能，帮助幼儿获得安全、可食、自主、自律的食品选购方法。

小班幼儿通过在园餐点环节，学习通过视觉和味觉辨别蔬果是否成熟。家长在周末带幼儿选购食材时，可通过感官感知食物的新鲜度和成熟度，辨别食物是否安全和可食。比如从视觉嗅觉上判断番茄红红的能吃，蔬菜蔫了就不新鲜了，长霉的面包不能吃，臭臭的鸡蛋也不能吃。

中班幼儿应在选购食材的安全和可食方面进一步拓展经验，在有了小班安全标志的经验基础上，到了中班可以引导幼儿看包装上是否有 QS 质量标志，检查食品是否有胀袋、漏气等现象。

大班幼儿在选购食材的安全、可食、自主、自律上进一步提升，在小中班的基础上已经具备了选购安全和可食食物的技能，可结合日历经验引导幼儿看食品包装袋上的生产日期，寻找关键字找到保质期，从而挑选出质保期内的食物。同时结合大班生活课程中温度计的使用，幼儿发现吃冰激凌时气温在红色区域范围内更适宜；而结合生活课程中的换牙小话题，幼儿会根据自己牙齿的特点，挑选适宜的食物，从而做到科学护牙换牙。

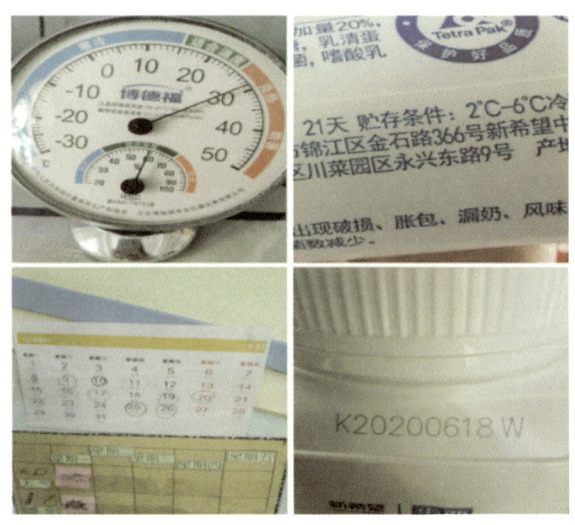

在食育中结合日历、温度找出保质期

B. 习得食材保存的方法

近年来，多条关于幼儿吃过期、变质的食品安全事件进入公众视野，引发了教育者和家长的反思：幼儿是否应该具备一些选购食品的能力和保存食材方法？

小班幼儿在间餐吃苹果时，发现刚切好的苹果里面是黄白色的，过了一段时间，变成了浅棕色的，让人食欲大减，所以易氧化的水果需要立即食用。

中班幼儿在吃保鲜牛奶和常温牛奶时发现，有冷和常温两种口感的牛奶。在小话题讨论后，幼儿去超市调查发现鲜牛奶保质期较短，需要放在冰箱保鲜并在几天内食用，常温牛奶则可以放很长一段时间。

蒲江是猕猴桃之乡，大班幼儿在采摘猕猴桃时发现，刚摘下来的猕猴桃很硬不能吃，需要等待时间催熟才能食用。他们通过观察、实地调查、实验等方法，知道还有一些水果如香蕉、柿子是需要捂熟才能食用的，食用捂熟的水果更健康。

②亲子食育知识拓展

制作美食不仅仅是让幼儿获得一项生活技能，而是通过与食材的接触，促进幼儿情感、创造、想象等多种能力的发展。幼儿通过事前准备、烹饪制作和事后清洁，体验劳动的秩序和美感，还能够体验到通过自己劳动获得美食的成就感，以及用丰富的文化和艺术形式再现生活。

如当季菠萝大量上市时，我们开展了一次菠萝系列活动。科学方面，幼儿对菠萝充满好奇，关于菠萝的生长过程、生活环境等话题逐渐出现，产生询问调查活动，比如从百科全书、报纸、视频、网络进行查证，或是询问菠萝种植者、植物学家等有经验的人。社会方面，幼儿可与家人一起去买菠萝，积累挑选新鲜菠萝的方法：怎样挑选？要询问什么？怎样询问？还可以获得什么是时令蔬菜水果、什么是单价、每种食材的特点等等生活常识。艺术方面，通过菠萝写生引导幼儿从整体到局部、从上到下有序观察，注意观察叶、果、皮的形状、颜色、花纹等细节，观察绘画整个、半个、四分之一、小块

菠萝等。语言方面，可引导幼儿创编关于菠萝的儿歌或谜语，从外形特点、内部特征、生长环境等方面用短小、整齐、押韵的句子表达出来。健康方面，幼儿在家长协助下制作菠萝炒饭，通过准备食材、亲手烹制，不仅能获得制作并品尝美食的喜悦，还能延伸进行"菠萝头"的绿植栽培活动。

　　幼儿阶段的各种习惯、能力的形成，对个体一生的发展都起到关键作用，无论是知识获得还是能力品质的形成，都需要无数次的累积运用才能内化于心、外化于行。生活化的学习是幼儿成长的最佳方式，需要幼儿园和家庭做好沟通交流，共同帮助幼儿有规律、健康地生活作息，让家园社的食育课程做出特色！

　　③亲子食育指导建议

　　前面提到，食育从幼儿进园的那一刻就开始了，其目的在于通过培养幼儿独立生活的能力和健康的饮食行为和习惯，最终回归到每位幼儿的家庭。幼儿园有食品展示柜，展示每日新鲜食材。结合公众号每周食谱和食谱推荐，幼儿在家长指导下可以认识、观察、比较每种食材的原始状态。

　　我们园在公众号上的食谱推荐，会提前一周呈现食谱的主材料和辅助材料，一是让家长知道幼儿每天吃了什么，家庭可以避开重复购买食材，更注重幼儿营养膳食的均衡和全面。二是向家长普及科学的饮食观，关注食谱配餐，知道哪些食材是健康的，哪些是应该少吃的，哪些是不能吃的，久而久之家长也会模仿幼儿园的食谱进行健康亲子烹饪。

　　食物的形色搭配

　　家长在做餐点时应注意，除了营养均衡，食物的形色搭配也能提高幼儿的食欲。因此教师要引导家长在家对幼儿进行食物的介绍，或是在亲子美食的制作时不仅从营养的角度出发，还要对食材的颜色、外形进行搭配，做出有食欲、有营养的餐点。

　　把时令的食物端上桌

　　通过从小班到大班的种植活动，幼儿逐渐积累了种植经验，发现了春耕、夏长、秋收、冬藏的规律，在甄选食材的时候会选择食用本地蔬菜、时令蔬菜。特别是现代化的农业生产让餐桌有更多的选择性，吃反季果蔬好还是吃应季果蔬好，家长可以带着幼儿进行探讨，通过实际调查、走访询问明白植物的生长也要遵循大自然的法则。还可以结合种植活动，观察当季生长的植物有哪些，植物生长的条件有哪些。让幼儿关注时令食材，养成健康的饮食习惯。

一种食材，多样做法

在幼儿的已有经验中，他们知道山药可炒可炖，紫薯可蒸可煮，但时间久了也会出现吃腻的现象。家长可以与幼儿进行对话，了解他们喜欢哪些新的做法，丰富其对同种食材多种烹饪方式的认识，探究同一种食材的多样做法。如山药和紫薯可以做成山药球和紫薯球，还可以和面粉、糯米粉做成糕点，让幼儿获得更多的美食经验。还可拓展对家长的家庭指导和建议，如引导幼儿在地图上寻找紫薯和山药主要产地的位置；和幼儿共同查阅资料，了解紫薯和山药对人体有哪些好处，激发幼儿形成健康饮食的意识；结合幼儿已有的种植经验，说一说或者记录下还有哪些食物也是生长在泥土里的；对比观察紫薯家族和山药家族的异同，说一说或者记录下来。

每个家庭在生活中的口味千差万别，个体对酸甜苦辣的感觉各有不同。在保证均衡进食的前提下，要正确告知幼儿各种味道所传递的重要信息，成人无法理解五味在幼儿味觉中的真实感觉，是他们固有的饮食习惯所导致，而幼儿的表达明确简单，能真实地表达体验后的想法。所以在食育课程开展的过程中，让幼儿亲自去发现、去体验然后表达出发自内心的感觉。

（四）食育课程案例分析：亲子食育

我园的食育活动中有一项特别的活动是把幼儿园的"食谱"带回家，周末幼儿和家长一起制作自己最喜欢的一道菜。活动延伸到了亲子计划、采买、制作、品尝、反思等，在此过程中，幼儿真正走进社区，体验了做饭过程的乐趣和艰辛，也增进了亲子感情。以下是具体活动步骤。

采买：有一名大班幼儿喜欢吃幼儿园的五彩蛋炒饭，但每次妈妈做的蛋炒饭就是跟幼儿园的不太一样，他总是觉得少了什么。在一个周末，他和妈妈一起研究做和幼儿园味道一样的蛋炒饭，才发现妈妈做的蛋炒饭少了很多食材，如甜椒、豌豆、虾仁，所以味道就大不一样。刚好周末还有10元购买活动，他便开始进行食材购买行动。幼儿和妈妈在家里做好购买计划，但到了菜市场才发现同样的甜椒价格却不同，新鲜程度也不一样，通过对比选择后，他锁定一家菜店。那怎么去问价格呢？幼儿在旁边观察别人怎么问价后，有礼貌地问："老板，红椒咋卖呢？"老板回价后，幼儿开始还价："能便宜点吗？我只有10元钱，还要买点豌豆呢！"讲好价后，他买了一个红椒，刚好4元，妈妈问他："老板该找回你多少钱呢？"因为经常实行10元购买计划，幼儿能一口就答出找回6元。接着又买了剩余的食材，便回家和妈妈一起做蛋炒饭。

亲子采买、制作

制作：制作时，幼儿在家长的引导和保护下进行准备。对于各种调料幼儿发出了为什么要加调料的疑问，且对调料的分辨也是一个学习机会。他发现调料有粉末状、液体、颗粒状的；不仅在形态上不同，在气味上也不同：有的刺鼻、有的无味、有的有点香；在色彩上也不同，有的透明，有的浅色，有的深色。于是幼儿在下次逛超市时开始关注调料区，会综合比较价格和质量来选择需要的调料，形成健康的饮食习惯。

食用：品尝蛋炒饭时，幼儿发现甜椒切太大，没有入味，提出下次要切得小一点，家长也非常智慧地提问："为什么切得小就更好吃呢？"幼儿回答："我看到你做菜的时候就切得很小，而且切小了更好咬。"在这个过程中，幼儿不仅能反思自己的做饭收获，也会留心平时家人怎么做饭，这应该就是早期的食育启蒙吧！

幼儿在亲身体验采买、制作、享受美食的过程中，获得了对饮食真实且直接的体验，就会逐渐形成健康的生活方式和饮食行为。从食材来源、食材选择到食材制作，幼儿心中有计划，就会慢慢建立做事的秩序感并收获满满的成就感。

第四节　自然教育生活课程的评价

一、评价原则

生活课程的挖掘和提升，源于幼儿日常生活的需求和问题，要求教师不仅能发现问题，还能分析问题背后的原因，从而实施下一步的教育支持，所以生活课程的评价就成为教师行动和思考的支架，从现实问题出发促进幼儿自理自主、主动解决、思考调整等能力的发展。生活课程是动态发展的，具有随机性和生活性，不能用单一的标准或者条件去解读幼儿的某个行为和发展水平，要遵循幼儿的发展规律，通过可持续性、动态性、多维度的评价内容和形式，关注幼儿能力、品质的获得与提升，同时促进教师的专业成长。

生活课程大多贯穿于幼儿的一日生活常态中，而且生活环节具有重复性的特征，因此我们在评价的时候要坚持"累积性、差异性、全面性、常态性"这四个原则，更好地带领幼儿从"在生活"走向"会生活"和"爱生活"。

（一）注重行为的累积性

生活中的每个环节都包含着许多学习与发展的机会，幼儿可以在日常生活中通过反复的体验、学习、练习和实践，逐渐习得有益的行为，获得能力的提升。而幼儿行为的改变绝不是一朝一夕的，而是逐渐累积起来的，因此我们要对幼儿的某项经验或能力做持续的观察。如发现幼儿常常将鞋子穿反，需要引导幼儿观察鞋子的特征，和幼儿一起寻找正确区分左右的方法。如果幼儿能偶尔正确区分鞋子的左右，不能因为他们某一次的行为做最终的判断，因为鞋子有系带或粘贴的不同款式，且幼儿当天的状态（是否在着急的情况下慌乱穿的）都可能是影响因素，所以我们应该进行持续观察，观察幼儿在自然状态穿不同样式的鞋子时是否都能进行准确区分。

（二）注重个体的差异性

评价绝不能用同一把尺子去衡量每一位幼儿，而应关注个体发展需求，分析找到每一位幼儿的最近发展区，并提供适宜的支持和指导。比如有的小班幼儿在家习惯家长帮助穿脱衣服，刚入园的时候教师用示范、鼓励等方法引导其自主穿衣，幼儿还是无动于衷，这时候需要教师作适当的调整：先把衣服披在幼儿身上，剩下的穿袖动作让他尝试自己完成；可以帮助幼儿穿一半的裤腿，剩下的提拉动作让他自己完成。在幼儿的最近发展区，助推一下或降低一点难度，便于他体验成功，培养了自信心以后逐渐放手练习，直至不再需要教师的帮助。

（三）注重分析的全面性

幼儿表现出某种行为绝对不是突然的，这是观察、了解幼儿时必须牢记的观念。在对幼儿做分析评价时，要全面看待他们的行为，而且要在具体情境中分析。若单纯地只对单一的行为进行评价，就会得出偏颇的结论。比如教师发现有大班幼儿不听同伴劝阻，连续两天频繁密集地给教室盆栽浇水，导致植物很快腐烂，通过对话才知道，幼儿发现植物表面有很多虫，认为是害虫，因此想用水喷走，但结果并不如他所愿。幼儿在解决这件事上缺乏方法，比较执拗不接受同伴的建议，因此和他一起讨论植物招虫的原因是什么，并结合主题开展了害虫大调查，最后才发现原因是植物腐烂后吸引了小虫，一味喷水是不能驱赶的，最后生成系列害虫调查、制作害虫标记牌等活动。

如果教师不了解具体原因就直接批评幼儿，那么就会错失很多教育机会，而幼儿的全面发展则可能会在原地停留。

（四）注重生活的常态性

生活课程就发生在日复一日的生活中，幼儿每天的举手投足，一言一行都能反映他的发展水平。因此对照指标内容，可以观察幼儿的各种行为是不是自然展现在每日活动中。所谓"习惯成自然"，幼儿一旦养成各种好习惯，获得了某些能力，会自然而然表现在生活中。如幼儿在生活中会遇到各种各样的真实问题情境，教师要观察在每个真实情境中幼儿是否都能表现出稳定的行为，真正提升解决问题的能力。

二、评价指标

南幼的生活活动幼儿行为观察指标，是基于南幼课程的五大版块以及园所自然资源、家园社资源的现有状况设计的。具体标准以《指南》各领域各年龄段发展目标为基础，结合南幼自然教育课程体系、南幼自然教育课程实施指南，借鉴《上海市幼儿园保教质量评价指南》，构建园本"自然教育生活活动幼儿行为观察指标"（以下简称"指标"）。

（一）指标内容分析

生活活动指标分为两部分：观察指标和注释。一星指标包括了生活习惯和生活能力、解决问题、安全与自我保护这几方面，直指生活课程的核心内容，便于年轻教师有重点、有抓手，迅速掌握生活课程的关键内容。二星和三星指标包括了情绪情感、关爱社会和热爱生活、数量形在生活中的运用和手的灵活性这几方面，融合五大领域的发展重点，旨在培养幼儿独立思考的能力、主动解决生活中多种大大小小的问题的能力，形成健康的生活习惯和生活态度。

每个指标有三个发展水平，根据幼儿的实际情况上下浮动或者达到指标。

如：生活活动中大移除发展评价为"小班重兴趣、中班重意识、大班重计划"，如果幼儿进入大班了大移除计划还不能落实，那么教师就要思考原因，是幼儿的计划过于笼统不具体、分工不明确，还是计划与行动不一致，让幼儿在生活活动中不断调试自己的行为，达到知行合一。

（二）指标使用方法

每学期我们对幼儿进行三次评价和小结，即学期初、学期中、学期末。三次观察每次基本都在 1-2 个月时间内，这样的持续观察保证了评价的客观性，也能给予幼儿提升发展的空间。在完成每个阶段的评价后，我们依据评价情况做生活活动的阶段分析，分析当下调整未来。不仅有班级整体分析，还要关注个体幼儿的发展，便于与家长及时沟通，合力提升幼儿能力。

南幼生活课程幼儿行为观察的阶段性分析 1

班级：小三班　　分析教师：李小蓉　　分析对象：全班幼儿

观察内容		教师分析及支持				
观察到幼儿的主要问题及思考，和下一步的支持策略		(生活课程) 班级人数				
	观察内容	表现行为1-	表现行为1	表现行为1+	表现行为3-	表现行为3
	生活习惯和生活能力	6	18	3		
	解决问题	4	14	9		
	安全与自我保护	10	12	5		
	情绪情感	3	23	1		
	关注社会和热爱生活	3	16	8		
	数量形运用	5	11	11		
	手的灵活协调		2	25		

续表

1. 生活习惯和生活能力上，有6个孩子的生活习惯培养上需要加强。平时表现为卫生习惯有点差，不会主动洗手，在家主动做事的意识不强。
支持：在园加强引导与监督，给出及时的鼓励。习惯是需要日复一日坚持的。在家，指导家长分析孩子习惯弱在哪里，结合每两周的好习惯记录表针对弱项进行记录。
2. 有比较明显问题的还有安全与自我保护方面，10个孩子的安全意识有点单薄，平时喜欢在教室里跑，散步时也喜欢跑，游戏中对安全的规则置之不理。安全这方面，每次活动前还是需要就最重要的点进行回顾，提醒孩子。同时一定要及时反馈，正向引导。跟家长了解情况，针对家中具体表现给出建议。比如，可以采取自然后果法，有些时候违反了安全上的规则，就得接受玩不了的后果。
3. 数量形运用上，主要抓住生活中的教育契机，在间餐、在游戏中适时地融入点数、空间方位，用数学语言来表述生活中的事件。同时，将点数存在问题的孩子情况记录下反馈给家长，指导家长在生活中去丰富点数经验，多尝试用数学的语言去描述每天的生活。比如，晚上家里有5个人吃饭，我们需要几双筷子？
4. 手的灵活性这点，班级孩子能力是挺强的。这跟生活课程强调自理自主，将动手的机会多多还给孩子分不开。好习惯表中对自己动手做事的记录鼓励也起到了很大的激励作用。

南幼生活课程幼儿行为观察的阶段性分析2

班级：小三班　　分析教师：李小蓉　　分析对象：全班幼儿

观察内容		教师分析及支持				
观察到幼儿的主要问题及思考，和下一步的支持策略		(生活课程)班级人数				
	观察内容	表现行为 0-1	表现行为 1	表现行为 1-2	表现行为 2-3	表现行为 3
	生活习惯和生活能力	6	18 **10**	3 **17**		
	解决问题	4	14 **4**	9 **14**	9	
	安全与自我保护	10	12 **10**	5 **17**		
	情绪情感	3	23 **3**	1 **24**		
	关注社会和热爱生活	3	16 **5**	8 **19**	3	
	数量形运用	5	11 **5**	11 **11**	11	
	手的灵活协调		2	25 **2**	25	
(加粗的数字是后期第二次的数据，这样便于看到数量变化)						

续表

> 1. 手的灵活协调和情绪情感稳定上表现很不错。主要有以下几点策略：一是平时间餐中自由使用剪刀，有使用筷子、夹子等多种工具的经验，得到了很多的锻炼机会。二是午睡时自己穿脱衣裤和折叠被子，并与能力弱的孩子的家长对接，在家练习。情绪情感上，平时注意结合生活事件和餐前故事引导正确表达情绪的方法，而且幼儿园的活动也丰富多彩，孩子乐在其中。
> 2. 安全与自我保护上进步很大
> 策略分析：一是坚持常规工作不放松，关注细节。比如散步时到处跑的行为每一次都及时提醒与纠正，日复一日坚持，是有效果的。二是针对特别个性的几个孩子，与家长频繁沟通，家长重视有行动，家园一体是最快得到改进的。三是各类活动后都坚持小结安全问题。安全第一，不可忽视。
> 3. 生活习惯和生活能力上，平时需要再加强的是自我管理这个点。比如自己的汗巾、衣服、书包里其他物品的整理。班级还是有 10 个左右的孩子在自己物品整理上做不到主动有方法地进行。放学时汗巾收放不主动折叠，自己衣物随意放。
> 策略：联系家庭，家中自己学习整理书包；在园学习整理的方法。同时，放学时提供充足的时间整理并检查。
> 4. 数量形运用上也有进步。坚持抓住生活中教育契机，在间餐、在游戏中适时地融入点数、空间方位，用数学语言来表述生活中的事件。同时，跟进能力弱的几个孩子的情况，家园共同支持。另外，平时增加数学思维游戏的时间，在游戏中分析，提升自己的能力。
> 5. 关注社会与热爱生活方面，让孩子对人事物的兴趣更浓厚。比如班级中有 1 个孩子已经开始关注新闻，这对孩子的视野拓展非常有帮助。再多引导家长利用社区资源拓宽孩子的经验，比如节日节气中的社区变化，文化内涵渗透。

班级教师可以从核心指标和拓展指标进行有重点的观察评价。年轻教师可以从课程的重点指标观察幼儿，抓住生活课程的重点。成熟教师可以全面关注重点指标和拓展指标观察幼儿，进行全域的统筹和评价。能力强的幼儿在核心指标稳定后，还可多关注其拓展经验的发展。对能力水平一般的幼儿重点促进其核心经验发展，让每个幼儿都能有保底的发展，同时向更高的发展目标迈进。

阶段记录时，同一表现行为下幼儿的能力水平有不同程度差异，可以用表现行为 1、表现行为 3、表现行为 5 三个发展水平标注程度差异（允许发展水平上下浮动，如低于表现行为 1 记录为 0-1，高于表现行为 1 记录为 1-2），反映幼儿真实发展水平。阶段分析每期两次，分别对应期中和期末。

三、评价方法

生活课程具有及时性、重复性、情境性，要关注形成性评价，评价的主体要多元，因此，主张采用如下五种主要的评价方法。

（一）观察法

幼儿的生活具有重复性和随机性的特点，要用正式与非正式的观察形式，全面把握幼儿的生活状态，进一步优化生活课程的实施。

生活课程贯穿于一日生活的各个环节，教师可以有计划地根据观察目的确定观察内容，对幼儿的行为进行有针对性的连续观察，并对其行为作出综合评价。例如在"生活方式与卫生习惯方面"，幼儿在便后是否有主动洗手的习惯，洗手时是否能多次坚持使用七步洗手法进行彻底清洁等等，应多次观察幼儿相关行为习惯方面的表现，不能以幼儿的单次行为作为评价依据。非正式的观察可以在幼儿一日生活中抓拍其偶然或者特别的行为，看似与幼儿日常行为不相符，但却是幼儿当下内心真实的表现，再结合正式的观察进行分析，帮助教师进一步分析幼儿行为产生的原因，优化生活课程的内容设置。

（二）具体行为检核法

除了日常观察，我们也可以借助个性化、具体化的行为记录表对幼儿当前的行为和能力做出阶段性评价。例如"数量运用方面"，可以利用间餐环节对行为记录作出评价，内容可依据幼儿年龄特点或班级情况进行设定。如小班幼儿在取点心时能否进行一一点数，能点数至数字几；中班幼儿能否根据小组人数取到相应数量的点心；大班幼儿能否将小组点心进行平均分配等等。根据具体的课程量化指标进行分析，分阶段对幼儿形成连续的分析和支持，促进课程之间的整合推进。

（三）视频分析法

结合视频分析，通过他评自评的方法，能实现评价的多元和多维度。幼儿之间的相互评价与自我评价也很重要，有助于幼儿主动反思和调整自己的行为。

例如在"大移除"活动中，我们可以及时用视频记录幼儿劳动的方法（怎么使用抹布），记录合作的情况（怎么分工），记录使用的工具（什么样的工具更适宜）等等。在小结时一起讨论，可请幼儿说说自己的想法：干净整洁的环境感觉怎么样？哪些方法好？怎样做得更好？让幼儿在相互评价中积累好方法，养成爱劳动的好习惯。

（四）现场检测法

我园每年都会开展两次"我的小手真能干"——幼儿生活自理能力现场展示活动。上学期进行小班穿鞋、中班穿衣服、大班系鞋带活动；下学期进行小班拉拉链、中班叠被子、大班整理书包等活动。根据幼儿年龄特征层层递进生活服务的难易程度，给予幼儿相互学习和展示的机会。同时班级会在日常生活环节、区角材料投放等方面，给予幼儿积极的支持，让幼儿在共同学习的氛围中自主提高生活服务的能力。

活动当日，幼儿在游戏情境中体验"我的小手真能干"。小班幼儿在游戏情境中配对鞋、穿鞋；中班幼儿在有趣的活动中尝试不同的穿衣方法；大班幼儿以个人和团队系鞋带展开PK。每个幼儿结合前期生活课程中的相关经验，表现出熟练的动作、专注的神情、喜悦的情绪，在活动完毕后，都会兴奋地向同伴和教师介绍自己的新方法。通过生活能力现场展示，表现幼儿生活状态和能力发展，也便于教师进一步支持幼儿。

小班穿鞋现场

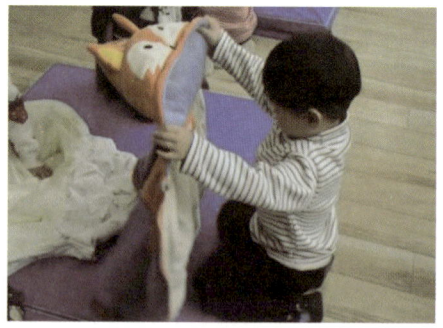
中班穿衣现场

与自理能力检测相关的系列活动不仅渗透在园内的一日生活中，还需要家庭持续跟进培养幼儿的自理能力。如：主动为爸爸系好散掉的鞋带、午睡起床主动自己梳头、在妈妈指导下烹饪雪梨肉丸子……系列活动不仅强化了幼儿自我服务意识、增强了自信心，还提升了他们的观察能力和动手能力。同时，也促进了教师和家长对幼儿自理能力培养的重视，形成良好的家园合力，为幼儿的终身发展奠定良好的基础。

大班系鞋带现场

大班系鞋带现场

大班系鞋带现场

（五）成长档案袋法

利用幼儿成长档案袋，记录幼儿成长发展的历程，呈现课程对幼儿的促进作用。展示型成长记录袋也称最佳成果成长记录袋或理想型记录袋，通过教师、家长、幼儿的记录，从不同的角度分析幼儿的行为和发展，目的是呈现幼儿的学习发展状态。生活课程展示型成长记录袋的内容可以包括以下方面：

健康领域：幼儿在园的健康体检、观察记录表，每天或每周的饮食情况记录表等；

　　自理能力：收拾整理、穿衣叠被、劳动等记录表（照片、视频）；

　　卫生习惯：盥洗、个人卫生等记录表（照片、视频）；

　　观察学习：通过绘画记录表征等方式，再现自己在日常中的发现和方法。

四、评价建议

　　南幼自然教育课程注重各类课程、各个领域之间的融合，因此在生活课程评价上也会坚持整合融合的观念，即需要教师发现问题、给予支持，以促进个体的成长和发展。在评价的过程中，或许会发现某些指标在实践运用中不适宜，需要作出适当的调整，逐渐形成本土化、园本化的课程评价体系，因此课程评价会一直在路上！

（一）全域融合，行为落地

　　课程是全域融合的，在做课程评价时，切忌只看到幼儿在某个活动中的表现，而应结合指标看幼儿在一日活动中某方面的表现是否一致。例如自我保护能力，除了在生活课程中能呈现，还要结合角色游戏、结构游戏等游戏课程，看幼儿能否根据实际情况进行适当的调整。例如布置角色游戏场地时，不会把垫子铺在斜坡上，不会选择坚硬的长棍棒做游戏材料进行挥舞。

　　同时也要注意评价的全域融合。生活课程中出现的问题可以结合其他课程进行调整。例如食育活动中发现幼儿普遍不喜欢食用菌菇类，教师可以结合主题探究活动种植蘑菇，让幼儿在与蘑菇的深度互动中，全面认识蘑菇，从而慢慢解决不吃蘑菇的问题。

（二）记录反馈，看见发展

　　生活课程中，有许多需要家园配合的内容，家长和幼儿都付出了心力，都期望看到一个结果。教师进行细致记录和及时反馈并给出建议是最有效地推进家园合作的方式。家长根据记录和评价，便于找到配合改进的方向。以班级幼儿需要丰富播报的内容为例,我们的教师制作了播报内容及表达的流畅程度的个性评价表。

生活播报活动评价表

序号	姓名	播报情况	序号	姓名	播报情况
1	王兮乐	请假	22	王林海	播报较流畅,主动完成
2	罗邓怡	声音小,陪伴下完成	23	姚世平	声音较小,主动播报
3	代杺捷	主动播报,站姿端正,提醒下完成	24	倪科阳	声音较小,有些害羞,陪伴提醒下完成
4	陈梓墨	主动播报,提醒下完成	25	王子谦	主动播报,流畅完整
5	刘娅茜	声音小,引导下完成	26	周煜昊	有些害羞,陪伴提醒下完成
6	乔思涵	引导下完成	27	庄铭泽	请假
7	胡驰函	一气呵成,声音较小	28	张睿涵	声音较小,有些紧张,提醒下完成
8	刘偲媛	声音小,提醒下完成	29	邓昊言	声音小,不太流畅,提醒下完成
9	谭雅允	请假	30	叶乙成	主动播报,较为流畅,声音小
10	周梦洁	主动播报,提醒下完成	31	姚松林	主动播报,还需加强练习,提醒下完成
11	胡莹婉彦	声音洪亮,主动播报下完成	32	胡潇逸	主动播报,较为流畅
12	陈雅婷	声音小,提醒下完成	33	曹俊凯	主动播报,还需加强练习,提醒下完成
13	胡诗涵	请假	34	朱智麟	声音小,陪伴下完成
14	刘羽馨	一气呵成,播报完整,站姿端正	35	周浩阳	一气呵成,播报完整
15	胡羽馨	声音小,陪伴下完成	36	范舒瑞	声音小陪伴下完成

续表

16	李沐晨	声音洪亮，提醒下完成	37	胥家浩	愿意主动播报，老师提醒下完成
17	曹溢可	主动播报，提醒下完成	38	周籽阳	声音较小，提醒下完成
18	唐弋涵	声音洪亮，提醒下完成	39	沈岩成	主动播报，提醒下完成
19	王玥涵	主动播报，陪伴下完成	40	邱羿勋	愿意主动播报，老师陪伴下完成
20	周思漫	声音较小，提醒下完成	41	刘瑾衣	声音较小，前面老师提醒，后面自己完成
21	赵珩翕	播报流畅，愿意主动表现			

评价是为了让幼儿更好地发展，让幼儿看见自己的点滴进步，增进他们热爱生活的内动力，更好地养成良好习惯。所以，教师可以当前幼儿亟须解决的问题为切入点，通过积星的方式让幼儿看见自己的进步。如小班幼儿自理能力上，对午睡时是否主动穿脱衣裤鞋等，可以做一个记录表，每天坚持做到的记录一颗星，周五进行一个统计。这样幼儿看着自己的星越来越多，成就感也会增强，更愿意动手做事。

（三）家园合作，共促发展

生活课程具有常态性，需要幼儿在日复一日的生活中保持一致、保持常态、自然而然。我们通过与家长交流，及时了解幼儿在家的情况。例如在"健康饮食"方面，幼儿在园进餐的好习惯要坚持，在家的饮食习惯也同样重要。教师可以与家长沟通，了解幼儿在家是否自主进餐，是否有明显挑食的行为，是否有不良的进餐习惯如边看电视边进餐，并针对幼儿的情况为家长提供具体建议。比如分年级组的生活能力展示活动，家园就可以针对幼儿需要增强的生活能力进行积极的沟通指导，提高幼儿自我服务的能力。

（四）整体分析，个体跟进

我们园每个班级的三位教师会根据评价记录定期进行讨论分析，了解班级幼儿整体水平，结合生活课程以及其他课程做出适当调整，提出具体的支持策略，并在下一阶段跟进。在记录中发现个体差异明显的幼儿，教师会及时和家长进行联系沟通，找出原因提出可行的办法，支持幼儿行为的转变。下面以"总是剩下的牛奶"为例进行说明。

某班的间餐环节，我们发现每次间餐结束后，总会剩一大半盒装牛奶。据调查统计，发现班级有五分之一的幼儿不愿喝牛奶，有一半幼儿每次只喝一小杯，导致牛奶剩余很多。这样不仅浪费了食物，幼儿也没有摄入适宜的奶量。基于健康生活的需要，该如何帮助幼儿转变观念呢？

当反复提醒、催促变得不管用时，我们的策略从说转变为听和说，听说什么？我们展开了一场关于"牛奶里的小秘密"的话题讨论。

程程：我不喜欢喝牛奶，但是我必须喝牛奶，因为牛奶可以让我更强壮。我喜欢喝可乐，可好喝了。

萱萱：我一点儿也不喜欢喝牛奶，我妈妈喜欢喝。我喜欢喝酸奶，里面的味道是酸酸甜甜的，我可以连着喝好几杯。

辰辰：老师，我在家里喝牛奶的时候闻着就有一股味道，我就不喜欢喝牛奶。

锦艺：喝牛奶会把嘴巴弄脏，我不想喝，我不想把嘴巴弄脏了会不好看。

我们的分析：大部分幼儿喜欢饮料，因为种类繁多包装精美，而且口味偏甜偏重，对比之下牛奶的口味是清淡无味的，一些幼儿自然不愿意喝。于我们从以下角度去帮助幼儿重新认识牛奶，增加对牛奶的了解。首先是利用

10元购买活动，鼓励幼儿去超市寻找各种各样的牛奶，尝尝不同牛奶的口感；其次引入关于牛奶的相关绘本，通过看——观察了解生活中不同的奶制品→讨论——及时分享关于牛奶的认知→听——关于牛奶的来源→说——新的感受和发现，进行一场关于牛奶的"探秘之旅"。

　　石奕韩：喝一杯牛奶就能吃到这么多东西啊！

　　杜乐桐：牛奶里有蛋白质和脂肪，脂肪可以抵抗病毒。（产生能量补充身体的能量所需，强壮身体）

　　天天：牛奶里有蛋白质，蛋白质可以让我们长高。（牛奶里面的钙让人长高）

　　张茂辉：我最喜欢喝牛奶，我妈妈给我讲过牛奶里有很多营养，我才长这么高的。

　　通过倾听幼儿的想法，探索各种奶制品，调查牛奶相关信息等互动，幼儿开始接受牛奶，还自制了牛奶小零食，添加喜欢的食物改变牛奶的味道，做出不一样的美味牛奶。在这个过程中，幼儿尝试接受牛奶，获得关于牛奶的新体验。此外，对个别仍然不喝牛奶的幼儿，我们和家长进行了沟通，了解其情况，并给予个性化的建议和支持。

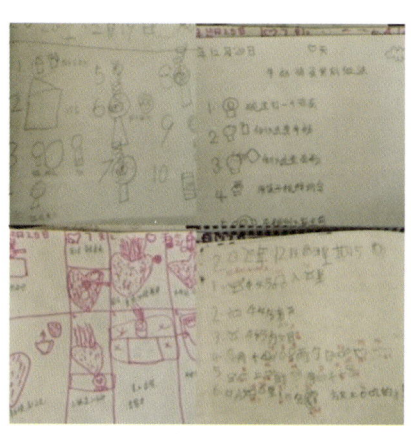

活动后和开学初的情况相比，不喝牛奶的人数越来越少了，排斥、讨厌→接受→喜欢的人数增加了（16%）。

在这个案例中，我们看到教师基于生活课程评价内容，分析了班级幼儿的整体情况并采取适宜的策略让幼儿转变行为。同时，教师还针对个体进行了个性化的支持。教师既有整体策略，又有个性支持，二者结合，促进了幼儿的发展。

生活课程的所有目标最终都要落地于幼儿的日常行为。幼儿行为的落地是一个内化于心，外化于行的过程，这需要长期持续的积累。所以不能单独割裂地看与做，教师需要整合各课程，心中时刻装着目标，在各个课程中关注其能力点。同时连通家庭、社区，园内、园外，形成教育合力，帮助支持幼儿行为落地。在三年的幼儿园生活中，如果将无数个有价值有意义的生活点滴串联起来，幼儿获得的发展将是无法衡量的，这些有教育价值的经验会为他们的终身发展起到铺垫作用。因此，希望大家能从现在开始重视生活课程的开发和利用，从"小生活"到"大生活"，家园社全员参与，共同守护幼儿健康又有意义的成长！

第三章 自然教育探究性主题课程

第三章　自然教育探究性主题课程

第一节　自然教育探究性主题课程概述

一、自然教育探究性主题课程的内涵

幼儿园主题课程是指师幼在一定时间内围绕某一中心话题而展开的系列活动的总和。这个"中心话题即主题的中心内容"[1]。主题课程打破学科、领域的界限，强调主题课程活动内容间的横向有机联系，强调通过课程活动带给幼儿经验的完整性。而幼儿园探究性主题课程与传统"主题活动"的最大区别，是其强调的主题活动开展应突显"探究性"，即以主题认知为线索，打破学科间的界限，师生共同深入探索研究的一种学习方式。

自然教育探究性主题课程是园本课程体系下的课程，它秉承我园园本课程理念：顺应自然、因性而为。在课程中，我们尊重幼儿的天性，强调以幼儿的朴素理论为本位，把自然与教育有机融合，实现以幼儿亲自动手实践为主体，以培养幼儿探究能力为核心，让幼儿在自主、持续的探索、概括、分析、推论、假设检验等思维活动中，发展乐于探究、尊重生命的科学品性及开放的思维，从中了解人与自然、社会三者之间的关系，学会去关注自然与生态、热爱生活、保护大自然。

我园的自然教育探究性主题课程倡导以幼儿生活为基础，以游戏和活动为基本形式，以幼儿自主探究学习为主要方式的综合性活动。就具体的主题课程内容而言，又可细分为自然和生活两大类探究性主题，其中，前者的占比远大于后者。自然类探究性主题课程立足于以幼儿生活中的沙石、水土、动植物等自然资源为探索内容，以"幼儿的学习发展"为核心，让幼儿在大自然怀抱中"睁开眼睛去仔细观察，伸出双手去缜密研究"，在动手、动口、动脑中去观察、探索、思辨、实践等。幼儿在与自然的不断接触探索、交融互动中，了解自然界中一些生物的习性及需求，积累相关的学习与发展经验，

---

[1] 吴振东编著：《幼儿园主题课程实务指导》，福建人民出版社，2021年版，第1页。

也了解人与自然、社会及生活的关系，建立科学正确的自然观、生态观。在家园社的共构中，幼儿实现经验的重构与丰富，从而促进全面和谐发展。而生活类的探究性主题课程，则是以幼儿生活中的事件为中心话题展开的一系列活动。在具体实施过程中，教师更多的是生成一些小话题来进行深入的探索研究。在这两类探究性主题课程活动中，或许它们的具体实施方式不尽相同，但其最终的目的都是实现幼儿的全面和谐发展，都是为培养"尊重生命、关爱自然、热爱生活"的智慧儿童而服务的。

二、自然教育探究性主题课程的特质

1. 探究性

探究性是自然教育探究性主题课程的核心特性。探究的载体——问题，即探究伴随着对问题的发现与解决的全过程。探究这一核心特性，意味着在主题课程的组织与实施中，教师要有敏锐的问题意识，要能够从与幼儿的互动中去发现值得探究的问题，并有效地引领幼儿主动而独立地寻找问题的解决方法。问题呈现与解决的活动过程，便是主题课程推进的实际过程。探究性主题课程重视活动进程中的"问题的不确定性"与"生成的过程性"，探究性主题课程也因探究而更为灵动更有活力。

2. 整合性

我园的自然教育探究性主题课程不是一个个戴着主题"帽子"、独立的若干个活动组成的大拼盘，而是积极利用并有机融合幼儿身边的一切有利资源，旨在促进幼儿整合性发展。经验建构而生发的系列性探究课程活动，不仅整合了各类课程的资源，也会自然地融合人力资源、环境资源、人文资源等。幼儿在与身边事物交互相融，不断地观察、探索、思考与反复的实践验证中，不断地建构与形成相关的经验，启迪心智。

3. 开放性

我园的自然教育探究性主题课程强调以儿童的学习与发展为本位，尊重儿童的兴趣与需要，注重儿童的自主参与，从而生成相关的活动内容。即探究性主题课程活动在目标、内容、活动等各方面并不是封闭固定的，而是开放的、富有弹性的，它会根据幼儿具体情况的不同，而发生着不一样的变化。即使是同样的主题，不同班级发展的目标及探究的脉络走向也是不一样的，最终幼儿获得的发展也是不一样的。

三、自然教育探究性主题课程发展历程

陈鹤琴曾指出"大自然、大社会都是活教材"。大自然孕育了丰富多彩的生命体，这些多样的生命与人类一起构成了绚丽多姿的世界。大自然还馈赠了丰富的物质资源，它们既是万物赖以生存之基，也是人类发展之本。对于幼儿来说，在大自然中，幼儿总能有无数的新奇发现，他们的嬉戏活动、探索活动便也由此丰富起来。20多年来，我园在致力于构建自然教育课程的实践研究中，梳理出了许多关于幼儿与自然、社会三者交互相融的课程。以下所呈现的便是我们对自然教育探究性主题课程实践研究的相关成果。

蒲江县地处四川成都平原，属于全国生态示范县，丰富的自然资源是我园课程建设得天独厚的地域优势。2002年开始，我园经历"因环境而教育→因环境为儿童而教育→因环境为儿童促发展而教育"三个阶段，自然教育探究性主题课程在"儿童融入环境→环境生发活动→活动形成课程→课程发展儿童→儿童改变环境→环境丰富课程→课程哺育儿童"的螺旋上升中，呈现出"环境自然、教育自然"的特点。我园的自然教育探究性主题课程完善经历了五个时期，下面以五个不同时期的大班"树朋友"主题课程活动为例进行说明。

（一）第一阶段——以主题认知为线索，重知识技能阶段

以主题的形式开展主题课程活动时，教师的提前预设占了绝大部分，仍然是分科领域的大融合，注重幼儿在其中五大领域知识技能的获得，没有幼儿的思考和探索，教师仅注重教给幼儿相关的五大领域主题内容，这些活动都不是幼儿真正意义的学习和探索。

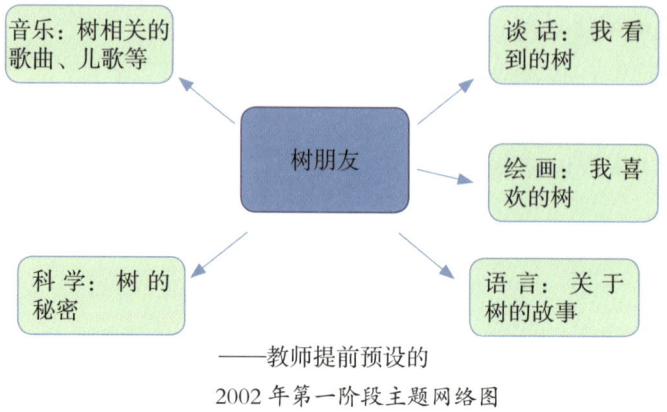

——教师提前预设的

2002年第一阶段主题网络图

（二）第二阶段——教师主导太多，无幼儿真正学习与探索阶段

针对第一阶段存在的问题，我们不断地思索与改进。从网络图中，能看出较分科领域的大融合有进步，以"树"为主线开展系列活动为例，但主题课程中教师的关注点仅在幼儿对树的正确知识掌握上，重视幼儿知识技能的掌握，对幼儿在主题课程中的情感、态度、价值观、问题意识等方面关注较少，幼儿在探究性主题课程活动中，仍无真正意义的自主学习与探究。

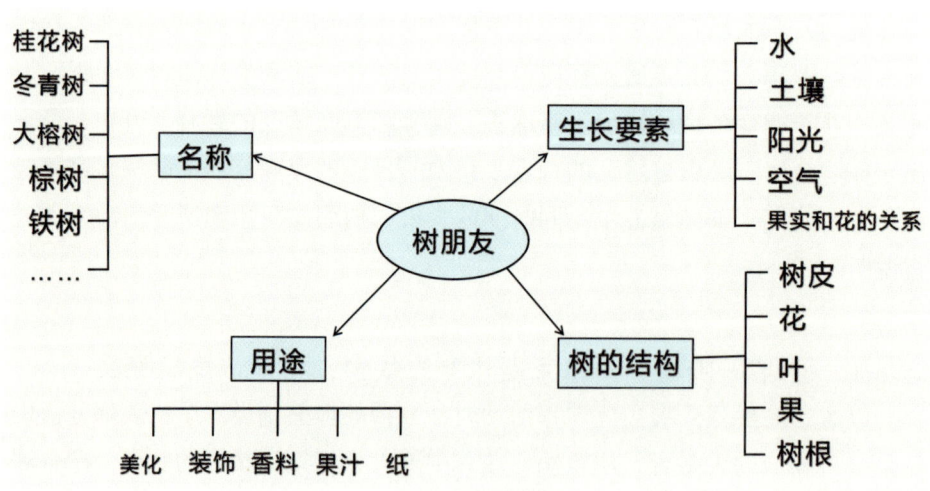

——教师提前预设的

2004年第二阶段主题网络图

（三）第三阶段——以幼儿为本位，聚焦问题的探索阶段

前两个阶段主题课程活动仍然处于教师主导的阶段，幼儿还是显得比较被动，更多的是知识技能或者五大领域的拼凑内容。从第三阶段的网络图能看到，整个主题教师追随幼儿的问题，以幼儿的问题为出发点来进行，坚持"以幼儿为本位"，以学定教，让幼儿在真实的情境中学习，坚持放手让幼儿去观察探索，鼓励并等待幼儿从中去发现问题、提出问题、解决问题。整个活动教师自然地融入语言、数学、艺术等相关领域的内容，也带动了家园社资源，共构这样一个主题探索活动历程，并开始让幼儿关注人与自然的关系，有了情感态度及价值观的关注。但是教师更多的还是聚焦幼儿的问题进行探索思考，对于幼儿思辨、归纳、梳理等高阶思维的培养其实还不够，对于个体的关注也是不够的。

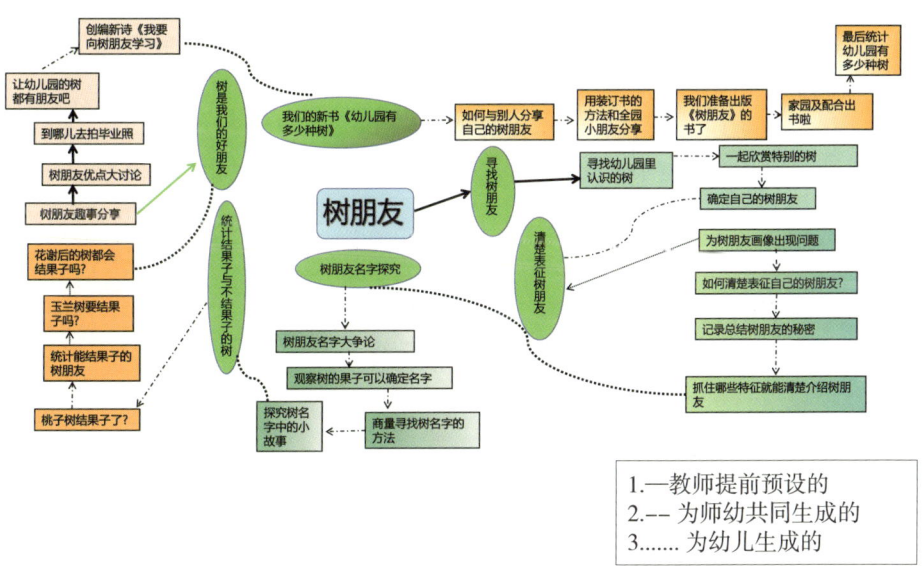

2012年第三阶段主题网络图

（四）第四阶段——注重幼儿经验的延续与融合，关注个体的发展阶段

探究性主题课程是综合而全面的课程。从下图能看到：整个主题聚焦幼

儿关注的有价值的问题进行探索，聚焦大班幼儿的核心发展点进行相关活动的探索。如其中围绕"什么是树"这样的问题，聚焦树的特征的界定来进行多角度的探索，在不断地建构树的特征的过程中，幼儿在不知不觉中积累了相关的思辨、梳理、整合、归纳等能力，他们也将这样一些能力进行延续，并不断地拓展融合到其他领域，实现了个体经验的延续与融合。而对于幼儿个性与共性问题的探索过程中，聚焦共性问题时，教师给予幼儿集体研究的权利，给予他们背后的支持；在聚焦个性问题时，教师给予幼儿自主探索研究的权利，成立研究小组来进行探索，在小组汇总后，再进行集体的分享，给予相关建议，再进行研究，给予个体研究的机会，尊重个体的意愿。在这样探索研究的过程中，幼儿不断积累经验。整个探究性主题课程活动中，我们看到在"家园社"共构的课题体系下，实现了幼儿的不断向前发展。

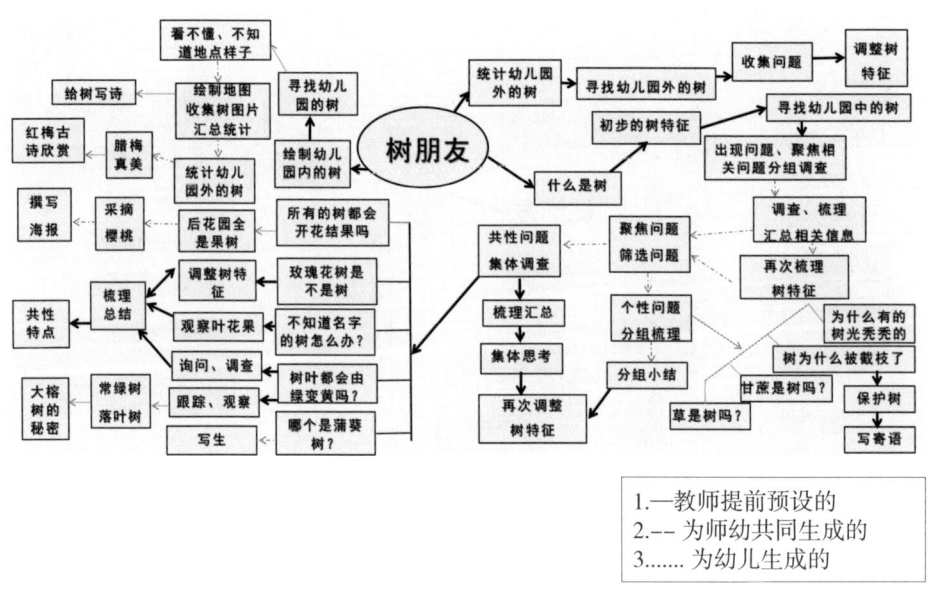

1.——教师提前预设的
2.-- 为师幼共同生成的
3.…… 为幼儿生成的

2017 年第四阶段主题网络图

（五）第五阶段——关注每个独立个体到整体和谐发展阶段

我们越来越关注幼儿整体、全面、融合的发展的同时，也在关注个体的学习与发展。在尊重个体的兴趣与需求的前提下，幼儿围绕自己感兴趣的问题，进行分组研究与探索。

从下图可以看到，幼儿提出一些问题后，再对提出的问题进行筛选，选择有价值的问题进行研究。幼儿在自己感兴趣的问题及需要的前提下，自己选择问题组成一个个研究小分队进行分组研究，然后将每组研究的结果进行梳理汇总，在集体中进行汇报，交流小组调查研究的相关内容，大家在进行共同探讨时，有问题可以再继续研究。在这样分组研究、共同探讨的组织形式中，我们也看到了个体对于自己喜欢研究的内容的深度探索，幼儿参与的积极性也越来越高，从不断的反复思考研究中，积累相关经验，不断地成长起来。一个个个体的不断成长，也随之带动了整体不断地向前发展。我们的课程也由一个个个体发展朝着整体和谐发展的方向迈进。当然，自然课程探究性主题课程仍在不断的探索与发展中。

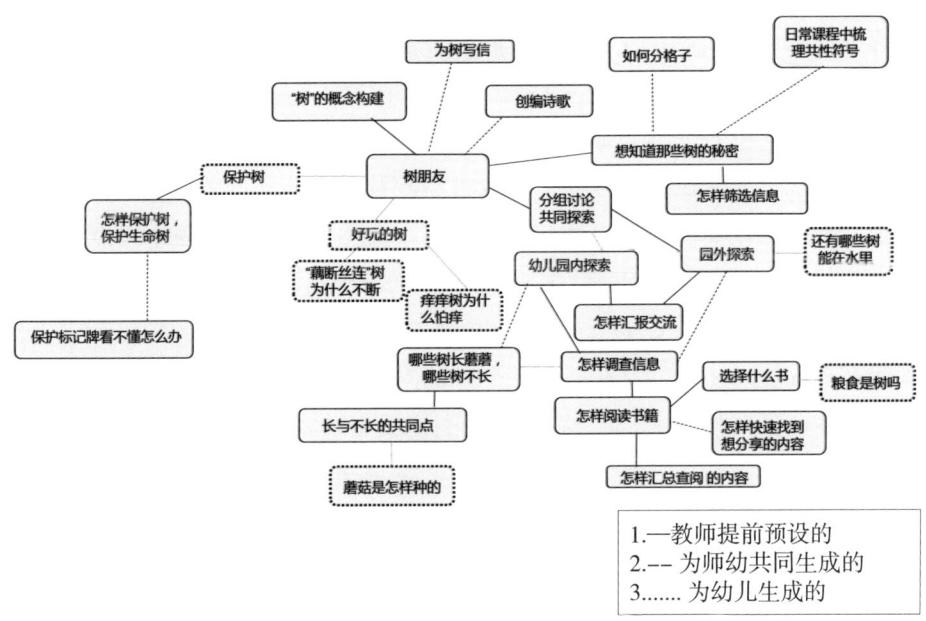

2020年第五阶段主题网络图

在对这五个不同时期"树朋友"的探究性主题活动进行分析和反思后，我们对自然教育探究性主题课程有了以下认识。

一是大自然、大社会都是"活"教材。教育要关注幼儿的生活及周围世界中的事物及事件等，多给予幼儿与它们接触、探索的机会，让幼儿在探索中学会关注身边事物与自己的关系。

二是主题活动要"以幼儿为本位"。关注幼儿的学习与发展，给幼儿创设宽松愉悦的氛围，给予他们自主探索的空间，而不是一味地以教师为主导。教师要学会关注幼儿的兴趣及需求，用心去观察和聆听每一个幼儿心灵的那些鲜活的感受，给予他们各方面的支持与帮助，在和谐的师幼互动交流中，与幼儿共同学习，共同成长。

三是教师要有较高的思维高度才能有效促进幼儿的不断成长。教师在主题活动中，要善于捕捉有价值的点，生成相关活动，并能有效地链接家园社资源以及其他课程的经验，促进幼儿完整、全面、和谐的发展。

四是教育要更加关注个体。有个体才能谈整体，教师在尊重个体的兴趣与需求的前提下，让幼儿围绕自己感兴趣的问题，进行分组研究与探索，再进行各组的分享交流，以形成一定的经验非常重要。课程中没有基于每个个体的观察与支持，何来整体？所以基于每个个体的关注尤为重要。

我园的探究性主题课程的发展经历了五个阶段，取得了一定研究成果，较好地处理了探究性主题课程与其他自然教育课程活动的关系，使得探究性主题课程与其他课程活动类型共同成为我园自然教育课程体系不可或缺的有机组成部分。但在实施探究性主题课程活动过程中，我们将自主权还给幼儿，是一味地还给幼儿就好了吗？教师的价值在哪里？如何在放开中进行引导？如何在探究性的主题活动中，关注个体的同时实现整体的和谐发展？这些问题仍是客观存在的挑战，依然需要我们去积极应对。

第二节　自然教育探究性主题课程的目标与内容

一、自然教育探究性主题课程目标的构建

幼儿园课程目标是幼儿园课程的核心，决定了幼儿园课程内容的选定、

实施策略的选择和评价方式的确定。[1]开展自然教育主题课程探究活动，只有先明晰目标，教师才能有方向地筛选适合幼儿发展的内容，这也是教师推进活动的抓手和指明灯。

主题活动目标是主题活动的目的和任务，是教师在充分了解幼儿身心发展状况和活动内容的基础上，为主题活动设定的最终结果，它是活动的出发点和归宿点。[2]主题活动目标按主题活动的进程，一般由三个层次构成，即主题活动总目标、主题活动各年龄阶段的目标、各阶段具体活动的目标。三个层次的目标是一个有机的整体，是层层相连的关系。

自然教育主题探究课程的目标建构，要依据《指南》中各领域的目标、园所的特点来因地制宜地进行思考，制订"自然教育探究性主题课程的总目标"。我园依据《指南》中五大领域的内容以及多年的实践探索，构建出富有园本特色的"探究性主题课程中各年龄段的发展目标"以及"自然探究主题课程各年龄阶段科学探究能力核心经验"。

自然教育探究性主题课程的总目标

科学方面	1. 亲近自然，喜欢探究。 2. 具有初步的探究能力。 3. 在探究中认识周围事物和现象。 4. 关爱大自然中的动植物，关爱生命与自然，关注人、自然与社会三者之间的关系。 5. 初步感知生活中一些事物或现象与周围事物的关系。
语言方面	1. 认真听并能听懂常用语言。 2. 愿意讲话并能清楚地表达。 3. 具有文明的语言习惯。 4. 积累初步的前阅读前书写的经验。
社会方面	1. 愿意与同伴交往、友好相处等。 2. 具有自尊、自信、自主的表现。 3. 关心尊重他人。 4. 具有初步的归属感。

---

[1] 庞春敏:《幼儿园课程目标的构建——以自然生态课程为例》，《广东教育（综合版）》，2016年第3期。
[2] 王小英、蔡珂馨编著:《主题活动与幼儿成长》，东北师范大学出版社，2014年版，第60页。

续表

艺术方面	1. 具备初步的前书写能力。 2. 喜欢自然界与生活中美的事物，能进行大胆表达表现。 3. 具有初步的艺术表现与创造能力。
健康方面	1. 关注生活、热爱生活。 2. 了解人与自然、社会之间的关系，养成健康生活的习惯。

自然教育探究性主题课程中各年龄段的发展目标

各年龄段	探究性主题课程发展目标
3-4岁	1. 喜欢接触大自然，能利用多种感官或方法去探索，大胆猜测与表达。 2. 能对周围的事物和现象感兴趣，并能仔细观察，发现其明显特征。 3. 能初步学会用做标记或照片等形式进行记录。 4. 初步了解事物与人的关系。
4-5岁	1. 能积累发现问题、解决问题及对比观察的能力。 2. 能学会利用简单的图画、记录表、符号进行初步记录的能力。 3. 能树立初步的调查分析与收集信息的意识。 4. 能基本完整连贯地表达，并能有自己的一些见解与想法。 5. 感知动植物的生长变化过程，萌发关爱动植物、珍惜生命的情感。
5-6岁	1. 能通过对事物及现象的对比观察分析，寻求相关的答案。 2. 能从问题探索与思考中，积累梳理、归纳、统计、分析、辩论、做计划、做调查、做表格、学习设计多元的记录表等相关能力。 3. 能运用各种途径及方法收集证据，进行实践与求证，养成实事求是的科学态度。 4. 能有序、连贯、清楚地表达，并能针对一些问题，提出自己的想法，寻找有力的证据，进行思辨、合作探究、分享交流，体验其中的乐趣。 5. 关注和了解自然、科学产品与人们生活的密切关系，积累科学的生态生活观，懂得尊重和珍惜生命，保护环境。

自然教育探究性主题课程各年龄段的科学探究能力核心经验

各年龄段	核心经验
3-4岁	喜欢大自然，有广泛的兴趣，能细致观察，会用撕贴、画圈、打钩、照片、夹、插、图画、符号等进行简单记录，大胆猜测并愿意表达，初步了解事物与人的关系等。
4-5岁	观察对比，猜测验证，实证调查，初步小组探究，有提问意识，有初步的计划，能用图画、符号等观察记录，能基本完整连贯地表达，有自己的一些见解与想法，积累初步解决问题的方法，感知动植物生长变化、季节与动植物及人的关系，了解人与自然的关系，关爱与保护大自然中的动植物等。

续表

5—6岁	观察对比分析，调查研究、梳理归纳、筛选、统计、整合信息，会用图画、图示、多元调查表与记录表、图表、统计表、做标本、图夹文等进行观察记录，辩证地看待与思考分析问题，小组或集体进行多种方式的调查研究，概念的建构，了解动植物习性、周期性、生存与环境的关系，理解人与自然间的关系，有环保意识，尊重与珍惜生命，保护自然与珍爱自然等。

在探究性主题课程中，我们所构建的各年龄段目标以及具体各年龄阶段科学探究能力核心经验，给新手教师提供了一定的抓手。教师们在实施探究性主题课程前，要先结合本班幼儿所处的阶段、现有水平等来进行思考；在实施时，清晰自己的关注点和支持策略等等，做到"心中有目标，眼中有幼儿，才能随时有教育"。

二、自然教育探究性主题课程内容体系

幼儿园课程所具有的基础性、启蒙性与全面性等特征，决定了幼儿园课程内容具有广泛性，教师要能在如此宽泛的课程内容范畴中选取适宜的主题课程内容。陈鹤琴主张"大自然、大社会都是活教材"，他指出，幼儿是在周围的环境中学习，应该以大自然、大社会为中心组织课程。因此，凡是幼儿感兴趣、适宜幼儿认知水平、利于幼儿发展、符合教育目标的内容，均可视为幼儿园主题课程内容。[1]

我园的自然教育探究性主题课程作为园本课程的重要组成部分之一，在学习与贯彻《指南》中的各领域的目标的基础上，秉承自然教育课程的理念，选取了幼儿感兴趣、适宜幼儿认知水平，又利于幼儿发展的内容。通过教师多年的实践与研究，我们逐渐构建出了具有本土特色的南幼自然探究主题课程的内容体系图、生活类探究性主题课程的内容体系图以及自然教育探究性主题课程的实施总指南。

---

[1] 吴振东编著：《幼儿园主题课程实务指导》，福建人民出版社，2021年版，第9页。

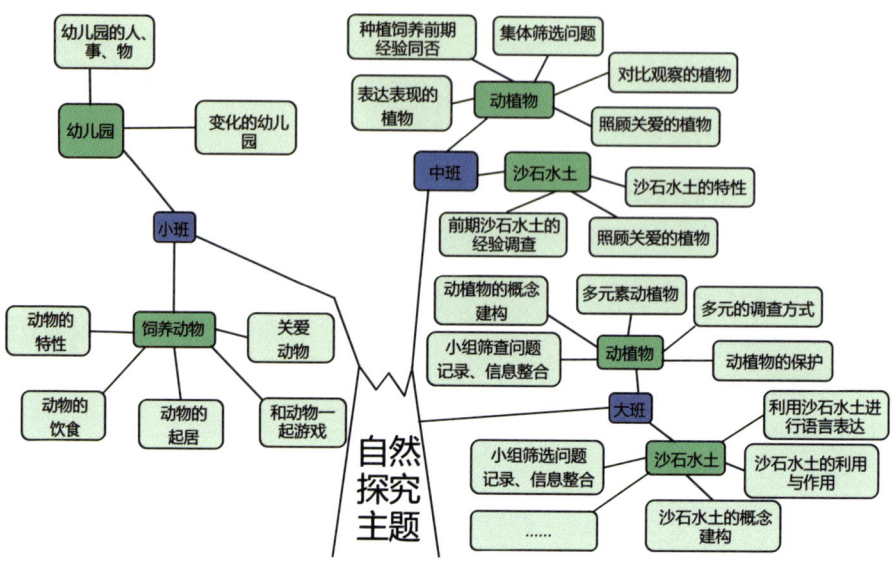

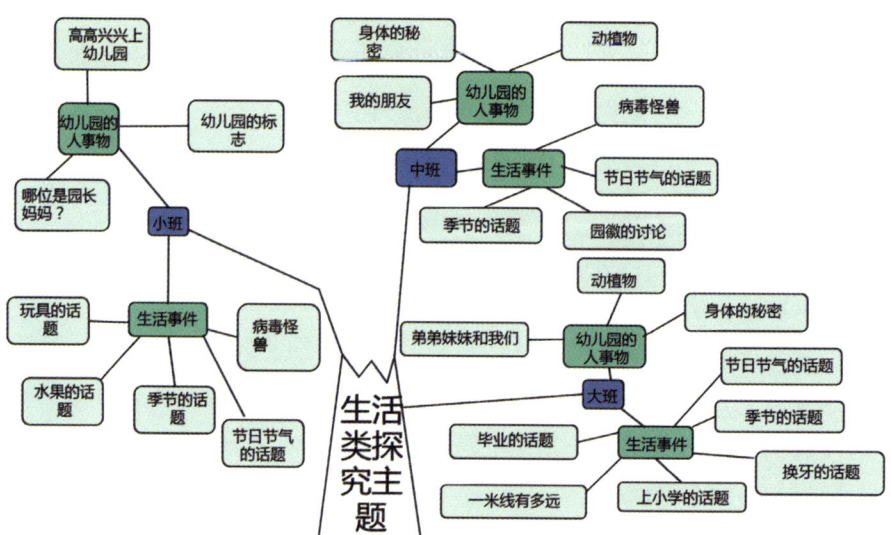

各年龄阶段的自然教育探究性主题课程内容及实施指南（详见附录一）

活动名称	核心经验	各年龄段突破重点	各年龄段实施途径和具体内容	自然融入的全面发展经验
探究主题	观察探究	小班：广泛的兴趣、愿意表达、仔细观察、能提出问题 中班：猜测验证、观察对比、能初步分析，解决问题、初步的计划性、简单的收集调查 大班：观察对比分析、善于提问，并能主动去分析和解决、调查研究、梳理归纳、整合信息	小班： 上学期：我们的幼儿园（关注身边的人事物、范围广、注意激发兴趣、大胆表达） 下学期：幼儿园的变化、喂养各种小动物（关注身边的人事物、多种多样动物、关注范围广、鼓励幼儿大胆提问） 中班： 上学期：花、种植、动物、泥土（注重幼儿猜测验证、对比观察、提出问题、解决问题的能力） 下学期：养蚕、小蚂蚁、花、种植（注重计划性、调查研究、提出问题、解决问题的能力） 大班： 上学期：树朋友、植物、动物等（如：树朋友的主题，应该重点关注幼儿对树概念建构、人与自然关系链接等概念关系的探究理解、解决问题的方式方法的梳理提炼、多种信息的整合汇总、思辨的能力培养） 下学期：树朋友、植物、昆虫、动物、水等（如：树朋友的主题，应该重点关注幼儿对树概念建构、人与自然关系链接等概念关系的探究理解、幼小衔接、高阶思维的关注）	小班： 1. 语言表达（能听懂日常会话、能口齿清楚地表达，并做出回应） 2. 数学认知（次序、数字、点数、颜色、大小、形状、种类、方位、标记等） 3. 社会认知（鼓励大胆说、愿意告诉朋友，大胆向别人询问） 4. 家园协作（家长陪同走进社区进行人、事、物小调查。如：幼儿园主题中对于社会人的关注、标记的关注等的调查认知） 中班： 1. 语言表达（基本清楚完整地表达，结合一些方位词、量词等形容词汇进行表达） 2. 数学认知（方位、统计、符号、分类、形状、次序、目测、围圆数、有顺序地数、横纵坐标的认识等） 3. 社会认知（小组讨论、倾听接受同伴的意见和建议） 4. 家园配合（在家长陪同下，走进社区、周边地方进行有计划的调查） 大班： 1. 语言表达（能用一些表示因果、假设的词或常见的形容词、同义词，比较生动地进行有序、清楚、连贯的表达，以及诗歌、儿歌创编） 2. 数学认知（关注事物数量分类统计、立体空间方位、测量、图表统计、内部结构等。如，地图在主题中的运用、目测树的多少等）
	记录表征	小班：撕贴、画圈、打勾、照片、夹、插、图画、符号 中班：图画、数字、黏土、手工制作、简单记录表、调查表、其他符号		

续表

探究主题	记录表征	大班：图画、图示、多元调查表与记录表、图表、统计表、做标本、图夹文等		3. 社会认知（有歧义时，尊重同伴、提出自己的想法与理由，收集证据、说服对方） 4. 家园配合（走进大自然、大社会等地方，收集证据、进行梳理、汇总、验证）
	辩证思考	小班：喜欢说，在教师引导下思考		
		中班：提出问题、初步思考与解决问题、积累初步解决问题的方法，小组调查研究讨论		
		大班：辩证地看待与思考分析问题、小组或集体进行多种方式的调查研究、聚焦概念的建构		
		小班：初步了解动植物的多样性、喜欢大自然、初步了解人与自然的关系		

续表

探究主题	关爱尊重	中班：感知动植物的生长变化、季节与动植物及人的关系、正确认识人与自然的关系，学会关爱与保护大自然中的动植物		
		大班：动植物习性、周期性、生存与环境的关系、理解人与自然间的关系、理解环保的含义并付诸行动、尊重与珍惜生命、保护自然，珍爱身边的一草一木		

第三节　自然教育探究性主题课程的实施

一、自然教育探究性主题课程的实施策略

　　自然教育探究性主题课程致力于激发幼儿的主动学习，诱发幼儿将新旧经验进行有效迁移与联接、运用高阶思维去解决问题，进而培养幼儿深度学习的习惯与能力。因此在课程实施过程中，教师要做好活动前的周全计划、活动中的有效师幼互动和活动后的深度思考，才能让幼儿在有准备的环境中获得最大程度的发展。

（一）自然教育探究性主题筛选的基本程序

无论进行什么课程活动，其目标都是促进幼儿的学习与发展。如何筛选有利于本班幼儿学习与发展的探究性主题呢？在筛选中需要注意些什么呢？我园在自然教育探究性主题课程的实践经验中，总结出有效筛选高品质的探究性主题需要遵循的"四大"基本程序。

1. 看——幼儿的兴趣点及关注点

我园在新学期开始时，通常会用一到两周的时间让教师们充分捕捉幼儿的兴趣点及关注点，梳理分类后，再与幼儿商量讨论主题，结合幼儿的年龄特点及发展点，共同选择适宜的主题。当然，尊重幼儿的兴趣点和关注点，并不是一味地简单追随，而是要对它们进行课程多层面的审视。

2. 查——园内外资源的丰富性

无论是实施自然教育探究性主题课程，还是开展自然教育课程中的其他活动，查找园内外资源是否多样丰富，是课程实施的重要环节。在基于幼儿兴趣点及关注点而选定了一个主题后，紧接下来需要考虑的就是这个主题该如何开展，而主题的开展是需要资源作支撑的。因而，必须考虑园内外的资源是否丰富，是否可供幼儿进行不断的观察实践探索。如果园内有而园外没有，或者园内外都没有，就该思考如何通过家园社合作途径来丰富与推进幼儿的经验。

如幼儿对大海比较感兴趣，可园内外都没有这方面的资源，该如何在主题实施过程中有效支持幼儿的探索发现呢？幼儿可能更多只是从网上查找相关的内容，如此又该怎样让幼儿的经验获得发展呢？在探究性主题课程中，我们更多关注的是如何引发幼儿的问题意识与思考方式，让课程资源能有效地与幼儿形成互动，不断生发课程，一步步地推进探索，让幼儿获得经验的延续与重构等。因而，结合相关话题，对园内外的资源进行探查，是开展探究性主题课程的重要环节。

而生活的中的小事件，如果幼儿兴趣很浓，生活周边又有可探索的资源，我们往往会做成一个阶段性的生活类探究性主题来着手开展。在实施这样的生活性探究主题前，也同样需要对社会生活中的各种资源进行考究，看看幼儿关注的生活话题是否有充足的资源可以给予幼儿探究做支撑。在这其中，能否联动家园社资源来进行探索等多种因素也是需要作一番考虑的。无论是自然类探究性主题还是生活类探究性主题，都不仅与幼儿的具体需求与经验有关，也与教师的思维高度密切相关。

3. 观——现阶段幼儿学习与能力发展的现状

"观"指的是要了解本班幼儿学习与能力发展的现状。主题选择前，我们所观察到的幼儿兴趣点可能有很多，如何在众多的兴趣点中，筛选出适合本班幼儿进行的主题探究呢？这就要考虑本班幼儿现有的经验水平是什么样的，到底是怎样的一个程度，还有哪些不足，而幼儿通过这些活动可能会获得哪些方面的发展……无论主题探究什么，它只是一个载体，目的在于借助这样的载体让幼儿在不断的探索中，获得在现有经验发展水平上的一个提升与延续。

因而，对幼儿现状的分析与了解，对选择什么样的主题便显得尤为重要。如某班在主题课程实施后的小结中，发现该班幼儿观察能力虽有很大的进步，但是梳理、记录、分析、思辨等能力还比较欠缺，于是，在筛选下个探究活动主题时，教师就得思考：什么样的主题更能让幼儿在已有主题经验的基础上得以延续与提升？即什么样的主题既与已有主题经验相连接，又能带给幼儿较丰富的新经验？做了这么多的主题探究活动，我们也深有体会：由于每个班幼儿经验的不同，即便是同样的主题，活动开展的思路与方向也是不尽相同的。

4. 思——主题能够带给幼儿的发展

要思考主题能够让幼儿获得哪些领域的发展点及核心经验点。探究性主题课程属于整合性课程。在实施探究性主题课程前，要结合《指南》来思考本阶段幼儿各领域具体核心经验点有哪些。只有教师心中装有本年龄段幼儿的核心发展点，在课程实施过程中，当面对幼儿出现的一些问题时，才能适时地抓住契机，全面有效地实施课程，给予幼儿更好的支持，从而促进幼儿全面整体地发展。

（二）自然教育探究性主题课程实施的主要方法

南幼自然教育所秉承的是"自然而然的教育"，让幼儿在自然中自主学习，发自然之性，呈自然之长。我们历经 20 多年的实践研究与积淀，不仅积累形成了自然教育探究性主题课程的相关案例，也摸索提炼出了一些具体的实施方法。

1. 关注幼儿的生活世界

生活是整体的，人们的生活活动本身就是一种综合性的活动。自然教育探究性主题课程倡导的是，课程内容应来源于幼儿生活及周围可观察的人、事、物等。因为这些贴近幼儿生活的人事物在不断的观察与接触中，才能真正与幼儿产生链接，从而萌发幼儿的一些探究与思考。当幼儿在探索与实践中遇到问题时，才能更好地回归生活，去反复探寻与实践，而不是只靠书本或资料的找寻来获得知识经验。贴近幼儿生活的探究，探寻的方式方法也需要更加多元。

2. 关注幼儿的兴趣与需求

俗话说："兴趣是最好的老师。"在自然教育探究性主题课程中，我们始终将幼儿的兴趣与需求的把握放在重要的位置。教师要蹲下身来倾听幼儿的心声，从他们关注的一些问题中，去甄别哪些是幼儿发展所必需的，可以让他们进行探索，并给予相关的支持。这样的探究性主题活动既尊重幼儿兴趣及需求，也有教师的价值判断与筛选，这样的主题的实施才更加有价值，也能更好地促进幼儿的发展。

3. 关注幼儿发展中的核心经验

任何课程的组织与实施，都是教师预设、师幼生成及幼幼生成的一个过程。在自然教育探究性主题课程实施的过程中，我们主张应关注课程中幼儿的核心经验。在课程初期，教师心中应很清楚本班幼儿现有的发展水平，以及本年龄阶段幼儿的发展核心经验。只有心中装有这样的核心经验，教师在实施的过程中，才会眼中有幼儿，才能随时有教育，根据具体的实际进行有效的调整。在课程实施中与实施后才能更好地观察评价幼儿，给予幼儿更加科学的评价，也更能知道幼儿还存在哪些不足，给予更好的策略与方法，促进他们更好地发展。

4. 注重幼儿经验的连续性与共融性

教育过程不应是急匆匆的。如果不顾人类的"幼态持续"，企图加速儿童的生长节律，必会阻碍儿童的成长。因此，"慢教育"才是儿童"发展适宜性"的教育。[1]

课程是经验的履历，是编织的草席。幼儿的经验需要在课程中反复运用，才能获得真正的延续与发展。在自然教育探究性主题课程的实施与推进中，我们更加注重幼儿经验的有序链接和连续性跟进发展，幼儿的经验在反复运用后，才能谈得上迁移与运用。

我们还要关注幼儿经验的共融性。幼儿是全面发展的，所以将各类课程经验相互共融也是相当重要的。教师在实施课程时，也要抓住这一重点，才能为幼儿的终身发展打下坚实的基础。

5. 关注家园社"三位一体"的融合

任何课程的开展都离不开家园社"三位一体"的协同合作。自然教育探究性主题课程来源于大生活、社会中的事物及事件等，在实施中也时时刻刻离不开家园社这三者的相互支持与配合。许多主题的探究都要回归家园社，才能不断拓宽幼儿的视野，拓宽课程的广度与深度，起到很好的推动作用。

6. 注重幼儿亲近自然，关注与热爱自然，构建知识共构共融一体

在实施自然教育探究性主题课程的研究中，我们曾做过课程对于幼儿后续发展作用的相关追踪调查，结果发现：在幼儿经历了三年的自然探索学习，进入小学甚至高年级之后，有些家长给我们这样的反馈：幼儿虽然大了，但是对于自然界中的事物的探索的兴趣仍然不减，常常喜欢看一些关于科学方面的书籍、相关的调查等，时不时还要做一做小实验等。周末喜欢到大自然中去感受并观察记录一些变化，对于自然科学特别感兴趣。确实如此，通过对自然和生活的亲近探索，从小建立起科学探索、求证务实的态度，幼儿对于周围事物的好奇心与求知欲也会源源不断、生生不息，促使幼儿去思考、去探索。从探索中，他们更能亲身体验自然的美好，才会打心底热爱自然以及周围的一草一木等。

可见，对于幼儿亲近自然、关注与热爱自然，构建知识共构共融一体的关注，也是相当重要的。我们要给幼儿提供这样的机会，给予幼儿充分与自

---

[1] 徐宜兰，刘合平：《儿童缘何需要慢教育》，《中国教育报》，2020年6月4日第8版。

然、生活相处的机会，才能让幼儿从小树立科学的自然观、人生观、价值观等，才能学会带动与影响身边的人，学会关爱自然、珍惜生命、热爱并从容地面对生活。

二、自然教育探究性主题课程实施的典型案例剖析

我园的自然教育探究性主题课程，分为自然和生活两大类的探究性主题课程，以下所呈现的是这两大类探究性主题课程中三个年龄段班本课程的实施案例。

（一）自然类探究性主题课程实施的片段案例与剖析
1. 小班自然类探究性主题课程实施的片段案例与剖析

《指南》科学领域目标指出："3-4岁阶段的幼儿喜欢接近大自然，对周围的很多事物和现象感兴趣。"而小班幼儿刚入园，面对陌生的环境他们会充满忧虑和不安的情绪。基于以上原因，小班的主题探究活动的定位是"以探究解决问题为核心，广泛兴趣的培养"，所以小班的主题探究活动一般聚焦于对幼儿园的了解，熟悉幼儿园的人、事、物，帮助幼儿建立安全感，激发幼儿对周围事物的广泛兴趣。以下列举一些"我爱幼儿园"主题探究活动的经典片段和大家分享。

片段一：谁才是王爷爷？

活动再现：

很多时候路过幼儿园的大门，我们会发现很多幼儿把张爷爷叫成王爷爷，把王爷爷叫成张爷爷，把胡叔叔叫成张爷爷等情况。

教师思考：

出现这样的情况符合小班幼儿的年龄特点，其对于事物辨识的能

三位保安

力以及仔细观察的能力有限，这也是需要在小班时重点关注的。小班幼儿对于周围新奇的事物都很喜欢，喜欢走走看看，但观察仍较为笼统，对于仔细观察辨析事物的能力需要在日常生活中逐步培养积累。教师可以利用这些契机，给予幼儿仔细观察辨析的机会。

建议与行动：

第一次（随意）观察：

通过餐前散步初步了解王爷爷的样态，可还是有一大半幼儿分辨不出谁是王爷爷，有部分幼儿还会人云亦云地直接把胡叔叔叫成胡爷爷。所以到底该怎么称呼呢？我们通过主题探究活动帮助幼儿积累经验，养成礼貌称呼的好习惯。

教师思考：

小班幼儿的年龄特点还是以直观形象思维为主，他们会用相似的一些外观特征来定义事物，比如衣服，因为三位保安通常都是穿着同样的衣服，这也说明了小班幼儿在观察事物方面没有细致观察的能力，脑思维还没有进行主动仔细观察辨别的意识。还有当幼儿把胡叔叔叫成胡爷爷时，我们也在思考：为什么不能叫胡爷爷呢？教师不该一味地一遍又一遍否定幼儿的叫法，而是应该帮助幼儿内化明白称呼的明确涵义。

第二次（静态有序）观察：

通过图片对比观察，认知身体，细致观察，鼓励幼儿大胆地用语言正确表述，静下来从相同中找不同。

第三次（动态全面）观察：

让幼儿动起来与人交往，和三位保安分别进行对话交流，达到深入了解的目的。

幼儿："王爷爷你是老人吗？你的头发怎么不是白的呢？"

王爷爷："我染的！"

幼儿："王爷爷你为什么戴着红袖章，你是值日生吗？"

幼儿："王爷爷你天天保护我们，你是警察吗？"

第四次观察：

通过集体梳理典型特征，引导幼儿由上至下，有序观察。初步理解爷爷一般是叫"年龄比较大的人"，叔叔一般是叫"年轻人"，那怎么去分辨认识年轻人和老年人呢？内化经验，知其然还要知其所以然。

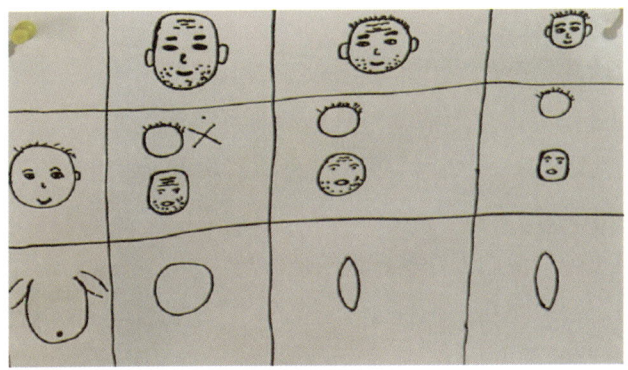

教师小结：

这个案例关注的是幼儿园的"人"，当幼儿出现人物辨别不清的情况时，除了通过照片、现场去观察，还可以引导幼儿通过视频（教师提前准备）的方式去深入了解人物所做的事情，或者进行一个持续观察，感受个体的职业对生活的影响，从而激发幼儿对各行各业的认知与尊重。活动还可以拓展到班级双胞胎或者两只小动物的仔细辨别，对动物萌生一定的关怀；还可以与家园社资源连接：幼儿在接触人的过程中也会积累一些认知，教师还可以利用区角娃娃家游戏让幼儿操作玩具扮演角色，或从过渡环节如书本图片的投放供幼儿观察细节特征从而内化。

片段二：为什么不想让哥哥姐姐带？

活动再现：

在初期混体"大带小"活动中，有些小班幼儿在面对哥哥姐姐来带他去玩的时候会表现得非常不情愿或者害怕。

教师思考：

大带小的初衷是给幼儿建立安全感，感受到哥哥姐姐的关爱，尽快适应幼儿园的混体活动。如果让"大带小"成为小班幼儿眼里的恐惧那就适得其反了。所以，要解决这个问题。

建议与行动：

一、倾听幼儿的声音，了解他们的真实想法

我们教师并没有随意地猜测与分析幼儿不愿意参加"大带小"活动的原因，而是和幼儿进行了一次谈话活动："喜不喜欢哥哥姐姐带？为什么？"

（一）喜欢的理由

1. 哥哥姐姐会带他们去好多有趣的地方玩。

2. 哥哥姐姐会照顾他。

（二）不喜欢的理由

1. 喜欢哥哥带，不喜欢姐姐带。

2. 更喜欢和自己班上的小伙伴一起玩。

3. 自己想玩滑滑梯，哥哥姐姐非要带他去玩高高的攀爬墙。

正因为小班幼儿缺乏安全感，他才会对熟悉的人产生依恋感，喜欢家人的陪伴，喜欢和好朋友一起玩耍，需要一个让他感觉安全的环境。小班幼儿已具有自我意识，但语言表达能力欠佳，造成了与哥哥姐姐沟通不畅，会产生很多的矛盾与不愉快。所以，接下来教师要从两方面进行推进。

二、与哥哥姐姐建立安全的依恋关系

（一）熟悉哥哥姐姐

1. 确定大小结对，互相拍照。

自选哥哥或姐姐，用礼貌的语言互相询问名字，记住哥哥或姐姐的外貌特征，一起合影并分享在班级群里，回家后家长可以给幼儿看照片，加深印象。

2. 教师渲染，家长渲染。

教师在班群里向家长们说明活动的意图并给予一些指导方法，共同为幼儿渲染"大带小"的积极影响。

3. 感受哥哥姐姐的关爱。

在各个班级课程活动之余，一起玩"大带小"体育游戏、结构游戏、洗手活动、种植活动、国庆节一起表演、一起做月饼过中秋……

（二）和谐地与人交往

1. 教师利用在混体时刻意捕捉到的"友爱"视频与"问题"视频，引导幼儿讨论行为的对错,感受相亲相爱的幸福感。

2. 沟通是双方的问题,不能只是对小班弟弟妹妹进行引导,还应该与结对班级教师及时沟通,一起携手解决小班幼儿和大班幼儿的交往问题。

3. 绘本介入,集体梳理与人交往的方法,比如:如何有礼貌地进行对话交流、一起解决问题,助推幼儿成为更好的自己。

教师小结:

这个案例关注的是幼儿园的事。除了混体活动、大带小活动,还可以根据班级幼儿的兴趣和问题关注其他身边的事,比如,幼儿可能会关注一些其他游戏,这些游戏非常需要先去挖掘一些适合主题探究的教育资源——解决基本的与人交往的问题;发现问题后如何给教师以及幼儿园提建议,这个过程中可以梳理如何有礼貌地清楚表达自己的想法等等。

片段三:幼儿园里有哪些令人感到危险和害怕的地方?

活动再现:

混体活动中,有的幼儿不愿意参加,经过教师了解发现其实他们是比较担心和害怕去幼儿园的角角落落玩耍,害怕一些对他们来说有挑战的混体项目。

教师思考:

刚入园的幼儿对周围的新环境存在陌生感,所以他们很缺乏安全感,而不安的情绪如果一直困扰他们,也会对心灵造成一定的负面影响。那么除了鼓励幼儿直面恐惧与不安外,还应该引导幼儿认识安全标志,学会保护自己以消除恐惧心理。认识安全标志也能帮助幼儿建立一种初步的符号意识。

建议与行动:

餐前饭后,教师带幼儿由点及面地对幼儿园的安全标志进行调查感知。

如攀爬墙是幼儿最先去探索的地方，在多次玩耍后有幼儿对旁边的安全标志产生了浓厚的兴趣。

教师推进：

一、教师作为一个师者，应该着力去引导幼儿观察标志上面的内容，根据图画进行猜测，而不是直接告知。

幼："老师，这是什么呀？"

师："上面有什么？"

幼："有一个人。"

师："什么样的人？他的头是怎么样的？"

幼："他掉下来了。"

幼："要小心一点，不要掉下来了。"

师："那旁边这个图案是什么意思？"

幼："有东西吊着，会掉下来。"

师："这些都是安全标志，提醒我们要注意安全，保护好自己。"

二、调查社会生活中的标志，认知社区家乡，从容适应社会

幼儿毕竟要从自然人成为社会人，在走向社会的时候应主动去适应社会。教师应帮助幼儿从小建立规则、安全和秩序感，要鼓励幼儿去寻找社会生活中的标志。

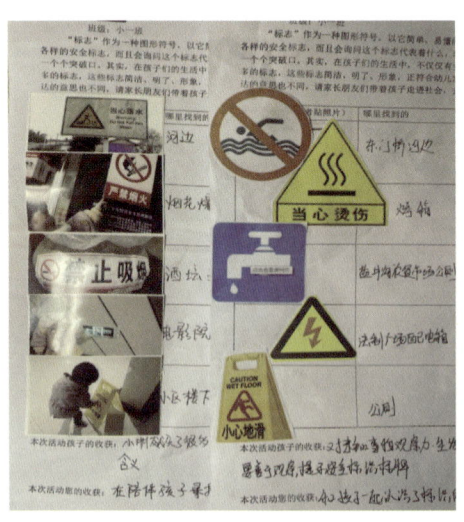

组织幼儿通过园外调查生活中的标志，梳理归类出一套比较完整的安全标志。如红绿灯，幼儿知道（红灯停）红色斜杠表示的是不能做的事情，（黄灯请注意）黄底三角形是提醒要小心什么，（绿灯可以行）绿色是告诉我们可以去做的事。将其制作成经验板贴在园内环境中，幼儿每天都可以观察认知。

三、园外经验连接园内，开始全面铺开关注园内标记

1. 统计标记。
2. 通过集体的细致观察熟悉幼儿园的设施设备。
3. 了解园内多种标记。

在家长们陪伴幼儿关注并积累安全标志的经验后，幼儿在园内的观察探索更细致了，在观察的同时还学会了思考。

教师小结：

如果幼儿对周围的标志（环境标志、安全标志、交通标志）产生兴趣，那么教师在引导幼儿与周围事物建立联系时，除了告知标志最本质的意义，还可以引导幼儿去关注身边的环境，发现问题和解决问题。比如，一起去寻找幼儿园、家里比较危险的地方，设计一些提醒标志，将保护自己、保护他人的方法内化并普及给大家。幼儿园围绕"物"的活动除了寻找标志，还有"寻找教室"，可以仔细观察教室的结构与装扮，再联系与功能室的不同；"寻找班级"，这里面有对于小中大的认识，或结合数学活动"三个物体"比较大

中小，还可以仔细观察班牌，一一对应去找，再通过画一画、贴一贴等方式，初步建立符号意识。

迁移生活中的所见所闻来动手动脑解决自己遇到的一些困难，可能有些行为比较肤浅、幼稚，但对幼儿的理智感、求知欲的发展有极大的启迪作用，是值得被肯定的。教师心中有全域发展目标才可能通过主题探究活动帮助幼儿梳理、提升、积累相关经验，促进幼儿的全面和谐发展。

2. 中班自然类探究性主题课程实施的片段案例与剖析

大自然是新奇、形象、直观、可感知的。大自然、大社会都是活教材，儿童又恰好是这自然中的一子。儿童的天性决定了，当绚丽多姿变化万千的自然形态展现在他们眼前时，能激发他们去探索与发现的欲望，在与自然的交融与浸润中，自然而然习得相关的经验以及对自然的热爱之情。

结合《指南》和自然教育探究性主题课程中班年龄段的科学探究能力核心经验来看，中班的探究主题课程处于一个承上启下的过渡阶段。具体内容应注重聚焦在持续探索活动中，让幼儿初步尝试感受生活、生命、生态这"三生观"之间的关系。我们采用分组探索，定期分享小组探索成果方式持续探索。教师追随幼儿兴趣，把握关键点，支持和促进幼儿持续深入探索研究，从而促进幼儿全面整合发展。接下来将列举在实施中班探究主题课程，聚焦一些核心经验发展点时，教师是如何抓住生长点来实施与推进课程的部分片段。

片段一：蚕宝宝从哪里来？

活动再现：

教师："你们要养蚕，那现在你们有蚕吗？"

幼儿$_1$："没有，哪里有蚕宝宝？"

幼儿$_2$："我们可以问爸爸妈妈呀。"

幼儿$_3$："我们可以买呀。"

……

教师思考：

我们十分尊重幼儿出于好奇，迫不及待地想办法将蚕宝宝"请"到班级的心情，但是教师基于经验与简单调查，发现蚕宝宝十分娇弱且敏感，需要很细心才能养活。教师也开始了价值辨析：是尊重幼儿想法，引导他们直接探索调查"蚕宝宝"可以怎么来，然后在幼儿想的办法中直接将蚕宝宝"请"到班级呢，还是结合幼儿现有关注点，引导幼儿做好养蚕的前期准备（包括蚕的生长环境、吃什么等）呢？

建议与行动：

出于对生命的尊重以及培养幼儿的责任感，教师选择根据幼儿经验，将"哪里有蚕""蚕生活在怎样的地方"等问题抛给幼儿讨论，并一起制作调查表进行家园共同调查、了解。在这一系列活动中，幼儿除了了解应怎样照顾蚕宝宝外，在细致观察、语言表达、表征记录等方面也有一定的收获。

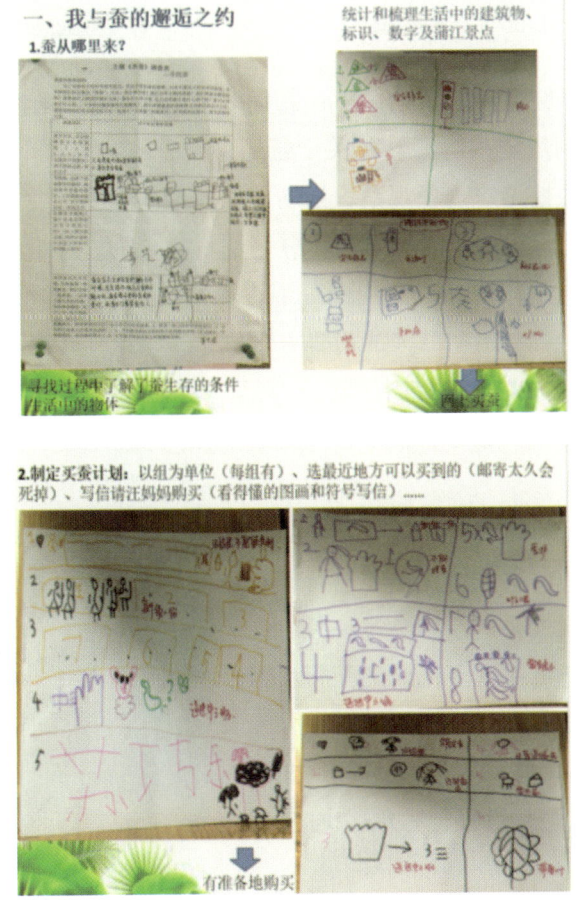

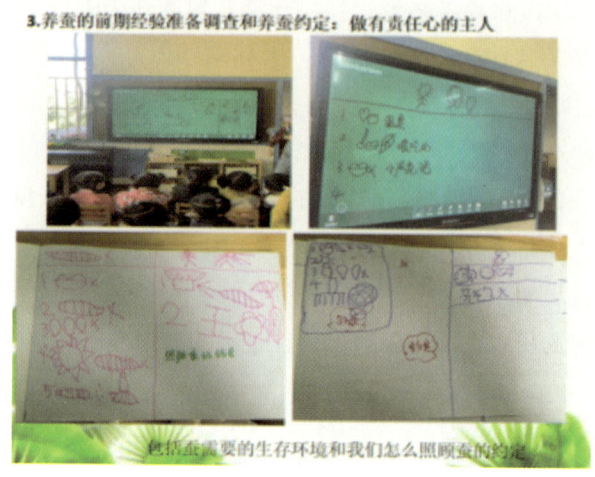

在中班的探究性主题活动中，还有很多这样的案例。比如在探索蚯蚓的活动中，我们利用图书解答幼儿关于蚯蚓是否有眼睛、耳朵等问题的方式，代替幼儿将蚯蚓挖出来现场观察；当幼儿在探究蚂蚁主题时，想要观察蚂蚁的特征，我们选择去操场现场观察，并利用百科全书、网络资源等解答幼儿的疑惑，而不是将蚂蚁抓进室内……不管探究主题的内容是动物还是植物，教师首先应该本着对生命的关注与尊重进行思考，这样才能引导幼儿关爱生命，关注自然中动植物与人的关系。

片段二：我都看不清楚你记录的是什么

活动再现：

近期，幼儿园的变色芙蓉花已经成为幼儿谈论的热议话题。我班幼儿正在进行芙蓉花怎样变色的持续观察与记录。经过一段时间的记录，我们进行了定期观察记录的汇报。但是当幼儿拿起自己的记录本时，出现了两个问题：第一，幼儿看不清楚同伴记录的是什么；第二，对于自己记录的变化过程，幼儿存在遗忘现象。

教师思考：

分组研究并不是只让每个组研究的人才知道他们研究过的内容，而是要将分组研究得出的结果与其他组幼儿进行分享，大家一起收获成长。在分享中，较完整清晰地表述和清楚地记录是关键，同时这也是发展幼儿语言表达与前书写能力的一种方式。当幼儿出现这些问题与困惑时，教师应该及时与幼儿一起梳理、讨论，丰富他们的经验。

建议与行动：

教师认真察看了每一个幼儿的记录，发现虽然大部分幼儿在清楚记录这方面经验欠缺，但是也有个别幼儿善于观察，学习了教师的一些梳理方法并呈现了出来。教师抓住契机，引导幼儿对比观察，师幼一起梳理"看不清"的问题与"清楚记录"的好方法，并及时用图画符号的形式呈现在主题墙上，使其成为幼儿回顾、运用的策略。

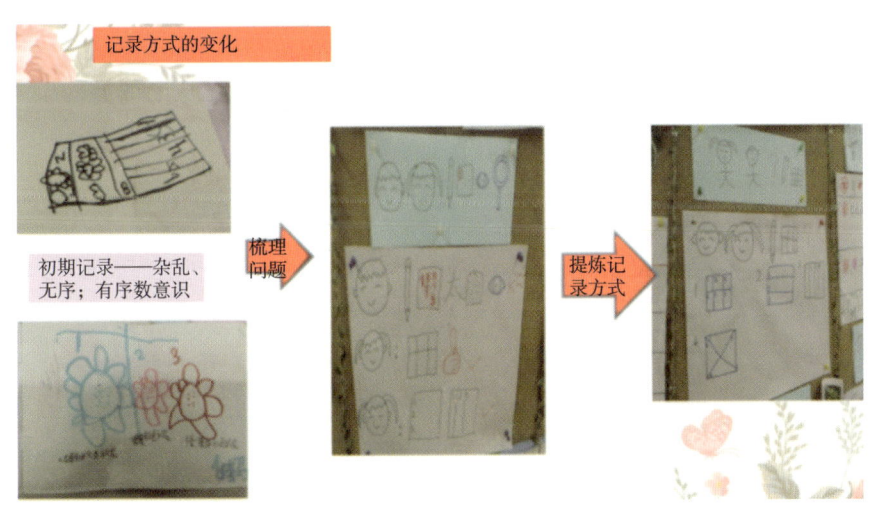

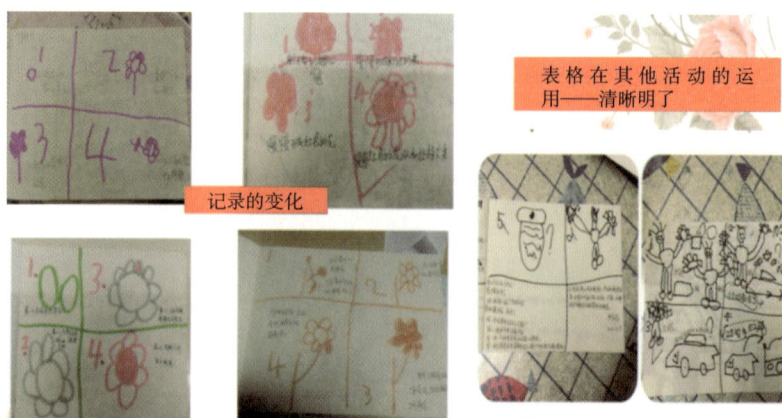

记录的变化

表格在其他活动的运用——清晰明了

使用数字与表格有顺序、有条理地记录的方式不是一成不变的,这只是幼儿经验提升的一个点而已,随着活动的开展,幼儿的思维逐渐打开,教师也和幼儿一起收集更多的记录好方法。

1.写上数字,可以表明记录的顺序(不会写数字的用上点点的方式)。

2.线条用来把每件事情隔开,但是短线条不太清楚,从上往下的长线条更清楚。

3.每件事情可以排好队,留出一点空间保持安全距离。

4.用画圈的方式把每件事情框下来。

5.用小方框把每件事情框下来。

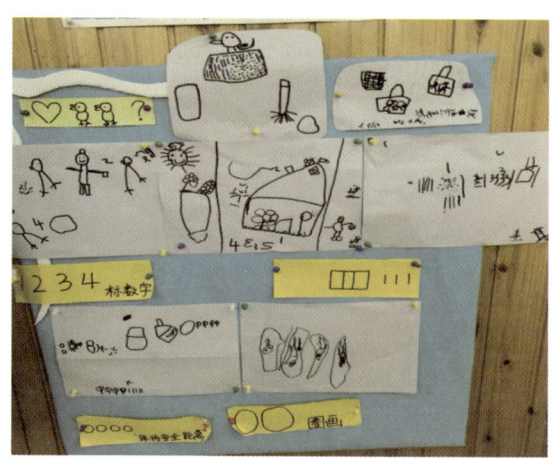

在探究性主题课程中，除了要关注幼儿在系列活动中获得相关能力的发展外，更重要的是要引导幼儿体会一种态度：探寻一个结果，需要耐心等待，需要直面问题，需要想办法解决问题。同时，我们也有更加深刻的体会，即在幼儿园的一日生活中，教师对环境的创设会直接影响幼儿经验的获得。

片段三：市场在哪里？

活动再现：

随着活动的持续开展，有幼儿提出本地的市场可以购买小鸭。

幼儿$_1$："市场在哪里呢？"

幼儿$_2$："我们要怎么去买呢？"

幼儿$_3$："我可以让爷爷带我去买。"

……

教师思考：

幼儿原生家庭的差异是幼儿经验呈现不同的根本原因。家长的教育意识直接影响幼儿的一生，所以除了重视幼儿在一日生活中的自然教育，也应该从根本上入手，引导家长转变教育观念，让家长成为"教育者"。所以让家长参与我们的活动，感受幼儿在探索主题活动中自然而然收获能力的浸润方式，看得见自己孩子成长的痕迹，从而促进家园有效配合，促进幼儿全面整体发展。

建议与行动：

我们进行了两次侧重点不同的家园互动。第一次重寻找过程，由教师指导家长，细致引导幼儿用相关符号记录寻找的路线和结果。第一次的调查结果证实了本地的"城南市场"可以购买，但是由于去"城南市场"的路线图记录不清晰，幼儿再次陷入困惑。于是师幼一起梳理清楚记录路线图的方法，统一出发地点，再进行第二次亲子调查。第二次重点在于运用方法清楚记录并进行有目的有计划的调查。持续跟进的家园互动活动，让家长看到了幼儿的发展：

1.数学领域的渗透融合，感知空间方位以及对箭头方向的认知。

2.认识并懂得遵守生活环境中的许多规则。

3.萌发热爱家乡之情，更进一步体验与家长一起调查、验证、记录的完整科学探究过程以及通过自己的努力成功到达的喜悦。

4.具有初步的记录表征能力，尝试运用箭头、标志图片等符号进行清晰记录。

家园互动：寻找卖小鸭的市场在哪里，并运用相关符号做记录。 → 集体分享调查结果：城南市场有卖小鸭。 → 问题：在哪里？怎么去呢？路线图看不懂、不清晰。

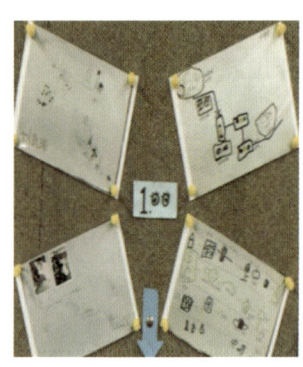

怎样记录路线更清楚？ → 问题：怎么验证路线图的准确性？我们每个人的家都不一样，从哪里出发呢？

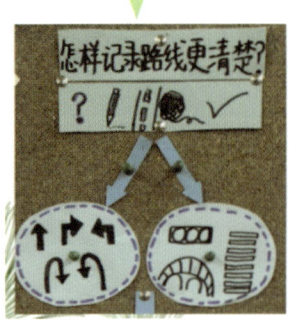

1.交通标志符号，转向箭头符号，周围标志性建筑物。
2.统一起点，有序调查。从幼儿园大门出发，方便集体共有经验的回顾、分享、验证。

第三章 自然教育探究性主题课程

第二次调查：寻找城南市场，认识美丽家乡。

所以不管是在探究主题活动中，还是其他课程中，除了要求家长配合，更重要的是让家长清楚幼儿的发展点在哪里，要让家长切实感受到幼儿因为家园的紧密配合收获了哪些新的发展点，这样幼儿的深度学习与发展才更有保障。

片段四：小鸭的羽毛变啦？

活动背景：

幼儿对刚来到的小鸡小鸭进行观察记录，在日历上记录下这个特别的日子，并进行了对比观察。随着时间的流逝，幼儿渐渐地在边观察边记录的过程中，发现了小鸡小鸭发生了一些变化。

179

活动再现：

国庆节放假结束，伟伟将假前带回家照顾的小鸡小鸭带回来了。大家一周没见，非常的期待。琪琪说："哇，小鸭长好大了。""小鸭怎么颜色变了？"元元说。芊芊说："哇，有小芝麻。"子悦说："身上长出大羽毛了。"小田说："尾巴变长了。"……大家互相议论着小鸭的变化。幼儿们将这些变化记录了下来，并结合之前的日历数了数，发现小鸭来了20多天了。

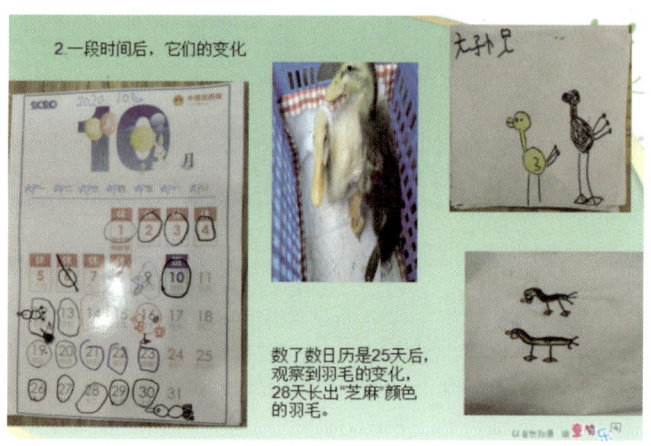

教师思考：

《指南》在科学领域目标3中，分别对4—5岁、5—6岁幼儿在关注动植物的过程中提出了不同层次的目标。对于动植物探究性主题活动，除了动物来之前做好相关的调查，做好充分的准备，尊重动植物的生命，引导幼儿主动保护与关爱动物，我们还应伴随着探究过程，了解动植物的生长变化与基本条件，引导幼儿感知和发现动植物与人的关系等。因此教师与幼儿继续跟踪观察着小鸭的变化，以及与小鸡的不同，并记录小鸭的变化过程。

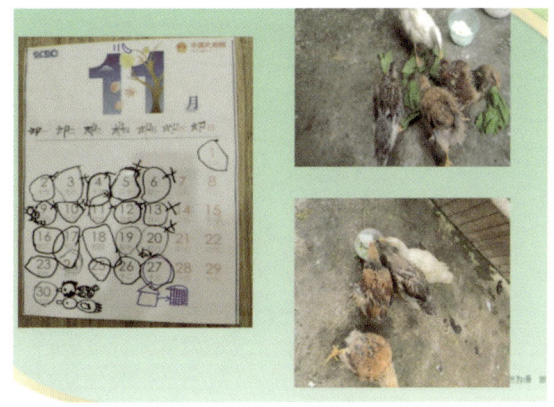
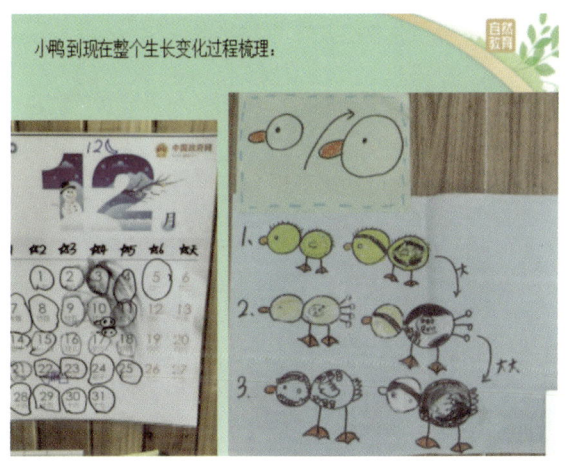

建议与行动：

不管是"小鸡小鸭"还是"小兔子""种植乐园"等动植物的探索主题活动，教师都要引导幼儿结合相关动植物的记录表征过程，对它们的生长变化进行相关的梳理，让幼儿完整地了解动植物的生长变化过程。幼儿也会在区角中对相关动植物的生长变化，进行大胆的表达表现，并记录与它们一起快乐生活的日子。

透过这样连续的观察研究与记录,我们感受到幼儿观察得越发仔细,表达表现得越发灵动,可见,课程是可以多元整合的。其实对于一些好的课程来说,能在无形中融合或整合相关领域的内容,幼儿才能真正实现身心的全面发展。小小的一个关于小鸡小鸭的对比观察,抓住了适当的教育契机,可见有些领域教学的内容是可以融入一些活动中的,这样的课程才会显得更加饱满,更加多元。但这也要求教师应具有课程的整合观,以恰到好处地融入其他课程内容。

片段五:研究个性问题

中班幼儿在探究性主题课程"花"的学习过程中,想知道很多关于花的秘密,教师带着幼儿对提出的问题进行了筛选与梳理,选择了其中较有价值

关于花的秘密

的问题进行研究。于是幼儿结合自己的兴趣点，选择想研究的问题，展开了一系列的分组研究。

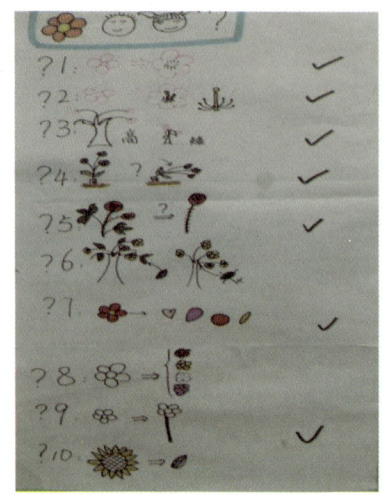

第一次梳理

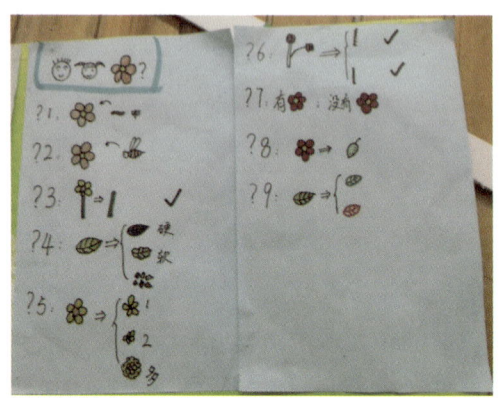

第二次梳理

经过问题筛选，师幼便展开了相关问题的分组研究。基于班级现状，教师每次会选择幼儿最想研究的其中两个问题进行分组研究。如下图就是教师与幼儿一起分组展开关于为什么有些花开得高，有些花开得矮；玫瑰花为什么有刺等相关问题的分组调查研究。

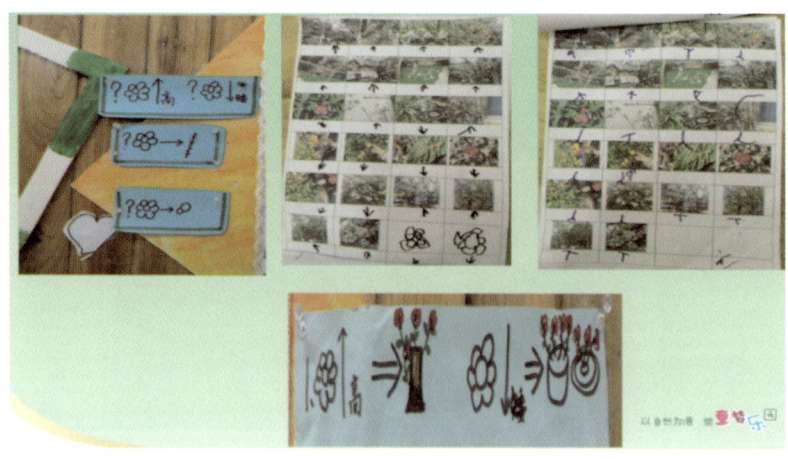

幼儿在探究玫瑰花为什么有刺的过程中，通过猜想、观察、拓展等方式进行调查询问，发现其实植物的刺与植物的自我保护息息相关，教师也借机丰富幼儿对人的自我保护相关内容的拓展。

反思：其实分组研究的收获并不是每个组参与研究的人才知道，而是通过分组研究将得出的结果与其他组幼儿进行分享，有时遇到一些问题时，还要提出来请各组共同帮忙解决等等。在尊重幼儿意愿与需求的前提下，调查的结果要在全班进行分享，如果对于他们的调查结果还存在疑问，也可以有针对性地提出。在这其中，我们也更能关注到幼儿个体的想法，同时增加了幼儿小组探究的经验，为他们进入大班进行有效的协商合作打下了坚实的基础。

我园的自然教育探究性主题课程的推进过程不是完全由教师预设的，而是随着幼儿的兴趣与发展需要而延伸拓展的。这需要教师理解并熟练掌握探究性主题课程，关于中班幼儿的核心经验和发展点，才能在幼儿发出"兴趣"信号时抓住教育契机，从而生发话题，深入探索与研究。

3. 大班自然类探究性主题课程实施的片段案例与剖析

在大班的自然教育探究性主题课程实施的过程中，结合"实施指南"可以看出，大班的主题内容更多地聚焦于有助于大班幼儿较为系统地理解生命、生活、生态这"三生观"，并以此作为探索的载体。我们要关注大班幼儿的年龄特点及核心经验发展点，给予他们经验的不断提升与发展。接下来列举的是实施大班探究性主题课程中，聚焦一些核心经验发展点时，教师是如何抓住生长点来实施与推进课程的部分片段。

片段一：如何进行有效的筛选与梳理？

活动再现：

在大班幼儿进行菌菇的探究性主题活动中，前期教师与幼儿一起确定主题内容之后，幼儿便结合自己的兴趣，提出了许多自己想要研究的问题，每个人都将问题绘画记录在自己的主题记录本上。

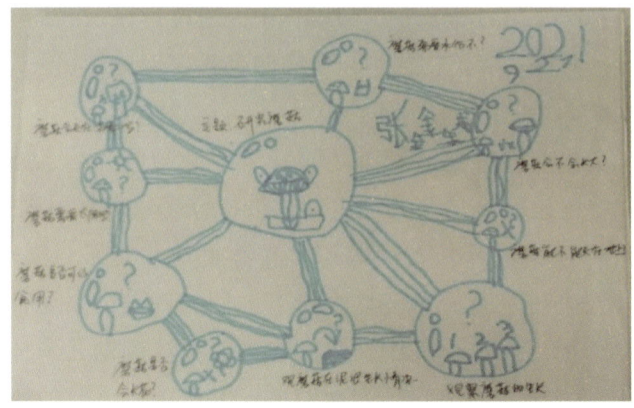

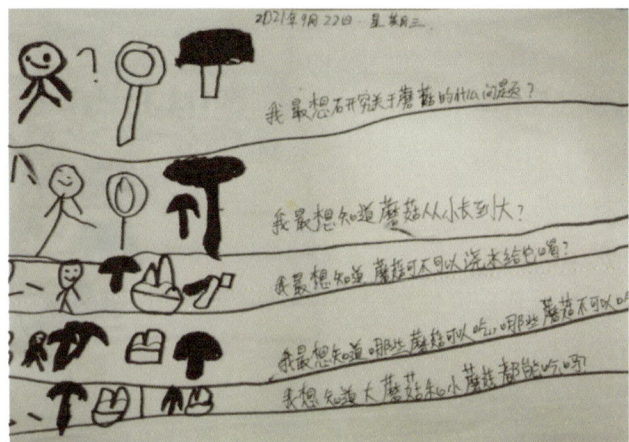

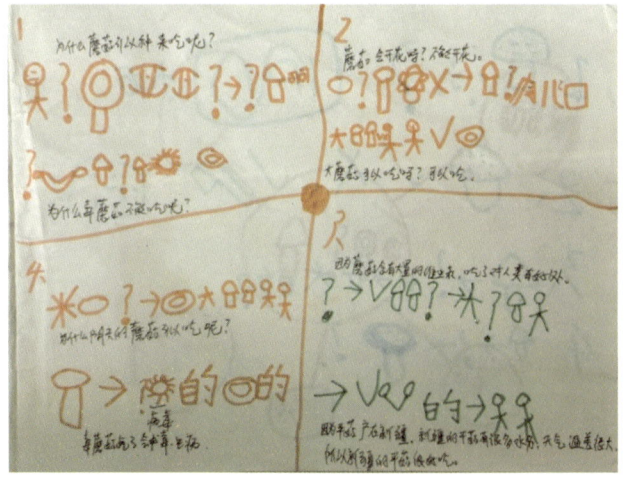

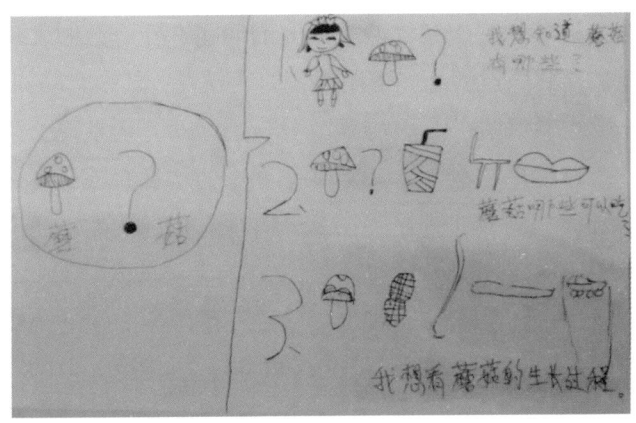

教师思考:

当面对幼儿这么多的问题时,接下来教师该怎么做呢?是追随幼儿的问题一个个进行探究还是先思考再行动呢?当然是先思考再行动。我们应聚焦大班幼儿核心经验中的"筛选"与"梳理"这一价值点,有效引导幼儿进行筛选与梳理问题。

建议与行动:

教师对幼儿提出的众多问题进行分享思考后,可以引导幼儿抓住重点进行分析。众多的问题中其实有很多类似的地方,教师可以从问题的分类入手让幼儿围绕问题的类别进行思考分析,汇总要解决的问题。

那么目前最重要的就是让幼儿明白什么叫"筛选",明白筛选是什么意思。其实这个班的幼儿在中班"花的主题"探究时,已经了解了"筛选"的初步意思,也有了教师带着他们一起筛选的经验。这一次讨论时,教师抛出问题"什么是筛选"时,有幼儿就给大家分享了一个筛豆子的故事,在简简单单的生活事件中,大家再次明白"筛选"就是用不同的方法把需要和不需要的东西分开,不需要的去掉,需要的留下来继续使用。当然对于没有这些经验的幼儿,还是需要教师再次说明以便幼儿明白什么是"筛选",在理解的基础上再来学习筛选问题,才真正有效。

于是我们和幼儿一起回顾了什么是"筛选"。在第一次尝试小组筛选时,幼儿将每组中重复的问题只留一个,这就是我们的初步筛选。教师列举了两个幼儿的问题,引导幼儿观察这两个幼儿的问题有什么共同之处,有幼儿就发现这些问题是有共同点的。如下图中,幼儿发现:其中有的问题是重复的,只能保留一个。在教师进一步引导观察分析下,幼儿还发现:第一幅图中的幼儿的记录"蘑菇哪里不能吃"和第二幅图中的"哪些蘑菇可以吃,哪些蘑菇不可以吃"等问题,其实都是关于蘑菇有没有毒的问题。还有的像"蘑菇长在哪里""是不是长在树上"同样都是说它的生长环境。于是我们便和幼儿一起了解了什么是"梳理概括",了解之后,我们再让幼儿进行分析,梳理归纳出他们每组研究的大问题是什么,最后再进行全班汇总。

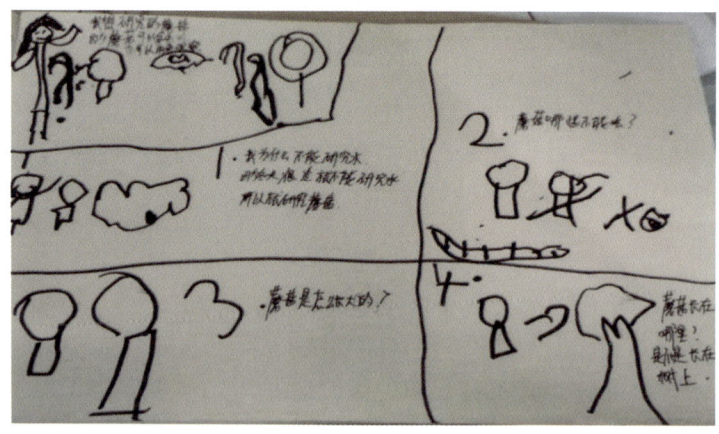

最终,幼儿汇总成了下面几点大问题。

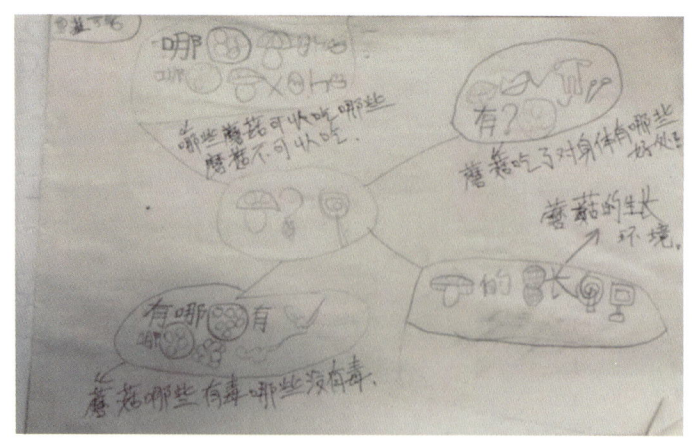

教师也将其中大问题下的小问题进行梳理分类，呈现在主题墙上，供幼儿选择自己想研究的问题，再进行分组研究。

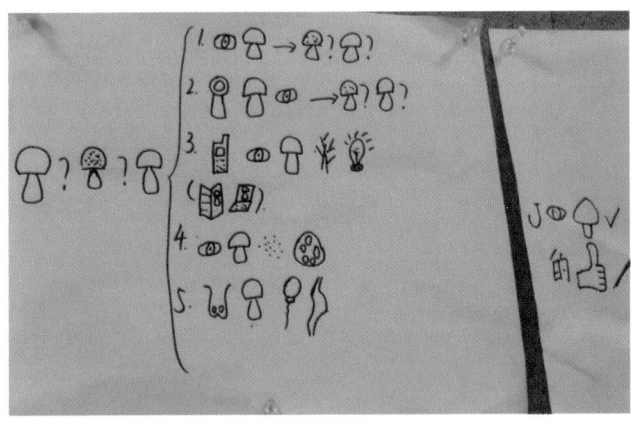

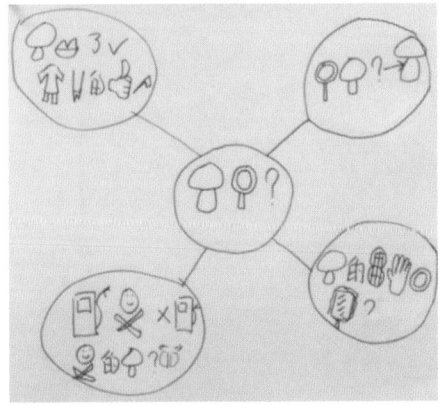

问题1：蘑菇是怎么长大的？
问题2：哪些蘑菇有毒？哪些没有？
问题3：蘑菇和我们身体的关系。
问题4：蘑菇的生长环境。

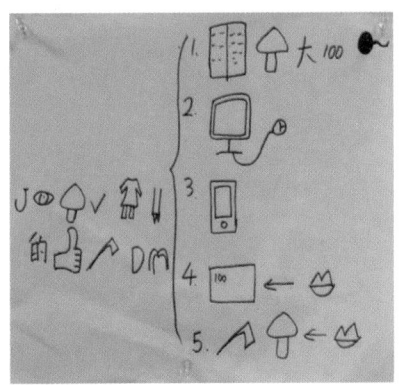

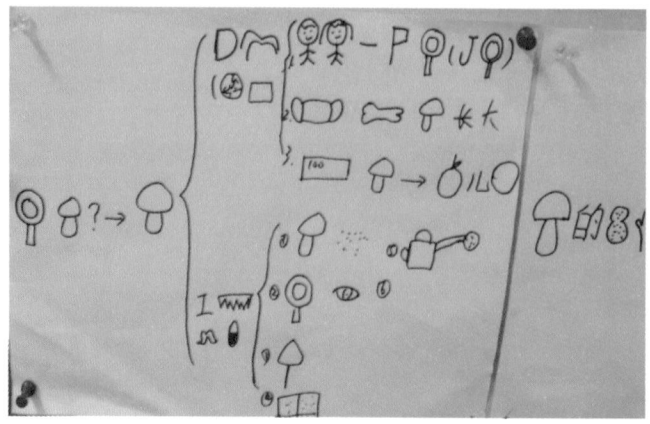

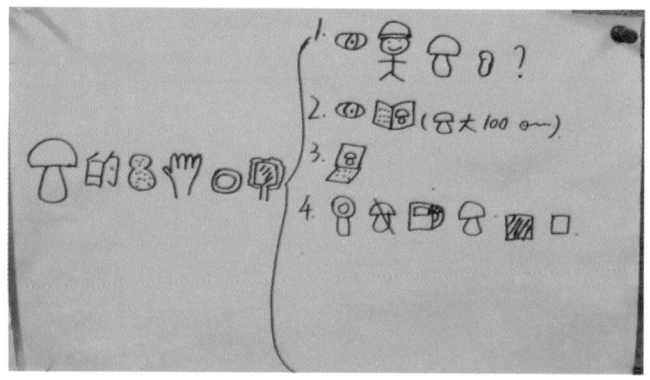

这个班的幼儿也将主题活动积累的类似的经验运用到了户外科学区,如关于在沙池中挖什么样的水渠的筛选中,右图为幼儿说出的想修的很多种水渠。

面对这么多种水渠,他们最终聚焦在水渠的功能来筛选,从中选择他们目前最需要的功能。幼儿还考虑到在沙池的大小以及人数分配等影响因素下,可以修

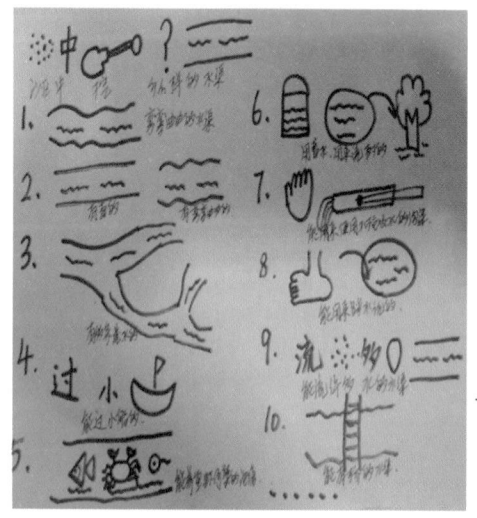

几条水渠。他们最终将水渠定为:(1)能玩的(可以给弟弟妹妹放小船与夹弹珠的)。(2)可以用来灌溉树木的。(3)可以储蓄水,方便停水时使用。有了这样的梳理归纳与筛选,幼儿就能依据自己的兴趣爱好设计小组沟渠,才有了他们四个小组后来的沟渠设计图。

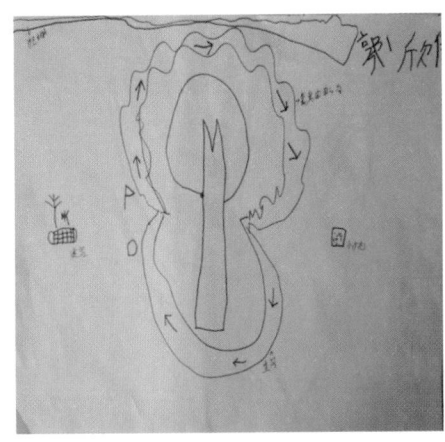

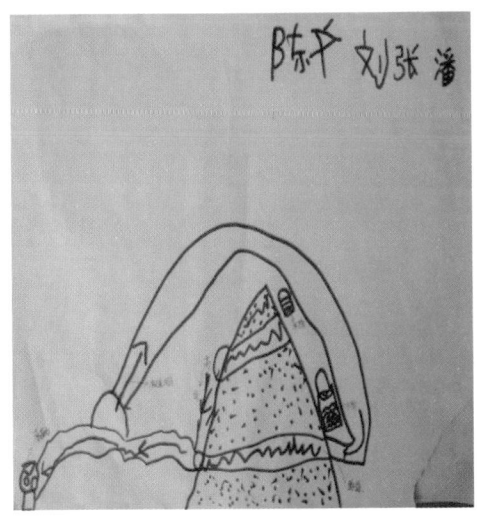

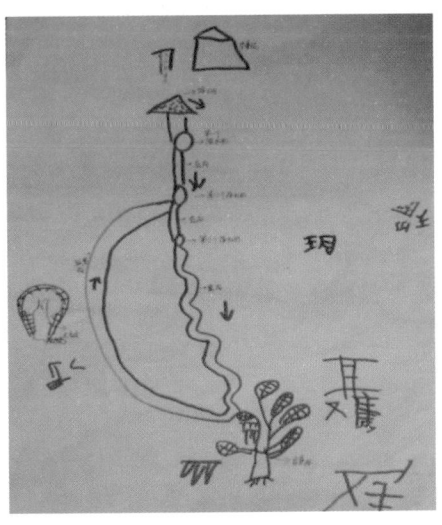

又如:下图中,幼儿将小组筛选梳理的经验运用到结构游戏设计图的筛选中,以及后来大门新年装饰布置的设计图中。

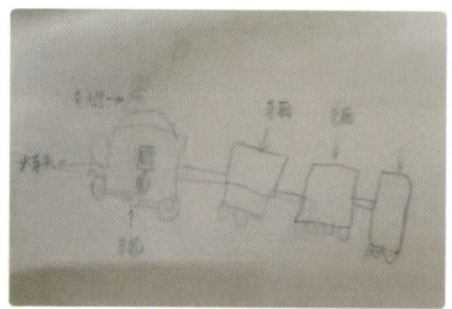

当然这个过程中也会出现很多的争吵与不服，教师则要求幼儿说清楚理由，将个人想法的亮点，最终汇总在一起进行设计。

在课程之间经验的相互交融中，幼儿的收获颇多：

（1）能多角度地分析问题，综合优缺点。

（2）减少了"一票否决"的投票和猜拳方式，让更多幼儿在小组甚至集体中有被认可的感觉。

（3）更加有利于小组之间的合作，共同朝着一个目标努力。

从上面的案例可以看出，其实筛选与梳理两者是分不开的，是有机融合在一起的，如何聚焦这样的价值点，利用什么样的方式帮助幼儿了解并明白二者的意义，是需要教师的一些教育智慧的。教无定法，不同班级的幼儿的具体情况不同，教师实施的策略也是不一样的，要根据幼儿的实际水平与经验来有效实施。大班幼儿还会面临如何有效地筛选与梳理出有价值的问题，需要将一些方法迁移运用到其中。幼儿的经验正是在这样不断运用和迁移的过程中慢慢积累习得的。

片段二：调查方式有哪些？

活动再现：

当一些问题需要幼儿进行调查解决时，教师应该给予幼儿怎样的支持？

该抓住其中哪一个生长点呢？

如一个班级的植物调查，教师与幼儿一起讨论设计调查方案。教师还是很注重幼儿的计划性，在调查之前让幼儿先做了简单的思考：该怎样调查？然后再做好行动计划。在小组汇报时，我们发现幼儿大多采用的是以前中小班梳理过的调查方法：

（1）实地大规模观察汇总；

（2）用手机查阅资料；

（3）用电脑查阅；

（4）观看电视获得（科教频道）；

（5）询问有经验的人（爸爸、妈妈、爷爷、卖苗人等），走访调查；

（6）查阅书籍。

结果如下图：

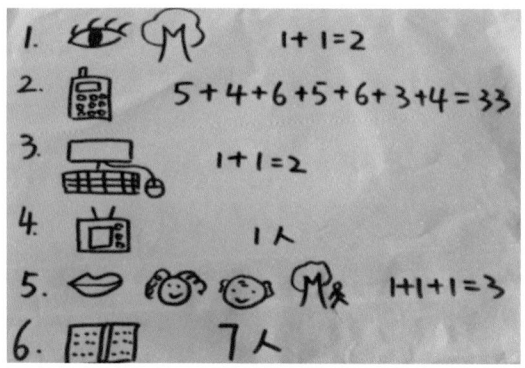

教师思考：

（1）方式虽然很多元，但经过统计发现，幼儿运用电子产品一键搜索答案的数量是最多的，这样的方式快捷简便但也会让幼儿过多地依赖它们。其实获取信息的方式多种多样不是坏事，重要的是什么方式能激发幼儿的求知欲，为后续的活动积累一定的认知经验，为思辨提供论证依据。

（2）大班幼儿为什么要多读书？阅读是直接经验嫁接到间接经验最有效的途径。查阅书籍的能力能让幼儿一生受用，而关于植物的那么多知识点是学不完的。授之以鱼不如授之以渔。幼儿应该从小学习发现问题并解决问题，这样将来当他成人的时候才能自主解决遇到的问题。

建议与行动：

在这过程中幼儿还要积累筛选图书的方法。在植物的探究主题活动中，幼儿在选择书籍的时候有一大部分是思考后根据封面内容去选择的。

幼$_1$："选择封面上有花的书，里面会告诉我们关于植物的内容。"

幼$_2$："选择有'植物'字的书。"

幼$_3$："选择与植物有关的'花''草''树'的书。"

幼$_4$："选择有植物图画或汉字的书。"

幼$_5$："菌类也是植物，树也是植物，菌类的书也是植物的书。"

看封面选择书籍是查阅资料的第一步，第二步还应该翻翻书的内容，眼见为实。当然也有部分幼儿不知道该如何找资料，有了同伴们的经验分享后，他们也会自己调整查找方式，找寻资料了。

教师需要和幼儿一起分析：这些问题适合什么样的研究方式，这样才更加有针对性，也能让幼儿明白问题调查的适应性。这样才能再次巩固筛选梳理的方法，帮助幼儿实现经验的再迁移与新运用。以下为树主题活动中教师带着幼儿一起辨析问题研究的方式方法梳理。

个别孩子关注到：

1. 佛手瓜的杆生长得很高，杆是藤，它是树吗？（多种调查方式的运用）

2. 为什么有的树到冬天会光秃秃的？有的树没有？（深度观察、调查与分析）

3. 有的树为什么被截枝了？（询问、走访调查）

4. 树的树叶都是由绿变黄的吗？为什么有的树冬天了树叶也没见黄呢？（连续的观察、调查、验证）

集体的共性问题：

1. 把桫椤树和蒲葵树放在一起认识。（细致地观察）

2. 一些光秃秃又不知道名字的树怎么办？（实证调查）

3. 为什么有的树会开花结果，有的却没有？（实际观察、记录）

教师思考：

这样的辨析与梳理能让幼儿学会做事情之前要思考，有计划，要抓住其中的重点来进行有条理的问题调查，也引导幼儿注意调查的针对性，用合适的方式调查问题，实现事半功倍的效果。

片段三：要不要赶走小鸟呢？

活动再现：

在大班开展关于花的探究活动中，幼儿关注到了枇杷树上的果子被鸟吃了。有的幼儿想到给果子套上果袋不让小鸟吃，有的想到绑上稻草人把小鸟赶走。在针对到底该不该把小鸟赶走这一问题时，幼儿发生了强烈的争执，产生了很大的分歧。有的说："需要做稻草人赶走小鸟。""或者每天派人在这儿看护赶走小鸟。"有人反对说："不行，小鸟好可怜，路过这儿，肯定是很饿才来吃的。"也有的说："小鸟一会儿啄这个，一会儿啄那个，把枇杷全部啄坏掉，全掉在地上，还是很可惜。""是的，浪费了很多果子。"有人说："是的，果子也被浪费掉了，但是小鸟好像就是这样的。""有时树生病，小鸟还能救助它。"有人反对说："那我们就没有果子吃了。"也有人说："小鸟这样是不好，要不我们把没有黄的包上，黄的包一些。留下部分黄的给小鸟吃。"又有人提出质疑："如果不够它们吃怎么办？""多留一些呀。""留多少呢？""就留全部的黄色的吧。"这时有幼儿提议："如果它们不够，我们还可以带一些鸟饲料来，它们没有吃的可以吃饲料，就不会吃我们的果子了。"……

教师思考：

面对幼儿的这些问题，教师该如何引导？这还是取决于教师思维的高度，教师想通过这样的事件给予幼儿怎样的启发与引导，想给予幼儿什么样的价值观。有这样的思考才能更好地实施。

建议与行动：

我们教师选择了让幼儿制作鸟窝，放鸟饲料。最后幼儿将没有黄的枇杷包起来，将黄的留给小鸟，幼儿在放置鸟窝的时候也特别开心。可见教师是站在高位思考这一问题的，她想通过这样的举动唤起幼儿那颗真善美的心，也让我们的幼儿关注人与自然、动物与自然与生活之间的关系。小小的举动，再次唤起幼儿对鸟儿的爱护之情。

再如在关于昆虫的探究性主题活动中，幼儿想近距离、长时间仔细地观察昆虫时，就会出现到底该不该把昆虫捉来放在教室里观察的问题。其实不管是捉或不捉，教师引导幼儿进行价值辨析的时候，都应该从关注与爱护动物的一种真善美的情感态度价值观出发。后来，在教师的引导下幼儿发现，其实大家可以寻找一些干了的昆虫的壳或者死掉的一些昆虫进行观察。不论是否用昆虫标本进行观察，教师最后的落脚点都应该是，作为社会的人，一定要具有朴实的价值观，更多地让幼儿去关注真善美，了解我们人与自然、社会的和谐共融的关系。

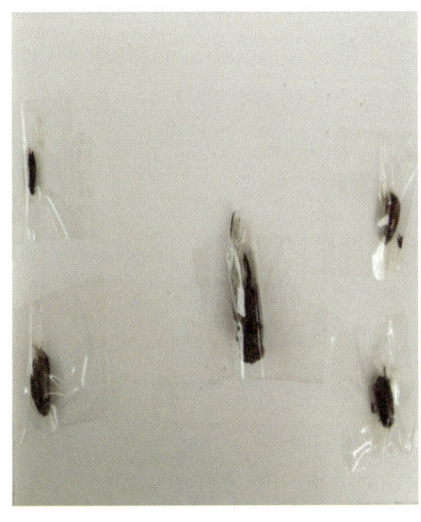

对于生命科学类探索活动，教师要明白，给予幼儿对于自然的敬畏之情是必须要有的，对于生命的敬畏与尊重应是自然教育之本。"三生"即生命、生态、生活的关系，是必须关注的。当遇到类似的问题时，我们内心的出发点应是一样的，只是保护自然的方式方法不同。让幼儿学会对于生命的尊重，对自然产生敬畏与感恩，知道人们的生活与自然、生态等的关系，学会关爱自然，珍惜生命，从小播下"爱"与"感恩"的种子。

综上，在大班幼儿的自然类探究性主题课程活动中，教师心中要始终装有大班幼儿发展的核心点，唯此，课程在实施过程中才能有张有弛，教师才能给予幼儿更好的支持，促进他们不断向前发展。

（二）生活类探究性主题课程各年龄段实施的片段案例与剖析
1. 小班生活类探究性主题课程实施的案例片段与剖析

片段一：我的情绪小怪兽

活动再现：

晨间入园，二柱将书包放下后，埋下头缓慢地走向教师。班级教师见平时情绪愉悦的二柱，今日有些反常，主动走上前与二柱打招呼："早上好，二柱。"二柱没有回应，继续埋下头。"今天怎么了？从你的表情看，感觉你有点不开心是吗？"教师抚摸着二柱的头，蹲下来问。"老师，我做噩梦了。"二柱小声说道。"那你是不是有点害怕呀？"站在旁边的梓俞摸着二柱的手臂问，"妈妈给我讲过，做噩梦就会出现黑色的情绪小怪兽。""我也看过情绪小怪兽的书。"二柱一下来了精神，与同伴边交流边开始洗手……第二天，二柱将家里《我的情绪小怪兽》这本书带来了，请教师给其他小朋友一起分享。

教师思考：

近年来，社会、学校与家庭都对心理健康愈加重视。我国专家学者王登峰等将"能协调与控制情绪，心境良好"列为心理健康的标准之一。可见，心理健康与情绪管理紧密相关。《指南》健康领域也提出教育建议：帮助幼儿学会恰当地表达和调控情绪。幼儿阶段是儿童形成安全感和乐观态度的重要阶段，愉快的情绪也是其他领域学习与发展的基础之一。从小引导幼儿识别和调控情绪，有助于幼儿保持稳定愉快的情绪，形成积极乐观的人生态度，从而为其终身发展打下坚实的基础。有研究表明，学会管理情绪，需要经过三部曲：认识情绪——转换情绪——调节情绪。所以认识情绪是小班幼儿学会管理情绪的基础。

对小班幼儿来说，"安全感"的建立是同伴拉近彼此关系的起点，而创设自由宽松温馨的环境是幼儿"安全感"建立的第一步。小班幼儿情绪多变，有的还有"分离焦虑"，入园时总要哭一会儿；有的会突然开心地在地上打滚；有的前一秒还在哈哈大笑，后一秒便放声大哭。这样的变化有时真的会让周围的人感到无奈。因此针对幼儿的情况与兴趣，我们决定在生活主题活动中融入情绪管理——"我的情绪小怪兽"。

建议与行动：

首先，师幼共读《我的情绪小怪兽》这本书，引起班级幼儿关注，并将这本书投入班级阅读柜，供幼儿随时自由阅读。

其次，将情绪表达与班级签到墙结合，创设自愿表达的环境。如右图，幼儿晨间签到时，可以选择代表自己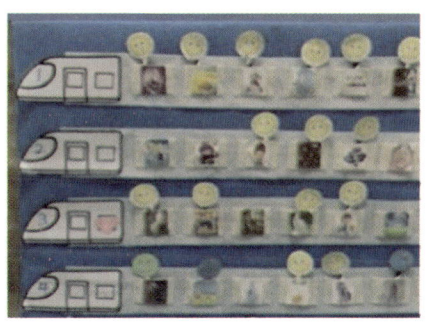心情的"情绪卡"插入自己的符号袋子里，这不仅能让幼儿有空间表达自己的情绪，同时便于教师关注每一天每个幼儿的情绪，更好地关注个体。

最后，引导幼儿说出自己的情绪，师幼共同给出管理情绪的好办法，帮助幼儿学会管理情绪，让幼儿更好地感受到周围世界的美好、与人交往的乐趣，这些对幼儿身心健康极其重要。

片段二：新冠病毒来了怎么办？

活动再现：

餐后散步时间，教师听到幼儿这样的谈话：

"周末妈妈本来要带我去看病，我们都不敢去了。"星星说。

"不能去成都，有病毒。"彤彤说。

"病毒来了，我们要戴口罩。"轩轩说。

……

教师思考：

疫情确实影响到了幼儿的生活，比如放学方式的调整，周末活动范围的突变、晨间入园的变化等等。那对于小班的幼儿来说，他们能在疫情突发时学会什么，该怎样面对疫情呢？教师应该怎样正确引导幼儿呢？在困难面前，坦然面对，想办法克服困难是幼儿面对未来必不可少的一种能力和素养。作为教师，我们可以根据幼儿的生活经验和兴趣，抓住教育契机，形成主题讨论，帮助幼儿整理情绪，用正确的方法面对疫情，共同抗疫。

建议与行动：

第一，正面面对疫情，给幼儿表达情绪的时间和空间。这次虽然不是幼儿第一次听说疫情，但却是第一次离疫情这么近，整个幼儿园以及全县的防控措施都比之前更严格，而幼儿在日常生活以及幼儿园中都能感受到，所以我们不能回避，应该引导幼儿坦然面对。借着活动故事分享的契机，我们提供纸笔，鼓励幼儿将自己的情绪画出来，并联动家长，倾听幼儿的情绪并记录。

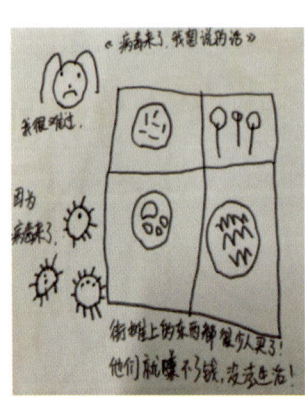  

第二，师幼共同梳理"抗疫"小方法。了解幼儿的情绪记录后，我们发现更多幼儿是处于担心、害怕的情绪中。面对这样的情况，教师应该有所分析。不管是幼儿还是成人，疫情的不稳定性都会激发我们本能的害怕与担心，但是我们对疫情并非一无所知，教师应该用幼儿能听懂的语言与方式，引导幼儿正确面对疫情。如我们一起讨论"新冠病毒来了怎么办",并将"自我保护的方法"用图画的方式呈现出来,让幼儿"有知所措"。其中方法之一是"不去人多"的地方。这样的话语一定与成人的提醒、教导有关,但并不是所有幼儿都能理解,所以根据幼儿的经验,师幼应共同梳理"哪些地方人很多",让幼儿清楚明白地面对疫情并行动起来。

生活类探究性主题课程活动,来源于幼儿的兴趣与关注点,幼儿的话题讨论常常会产生有潜在教育价值的问题情境,从中可以触摸到幼儿内心急切的探究愿望。教师需要思考的是从哪些方面入手去支持幼儿展开探究学习,帮助幼儿获得自己想要的答案,同时在讨论与探索过程中获得领域经验的发展。

2. 中班生活类探究性主题课程实施的案例片段与剖析

片段一:为什么男生站着解便呢?

活动再现:

幼儿正在盥洗室有序入厕解便,这时果果过来告诉我说:"老师,伟伟是蹲着解便的。他不是女生怎么蹲着解便呢?"周围的幼儿听了哈哈大笑起来。伟伟不好意思地说:"老师,我看男生解便那儿很多人,所以就到女生这儿来解便了。"嘉嘉说:"男生应该站着解便,不应该蹲下来。"伟伟说:"为什么男生一定要站着解便呢?蹲下来也可以。"嘉嘉说:"反正男生就是要站着,不能蹲着,女生才是的。"果果说:"男生解便的设计就和女生的不一样,所以你不能在我们这儿解便,只能在男生那边解便。"伟伟说:"我是来不及了才在你们女生这儿上的。"说完伟伟离开了。这时,小田说:"其实男生也可以在我们女生这儿站着解便的。"果果说:"不行,男生只能用男生的,女生只能用女生的。"说完果果走出了盥洗室。

随后的日子里,又接连发生一些事情,有女生告状说:"老师,我们在解便的时候,男生有时偷看我们。"也有男生告状说:"老师,有人在解便时摸我的小鸡鸡。""我们在解便时,女生也偷看我们。""有的男生学着我们梳头。"也有女生问我:"老师,为什么女生可以留长发,男生不行呢?""为什么女生能穿裙子,我们不行呢?"来自男生的询问。

教师思考:

中班幼儿对于自我的认识开始渐渐萌芽,有了初步的男女生辨别。但是对于身体的正确认识、如何更好地保护自己的身体部位、哪些隐私部位是不能随便给人摸和看的等等问题,需要教师给予幼儿科学的性教育,给予他们正确的引导,而不是回避。要让幼儿获取一些正确认识自己及他人的身体结构的常识,并树立自我保护身体的安全意识。

建议与行动:

教师先给幼儿投放一些关于自己身体认识的绘本,创设让幼儿初步了解并认识自己的身体的结构以及男女生之间的区别的环境。

当然教师也可以选择与幼儿进行相关话题的谈论。之所以选择投放绘本,一来是想更多地看看听听幼儿会继续谈论一些什么问题。(其实在这过程中,幼儿在绘本阅读的过程中,真的又发出了一些疑问:我们是从哪里来的?妈妈的肚子里能装下这么大的一个我吗?为什么这些部位不能给人看?)二来是想有了绘本的铺垫,能为我们后续的跟进做好相关的准备,奠定一些前期的经验基础。

在后续的活动中,教师还有效地利用家长资源,将班中的医生家长请到幼儿园中,用科学的观点及视角向幼儿讲解了身体的一些结构组织以及哪些部位非常重要,在运动时或日常生活中,需要进行怎样的保护。哪些部位是隐私部位,不能给人看。借助视频及现场讲解的方式,让幼儿有了相关的了解。

后续基于幼儿的一些问题,师幼通过共读绘本《小威向前冲》,了解宝宝是怎么来的。幼儿从中感受到了妈妈的不容易，还请了班级的孕妇妈妈到现场来（见下图），幼儿进行直观的感受与观察，感受到妈妈怀自己的艰辛，学会去感恩父母，爱自己的家人。

 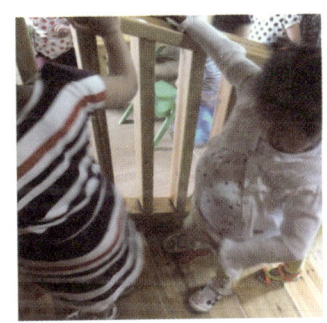

片段二：我的眼睛怎么和你的不一样？

活动再现：

了解到自己是从哪里来的，幼儿的注意力开始转移，在日常生活中常常会听到幼儿相互评价：你的头发好长啊。小熹的裙子好漂亮啊……幼儿已经开始关注同伴的特别之处。于是我们开展了观察讨论活动：不一样的我。

幼儿拿着小镜子看看自己的脸，又看看同伴的脸，有的小朋友在不好意思地笑，幼儿都在快乐地与朋友分享着自己的发现。小僖说："老师，我和徐静姝的眼睛不一样，我的眼睛大，她的眼睛好小啊。"徐静姝反驳："我是单眼皮。"有几个幼儿迷茫地看着徐静姝，张芃越天真地说："什么是单眼皮？"小僖站起来大声说："单眼皮就是眼睛很小，很小，双眼皮就是大眼睛，而且眼睛上面还有一条线。"话音刚落，幼儿都拿起小镜子，仔细观察自己的眼睛，又看看同伴的眼睛。"老师，你看我是双眼皮，桐桐是不是双眼皮？""老师，你看看我是不是单眼皮，陶芷怡说我是双眼皮。""你看嘛，你就是单眼皮，你的眼睛上面没有线。""我们5个都是双眼皮，他们两个是单眼皮。"幼儿互相走动观察着，不停地观察着周围的人，有的开始数着班上有几个幼儿是单眼皮……

教师思考：

幼儿在前期对于自己的身体有了相关的了解后，开始关注到自己与同伴的细微差异，观察的角度也在由大范围的观察转向细微之处的观察，在小班观察的基础上，中班幼儿的观察能力也有了明显变化，出现了对比观察。他们也自然有了对班级单眼皮与双眼皮的人数的统计。对于中班幼儿来说，是否可以借此引导幼儿进行简单的统计呢？但班级的人数对于幼儿来说，是相当困难的，他们数不清，需要教师的介入与支持，帮助幼儿积累一些统计及数数的方法。

建议与行动：

于是，教师组织幼儿进行讨论："你们数清楚班级有多少人是双眼皮了吗？有多少人是单眼皮呢？"熙熙说："说不清，太多人了。"天天说："他们走来走去，我也数不清。"小僖说："是的，这太难了。"……教师说："那我们先玩一玩双眼皮与单眼皮分类的游戏吧？你们觉得该怎么分？"桐桐说："双眼皮在一边，单眼皮在另一边。"小元说："可以像平时玩游戏一样，单眼皮的站起来，双眼皮的坐下。"教师说："那在分之前，我们首先要知道自己是双眼皮还是单眼皮。怎么才能知道呢？"笑笑说："照镜子。"我说："怎么辨别哪种是双眼皮，哪种是单眼皮呢？"海海说："有线的是双眼皮，没线的是单眼皮。"说着还指着自己的眼睛，"我的是双眼皮，我有线。"为了让幼儿观察辨别认知哪一种是单眼皮，哪一种是双眼皮，我们将两种眼皮的两个幼儿请上来，让幼儿进行仔细对比。

对比了解后，幼儿纷纷你看看我的，我看看你的，告诉对方是单眼皮还是双眼皮，他们开始分成两个队，准备数。这时，教师提出了一些建议：先分开来数，先单眼皮的数双眼皮的，再轮着双眼皮的数单眼皮的。不过还是出现了问题：有的数的是 16 个双眼皮，有的数的是 10 个双眼皮，有的数的是 20 个双眼皮。怎么会出现不一样的答案呢？有的幼儿发现自己没有数自己，有的发现人太多，数着数着就数混了……该怎么办呢？幼儿有的说："需要数一个坐下一个。"有的说："需要排好队数。"有的说："排好队还不能动。""是的，动了我们就数不清。"于是教师组织幼儿们进行排队，他们便开始再次数人数并统计，在这其中教师也看到幼儿数数能力的差异性，有的幼儿对于 20 以内的数，能连贯地数，而有的幼儿数 10 以内的还行，20 以内的就乱了，会出现数不清、漏数、多数等现象。这就让我们更好地关注到了幼儿数学数数方面的问题，可以给予家长反馈以便一对一地进行指导，教师也能在其他课程中不断地加强并关注这一方面的问题，给予幼儿支持，促进其更好地发展。

片段三：为什么要放椅子？

活动再现：

幼儿在日常餐饮时，常会发生餐具翻倒汤水洒落的情况。如果是水或者牛奶洒在桌子上，幼儿会去应急角拿毛巾把桌子擦干净；如果水和牛奶洒在地上，他们会拿小拖把自己拖干净；如果是饭菜撒在地上，教师会指导他们先用扫把扫了之后再用拖把处理。但我们观察到，在取用工具处理地上的饭菜时，常会有幼儿不注意撒在地上的饭菜而踩在上面，容易滑到，存在安全隐患。但通常这个问题教师只是提醒就算了，没有去思考过它存在着什么价值。直到有一天，妞妞到李老师那里去端饭，回自己位置的时候，饭没端稳以至于倒在地上，正好其他几个幼儿路过都纷纷踩到，我就赶紧去拿扫把，出来时看到有一把椅子放在那里，我就问："为什么要放一把椅子在那儿呢？"李老师说："为了避免孩子们踩到。"

我又接着追问："为什么呢？"

她说："他们会绕过障碍物，这样就不用一直提醒，他们会自己保护好自己的。"

教师思考：

问题是一直存在的，每次在处理的过程中其他幼儿都是不管不顾的，以至于经常踩到地上的饭菜，而这次李老师放了椅子后，幼儿看到竟会有意识地避开，充分说明这个障碍物起到了作用，但李老师虽有意识地让幼儿在没有教师提醒的情况下自主绕行,却不够深入,所以更需要旁观者(保教结合的体现)进行深入的思考,发现其中的教育价值。

其实李老师是相信幼儿的,愿意退位,用环境去引导幼儿自我发展。在李老师有价值的思考和行动中,合作教师也顺势利用此事开展了话题讨论,于是拍了照片,组织幼儿一起分享讨论。

"为什么李老师要放一把椅子在那儿?"

幼儿:"为了不让我们踩到饭。"

"除了椅子还可以用什么来提醒?"

1. 一个像街上的挡路的隔离板子。

2. 一个像街上放着的锥形筒。

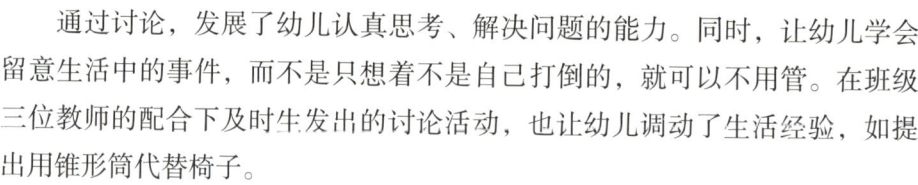

通过讨论,发展了幼儿认真思考、解决问题的能力。同时,让幼儿学会留意生活中的事件,而不是只想着不是自己打倒的,就可以不用管。在班级三位教师的配合下及时生发出的讨论活动,也让幼儿调动了生活经验,如提出用锥形筒代替椅子。

建议与行动:

接下来教师结合锥形筒在日常生活中的使用情况,让幼儿进行初步的了解。

后来我们也联系家长，请家长结合生活实际，带幼儿到道路上看看并说说锥形筒起到的作用。

结合家园观察，我们又再一次组织引导幼儿更加深入地认识锥形筒，与幼儿展开关于锥形筒的讨论：

1. 为什么它要叫锥形筒？（感知圆锥体）幼儿对锥形筒结构进行了解。在生活中圆锥体是很少接触到的，包括在结构游戏里认识各种各样的图形时，也没有圆锥体的积木，刚好可以通过在班上设置锥形筒来感知圆锥体。这个新的形状引起了幼儿们的好奇心，所以在向幼儿介绍时，要让幼儿先观察它的形状（上面尖尖的，下面圆圆的），以此来认识圆锥体。

2. 它为什么是这个颜色？

在感知锥形筒结构形状的同时，也要观察到它的颜色，从而了解到锥形筒采用的是鲜艳并带有荧光的颜色。那为什么会用这样的颜色呢？用鲜艳的颜色是便于大家能够远距离观察到，前方可能会有障碍，提前做好准备。

认识到锥形筒后，幼儿就对它非常感兴趣。于是，教师就趁热打铁与幼儿讨论什么时候能够用到锥形筒。幼儿说：打倒饭、打倒水和牛奶的时候，还有平时餐前我们到外面坐，经常有小朋友坐很远，排太长了，会挡道（路过的三轮车骑到沙地里去了），后来幼儿想到可以将锥形筒用起来。他们为送货的拖车留了很宽的位置，留了足够多的位置后，再将锥形筒放在每一排的旁边，这样提醒坐每排最后面的朋友不能超过锥形筒，他们后来称这个为"安全距离"。这既是幼儿自我保护意识的形成，也增强了幼儿在生活中解决问题的自主性，在外面坐的时候也不会挡道给别人带来麻烦。自此以后锥形筒就放在教室外面，成为我们教育环境的一角。

在随后的活动中，再遇到小朋友的水洒了，牛奶倒洒了，幼儿都会自觉地将锥形筒放在旁边，提醒其他幼儿。

课程来源于生活，生活离不开教育，同时课程的实施也需要幼儿的生活经验。教师将锥形筒与椅子相结合，联动家长带领幼儿了解生活中锥形筒的作用，丰富幼儿的生活经验，让幼儿更自主、更有深度地解决问题，并让幼儿深入观察生活中的事物与我们的关系，并延伸出话题：除了在教室里倾洒了牛奶饭菜时可以用，还可以在李老师消毒时、用完餐之后用；坐在教室后面听小

朋友讲故事、等待教师打扫教室时用；还可以在武老师、周老师上完体育课收器材时，用锥形筒定出界限，防止器材给别人带来不便。教师的一系列问

题引导给予幼儿深入学习和探究的机会，幼儿在这样的活动中不仅收获到了好的进餐习惯，分析、解决问题的能力也在不断提升中，保教的积极配合，让幼儿不断地成长起来。

当然，生活类探究性主题课程活动还有很多，受篇幅限制无法一一列举。在课程开展过程中，教师的思考是相当重要的。面对幼儿出现问题时，如何更加有效地给予幼儿支持与引导，还是需要教师关注各年龄阶段幼儿的发展目标，这样才能做到心中有数，给予幼儿更好的支持与帮助，促进他们不断地成长与提升，积累相关的经验。

3. 大班生活类探究主题课程实施的案例片段与剖析

片段一：捡到的物品怎么办？

活动再现：

在幼儿园的混体活动中，有一段时间我们班的幼儿经常会捡到一些掉落的汗巾，并且班上也经常有幼儿的汗巾在活动中遗失，甚至有的幼儿因为混体结束忘记取走自己的衣服导致衣物丢失。针对这一问题，在混体小结时教师引导幼儿提出了不同的方法，有幼儿提出想要在科学区活动中给这些掉落的东西做一个家，让掉落物品的主人能及时寻找到自己的物品。对于幼儿确定要给物品打造一个家，教师提出了这样一个疑问："这个家是什么样的呢？"带着这样的疑问，幼儿们开始发挥自己的想象力绘制设计图。

教师思考：

经过中班结构、角色、主题等活动，大班幼儿会用图画表达自己的想法与设计，会和朋友一起协商解决问题。因此，对于大班的幼儿来说还要学会结合出现的问题及时进行反思并做出相应的调整，提升自己思辨的能力。因此借助为丢失的物品打造一个家为载体，教师力求培养幼儿发现问题、反思调整、与人协商、接纳妥协、语言表达、记录表征、批判思维等能力与品质。

建议与行动：

一、设计图制作——位置分析，最终确定

（一）让幼儿带着问题走进幼儿园

让幼儿观察园中的环境，对环境与混体活动以及班级幼儿活动范围和行进路线等进行分析，表达自己的想法，思考他人的建议是否适宜。

幼₁："可以放在操场上。"——"操场下雨了会打湿。"

幼₂："可以放在芭蕉林,有叶子可以挡雨。"——"太远了,小朋友们平时也不会去呀。"

幼₃："可以放在办公室旁边。"——"有小朋友不走那里,看不见。"

幼₄："可以放在跳绳那里,小朋友都要经过。"——"下雨也会打湿。"

幼₅："可以放在大门那里,不会被打湿。"

……

从刚开始随心所欲地回答到教师参与讨论后再渐渐退出,幼儿慢慢开始结合幼儿园中的人事物进行分析,对朋友的回答提出质疑,考虑不同因素后再提出自己的想法。

(二)绘制幼儿园地图

通过绘制地图,让幼儿对幼儿园不同地方的分布有更好的感知,对空间方位进一步加深了解,也促进表征能力经验的进一步丰富。

(三)结合绘制的地图利用晨间拼插玩具呈现幼儿园

在制作的幼儿园模型中细化对位置、环境、关系的分析,从而确定最终的位置——大门旁边走廊:这是每天小朋友们的必经之处,遮风挡雨且方便家长辨认。

再次绘制设计图,幼儿结合位置、环境考虑后确定:直接放置一个篮子,将捡到的汗巾、衣物等放进篮子里。

二、初次投入使用后问题的发现与调整

问题：其他小朋友不知道篮子是用来干嘛的，依然出现物品掉落找不到的情况。

反思：幼儿对于掉落物品的"家"（失物招领处）的不了解，经验的缺乏；设计图对于"家"的具体细化思考与体现不足。

针对出现的问题，教师融入家庭资源请家长带领幼儿走进社区寻找相应的设计，通过班级和家庭欣赏图片，让幼儿加深对失物招领的了解后再次调整设计图。这一次的设计不再是讨论选择哪一个幼儿的作品，而是汇集幼儿的想法，碰撞出新的火花。

幼$_1$："做一个屋顶，下雨不会打湿。"

幼$_2$："想要做成圆形的。"——"我想做成长方形的。"

幼$_3$："想设计三层，一层放汗巾，一层放衣服，还有一层放其他掉的东西。"——"每一层多高呢？"

幼$_4$："设计一个爱心，变成爱心小屋。"

幼$_5$："放一些衣架挂衣服。"

……

幼儿的讨论中逐渐融入了设计的样式、高度、标志等，大家确定了最终的设计图。根据设计图准备材料，也让幼儿的准备与制作更明确，更有目标。同时在这个过程中，同伴之间会相互促进将生活中的经验迁移其中，当同伴想法出现分歧时，幼儿会用语言表述自己的想法，提出质疑，从而促进与人协商、提升批判思维，促进接纳、妥协等品质的发展。

三、结合设计图进行制作——一次次问题的发现与调整

幼儿准备好材料便开始小组分工合作制作，全身心投入其中，大家齐心协力共同制作。但在初次制作好放在教室观察时，他们发现有些物品无法站稳，高度也不够。幼儿与同伴讨论了可能产生的原因，但是仍不知道如何调整。

（一）教师支持

1. 迁移结构游戏中的经验进行反思，利用晨间积木的拼搭共享经验。
2. 结合生活中和其设计相似的物品进行分析，如借鉴区角柜、混体中的

体育器材放置柜等，观察比较后再绘制。

3. 分享测量方法，融入实物进行测量。

在第一次问题的分析与方法的讨论后，幼儿进行了调整，运用汗巾确定每一层的高度，通过加大底层与地面的接触面积尝试让其更稳固。但是在调整过程中又产生了新的问题。对于大班的幼儿来说，他们能够对感兴趣的活动进行提问，发现问题并想方设法寻找答案解决问题，他们还会一边思考一边动手寻找问题的答案。这时教师应将幼儿自己发现的问题抛给幼儿，给予幼儿探究的机会，耐心等待他们自己解决遇到的问题，鼓励和支持幼儿坚持因自己的想法、猜测而增加的探究过程。在接下来的过程中，幼儿会通过观察发现、提出问题并运用已有的经验进行猜想，再通过实际的操作进行验证和调整，通过和同伴交流梳理自己的想法，促进大家共同学习进步。

（二）幼儿在再次操作中出现的具体问题与调整过程

1. 在操作的过程中发现板子太软不稳固，容易倒。幼儿联想到结构游戏的搭建，尝试运用木板搭建，于是更换多元的材料，增加硬度。

2. 还是立不稳。同伴迁移生活经验，交流分享提出用小木板支撑柱子，形成三角形。尝试之后幼儿认为方法不行，支撑不住，于是增加扩大柱子和地面的接触面积使其稳固。

第三章 自然教育探究性主题课程

3.放置装有东西的篮子，发现板子太薄，容易断。幼儿提出更换材料，有幼儿提出不同想法，再增加一个板子。幼儿针对不同想法进行辨析后决定先增加材料厚度进行尝试，提升承重能力。

4.最上面一层的高度无法确定，多次尝试后依然达不到幼儿想要的高度。于是教师给幼儿丰富关于测量的方法：通过实物进行测量；回顾中班时对身高尺的认识与运用，尝试运用尺子测量；结合区角活动中制作服装的测量方法，用其他工具代替测量（迁移测量经验）。

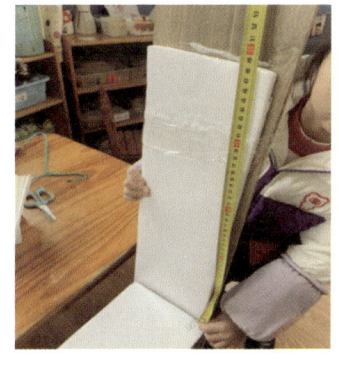

5.发现上层大板子太宽，无法放置衣架挂丢失的衣物。幼儿在混体活动中对挂衣服的衣架进行了观察，还有幼儿提

213

出家中衣柜挂衣服的特点（生活经验迁移与整合），于是提出调整为细细的木棍作为衔接，挂衣架。

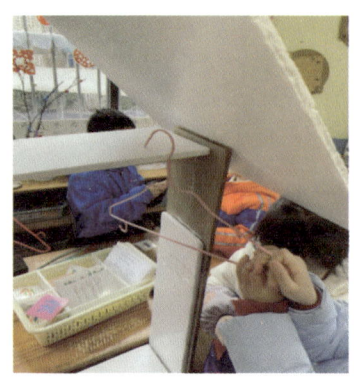

在一次次问题的出现与有效的调整中，"爱心小屋"逐渐成型，幼儿开始对细节进行思考：汗巾应该放在哪里呢？面对这一问题，教师又将解决问题的机会抛给幼儿，让幼儿通过讨论梳理整合方法，因为汗巾是幼儿每天都会用到的，他们对于汗巾有自己的认知。幼儿通过联系自己的生活经验，思考适宜的放置方法，并判断同伴方法是否可行，这都促进了幼儿经验的迁移运用、辩证思维、逻辑思维等的发展。

幼$_1$："放一个篮子，将捡到的汗巾放在里面。"

幼$_2$："混体时有的汗巾是湿的，有的是干的，放在一起会打湿。"

幼$_3$："那可以放两个篮子呀。"

幼$_4$："汗巾放在篮子里面看不见名字，他们找不到。"

幼$_5$："我们可以做一个勾，把汗巾挂上去，名字朝着外面。"（结合对汗巾架的观察，材料性质的把握和运用）

幼儿面对争议，提出自己的想法，回答朋友质疑的同时提出自己的观点，最终慢慢接纳朋友适宜的想法，共同合作制作出"爱心小

屋"。不过放置在教室外准备第二天投入混体使用的小屋却倒塌了。为什么会倒塌呢？幼儿开始在游戏故事中表征及检查反思自己的设计，分析制作中出现的问题的原因，思考调整的方法。这时教师对个体给予关注，解读幼儿背后的故事，发现幼儿具备一定的分析与解决问题能力，能结合实际出现的问题进行有效的思考。而幼儿的游戏故事更是与幼儿园丰富的课程相结合，表征记录越来越清晰，并有细节的体现。而后教师采纳了幼儿们表征中呈现的方法，请来了胡叔叔帮忙钉钉子进行加固并最终投入混体中使用。

片段二：小学是什么样的？

活动再现：

开学伊始，就不断有幼儿问教师什么时候毕业，而毕业又是什么意思……幼儿开始对小学有了无限向往和期待。

教师思考：

日常生活间的讨论使大班幼儿对小学的意识越发强烈，并开始有自己的想法和期待。幼儿面临幼升小，需要一个过渡阶段。教师可以从物质准备和心理准备两方面入手，帮助幼儿正确认识小学，培养幼儿期待上小学的情感情绪，并通过正确认识小学，以平和心态看待小学，为升到小学做好相应的准备。

建议与行动：

一、我心目中的小学

让幼儿以画一画的方式来表征自己心目中的小学。

（一）画中发现的问题

1.有很多幼儿园的元素，是对幼儿园生活的一种延续，想继续留在幼儿园，甚至有点恐惧上小学。

2.应该会有自己喜欢的英语课和舞蹈课，对小学有很多期待（许多期待不切实际）。

3.对小学认识不清楚，也不明白具体要做什么。

（二）教师的支持

1.引导幼儿有针对性地观察图片和相关视频，将想象和现实中的小学进行对比，帮助幼儿用常规心态认识小学。

2.如何提前适应小学生活？还可以去调查身边的小学生。

3.可支持幼儿的环境：期待小学→调查身边的小学生→联系幼儿园的时间→形成班级公约，能自然和小学时间接轨。

4.幼儿发展点与目标：语言表达、批判思维、反思解释、记录统计、分析与归纳、信息整合、知识建构、解决问题、多元化的记录表征等多方面的能力。

二、物质准备：调查小学

（一）计划想调查以及感兴趣的内容

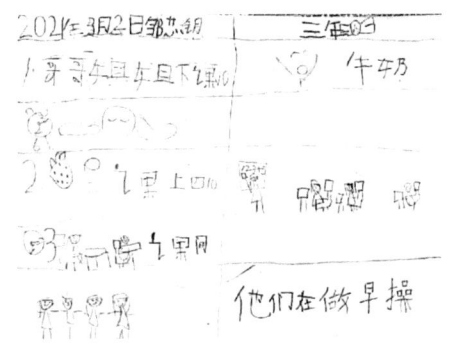
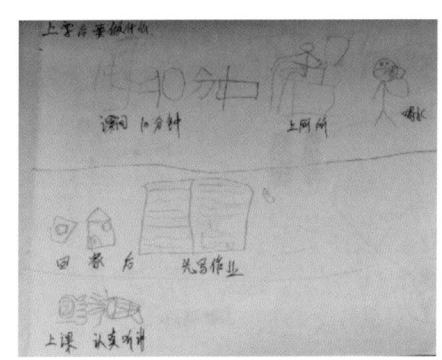

从幼儿的记录中得出几个重要的信息：

1. 小学是怎么上课的？

2. 小学还要睡午觉吗？

3. 小学的作业多吗？

4. 小学的教室是什么样子的？

（二）如何过渡

通过询问、调查、统计、对比分析，在幼儿园我们可以分享正能量，为幼儿顺利进入小学做一些准备：

1. 巧妙地利用课间十分钟：解便、洗手、喝水、玩字卡、玩魔方、翻花绳、折纸等。

2. 学会整理书包：装上必备物品并对包内物品进行分类。

（三）情绪准备：正确认识情绪以及表达需求

1. 了解幼儿上小学的心情。

通过聊天、环创（情绪签到墙）等，真正"蹲"下来倾听幼儿对小学生活的真实感受。

2. 正确认识情绪。

期待：能认识更多的好朋友。

紧张：害怕适应新的环境，害怕新的朋友。

焦虑：作业有很多，老师会很严格。

孤独：没有人愿意和我玩。

3. 如何表达自己的情绪,让自己保持轻松的心情。

内心想快乐的事情;吃美味的食物;分享好玩的玩具或事情;忘记那些难听话,不在意。

片段三:毕业之前想做什么?

活动再现:

距离离开幼儿园的日子越来越近了,幼儿的不舍、兴奋之情交织在一起:

幼$_1$:我有点想去上小学,可我也好舍不得我的朋友和老师。

幼$_2$:我们再去玩游戏的地方拍拍照吧!

幼$_3$:毕业了我们还会在幼儿园吗?

幼$_4$:快跟朋友分别了,我想送他一个礼物……

教师思考:

毕业的意义是一段学习时光的结束,是再见亦是新的开始……毕业对幼儿的意义是"告别幼儿园,走进小学去";开启新的小学生活,期待和做好小学生活与学习阶段的准备;参加毕业活动体验仪式感,让心灵回首、宣泄、新生,是情绪缓冲带。因此,毕业是必不可少的环节,也是自古就有无可厚非的。但值得避免的误区是形式化、奢靡,要从内涵和儿童有意义的体验出发……结合南幼自然课程理念,就像幼儿的经验形成是在日常活动和课程中不断积累的,毕业也应该依托日常系列活动来推进,庆祝毕业,还是应着眼于让幼儿记住点什么,而不是某一天举行一场盛大的庆祝就宣告完成了。

建议与行动:

一、日常活动中:回忆我的南幼时光

(一)拍毕业照——自主设计动作,区角里制作道具

终于等到拍毕业照了,幼儿都怀着一颗激动的心。为了让幼儿的毕业照更有意义,能够听到他们的真实想法,我们开展了让幼儿自己设计毕业照片的活动。如:自己找朋友、找幼儿园最喜欢的地方以及拍照材料进行小组设计。制定好计划之后,等到拍毕业照的那天大家都穿上美美的毕业服装,开展拍毕业照的活动。

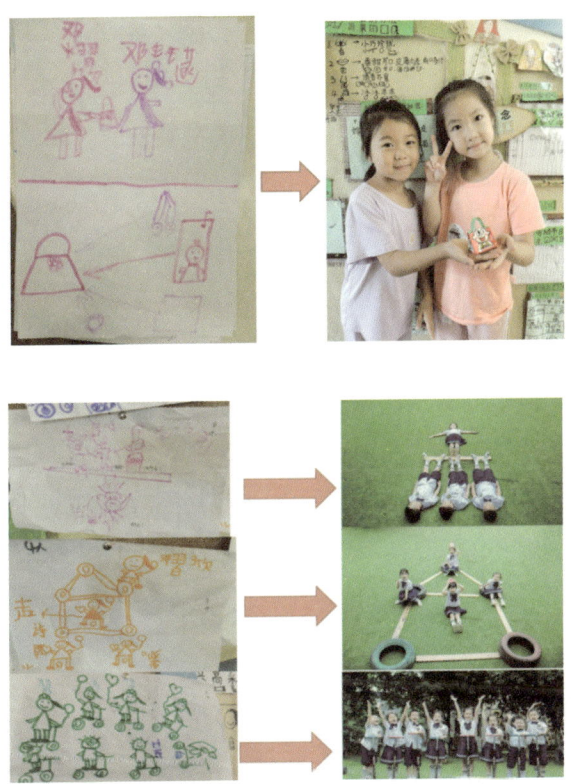

（二）制作一份独一无二的《南幼时光回忆录》

当提到"可以再做点什么，让我们能够把和朋友在一起的时光留下来"时，有些幼儿想到了记录的方式，可以画下来，也可以拍下来，这样"我想他们的时候可以拿出来翻一翻"，于是"时光回忆录"的活动水到渠成。

1. 纸质回忆录。

（1）制作封面

（2）介绍自己，请好朋友签名

（3）写生记录幼儿园的人、事、物

（4）找朋友、教师书写留下祝福语

2. 电子回忆录。

（1）提前计划、规划

（2）自主带设备

（3）准备介绍词

（三）制作礼物赠朋友

友情是幼儿园里难忘的一部分，三年自由自主、愉悦创造的区角时光，也给幼儿留下了情感寄托的空间，他们萌生出了在区角里给朋友制作毕业礼物的想法。

二、做一些有意义的事情

有的幼儿在播报新闻时分享给大家：扶贫民警下班途中遇到两个在看书的凉山小朋友。这样的一幕让全班幼儿都不禁唏嘘，大家决定自己清理收拾规划物品用途，将闲置书籍捐助给大凉山的小朋友们，让爱延续下去。

教师提前预设：

教师要引导幼儿把这个原本略带伤感的毕业季变得明亮又有意义。在回忆过去中展望未来，回忆过去的自己做了哪些事情才成就了此刻的自己。正如：涓涓细流汇成海，点点纤尘积就山，你的容颜和气质，都藏着曾走过的路、读过的书。大班幼儿的能干都藏在从小班就开始坚持的每件事里……在毕业季认真面对过去的自己，通过复盘、反思、总结获取继续进取的力量。

提升幼儿的思维能力，一个最好的方法就是在日常生活中，当幼儿提出各种各样的问题的时候，成人不要敷衍了事，而应该作为支持者、合作者、引导者，陪伴幼儿静心探索。

第四节　自然教育探究性主题课程的评价

一、评价原则

儿童的学习与发展评价是整个学前教育评价中最为基础、核心的部分。任何对学前教育的评价都可能涉及儿童的学习与发展。无论是对于一个教师或一个幼儿园的评价，都不能脱离对儿童的评价，否则将会丢失非常重要的信息，评价也很可能是缺乏效用的。良好的学习与发展评价，能够对学前教育的评价、学前教育事业等起到积极的推动作用，并能有利于教师改变教学、开发课程；有利于幼儿园改进管理、组织工作，有利于家庭改变观念和行为，甚至改变大众对于学前教育、学前儿童的发展以及学前教师的认识。[1]自然教育探究性主题课程质量的提升，离不开教师在实施课程过程中的观察与指导，而教师要做好有效观察指导工作的首要前提是科学评价，只有评价科学到位了，才能促进自然教育探究性主题课程质量的提升，从而达到通过探究性主题课程促进幼儿全面健康发展之目的。在实施自然教育探究性主题课程的评价时，我们坚持遵守四大原则，即"全面性、过程性、可见性和发展性"。

（一）注重评价的全面性

全面、科学地进行有效的课程评价非常重要。在课程的全面、多维度的评价中，教师要注意科学合理地对幼儿在课程中的具体表现行为进行全方位、

---

[1] 鄢超云编著：《学前教育评价》，高等教育出版社，2010年版，第91页。

多角度的评价,它可以帮助幼儿清楚地认识到自身的优势和不足,从而让幼儿在以后的学习中获得更大的发展。[1]在幼儿园教育中,教师要充分尊重幼儿学习的主动性,多维度评价能体现教师对幼儿的尊重,教师应该对幼儿作多方面、全方位的评价,保证评价的合理性。

幼儿是一个独立的个体,幼儿的发展是全面的、整体的。那么对于课程实施的评价也应该是多个维度,也就是要结合多个课程的内容对幼儿进行全面的评价。

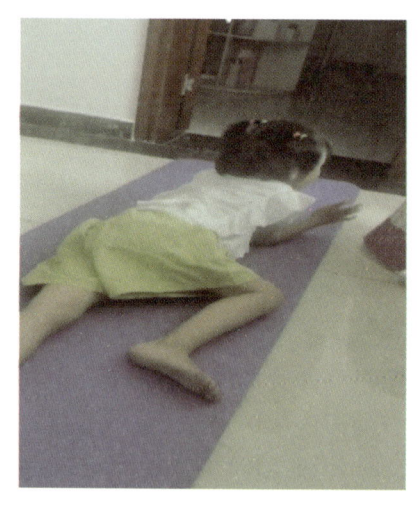

正如中班主题探究活动"蚕"中,幼儿由于饲养经验和感受各不相同所以对于问题的聚焦点也不同,于是教师采用分小组的形式,支持幼儿探究,即教师将幼儿目前感兴趣的探究点罗列出来,由幼儿自由合作探究。幼儿分小组调查"蚕吃什么""蚕的成长和变化""为什么蚕会死亡"等,在对主题活动进行回顾评价的时候,教师尊重幼儿个体学习差异,在幼儿的语言表达和表征记录能力有限的时候,换一种他们喜欢的方式来展示自己的学习成果。班上的一个小女孩就用了身体动作和部分语言非常形象地将前期蚕的成长情况表达了出来。

这也是全域视野下课程经验的相互交融——在主题中的细致观察,为表演游戏的出彩储备经验;对主题的聚焦探究,助推区角的深入创作。教师在进行评价的时候就要结合全面性来衡量了。

(二)注重评价的过程性

鄢超云教授曾在《学前教育评价》一书指出,学前儿童学习与发展评价,更强调评价的真实性。无论对于幼儿还是教师而言,评价的情景是真实的、

---

[1] 李鹏:《多维度评价在音乐表演中实施的可行性研究》,《艺术教育》,2019年第11期。

日常的。幼儿并没有感觉到评价的情景是非常特殊的,与平时不同的。[1] 换言之,在探究性主题课程活动中,要从幼儿探讨的兴趣、问题出发,并在这真实的探索过程中,分析幼儿相关能力、品质的获得与提升,进而提升教师的专业成长。由此可见,对于幼儿的评价要关注评价过程的真实性、发展性,还要秉承全面性、科学性、可持续性、动态性、多维度等来有效地实施评价。

在实施评价时,我们需要注重评价的过程性,不能只看到一两个现象便定义幼儿的学习与发展水平,这是不科学的。应该在循序渐进的过程中,慢慢地观察,并给予相宜的支持与策略,在调整改进中不断进行。评价的过程中,要求教师通过大量的观察支撑,形成一些专业的评价。

1. 建立班级家园共享"资源库"

在每次的活动开展过程中,教师怎样做到对每个幼儿给予及时的关注?我们利用图片和视频的方式对活动过程进行记录,然后上传到班级资源库——QQ相册,这样教师在活动结束后可以反复解读相关资料,从中分析幼儿行为

---

1 鄢超云编著:《学前教育评价》,高等教育出版社,2010年版,第93页。

背后的原因，给出相应的支持策略。班级教师根据课程需要建立资源共享相册，不仅有利于教师关注个体幼儿，同时也能引导家长关注班级课程，从课程相册中查找自己孩子的相关资料并收集在孩子的成长相册里，共同促进幼儿的成长与发展。

2.结合指标，进行阶段性观察、分析、指导

幼儿的发展具有顺序性和阶段性。我园在探究性主题课程活动开展一段时间后，如每过一个月或两个月（时间可以根据班级幼儿的行为进行调整），请教师结合幼儿平时的思考、对话，照片、视频的过程性记录，同伴之间的讨论、幼儿的记录表征、提出的一些问题等等，对标"指标"，进行综合的思考与分析，并将相关的分析与策略记录在相应表格中。阶段性的观察、分析与指导，也应该遵循幼儿发展的差异性和个体性。因此，除了教师要对全班幼儿的各种行为进行评价分析与指导，还应该将幼儿个体"指标"反馈给家长，以此为基础，让家长对幼儿不足与进步有更明确的认识，根据具体问题情况共同提出有效建议，使幼儿未来努力的方向更加明确，家园共育，促进幼儿的发展。

自然主题课程评价指标中幼儿的阶段性分析 1

班级：中一班　　　分析教师：罗珍、张静诗　　　分析对象：全班幼儿

观察内容	教师分析及支持
观察探究方面	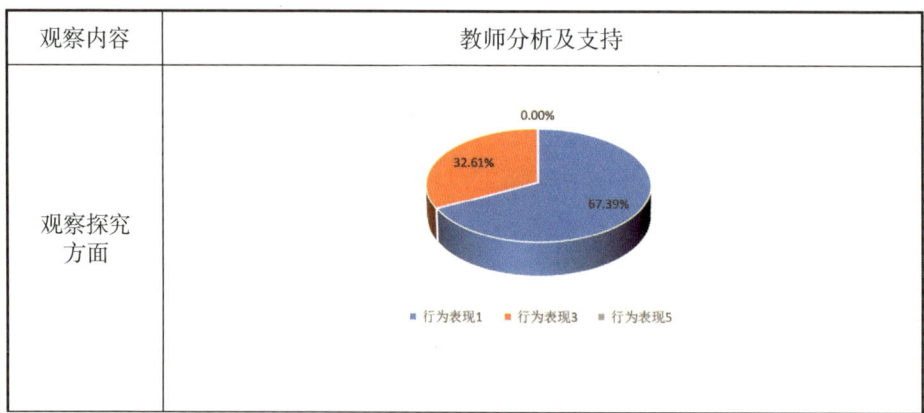

续表

	数据分析： 探究初期阶段，本班32.61%的幼儿对主题活动本身存在浓厚的兴趣，几乎达到行为表现3中的"能对事物自主进行观察对比，大胆猜测原因，并在教师引导下去做相关的调查验证，有收集记录信息的意识"，但未完全达到行为表现3中的"问题意识"。67.39%的幼儿对活动呈现愿意参与的状态，他们对教师的提议或同伴提议会产生兴趣愿意参与，但欠缺主动思考和有效提问。 问题分析： 集体形式的探究弊端，容易忽略幼儿的个性化需求，家庭教育的重视程度决定幼儿主动探究的兴趣。 支持策略： 1.建立多维度的课程实施方式 如：课程实施维度是否能帮助不同层次幼儿参与，在问题解决中多考虑让幼儿"动"起来，而非让"静坐团讨"占多数。 2.指导家庭重视家园配合 如：给予家长具体引导方法，减少家庭因为"没时间""嫌麻烦"等原因而不配合。多关注家庭教育中家长的诉求，可适当地花些时间，对家长进行个体化的指导建议。
记录表征 方面	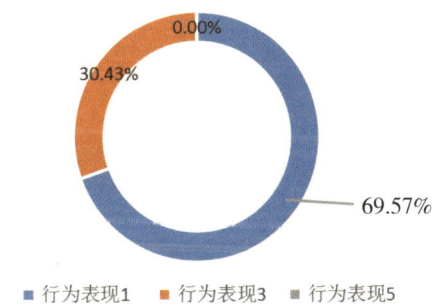 数据分析： 本班所有幼儿都愿意动手操作进行记录，这得益于我园浓厚的主题底蕴下课程经验的积累，在小班时期就培养记录意识和初步的能力。30.43%的幼儿几乎达到行为表现3的所有指标，如图表的自主绘制、标记的融入、构图清晰等方面都表现良好。但就记录的清晰和有效而言，69.57%的幼儿还不能完整清晰地表达自己的观测结果，暂属于行为表现1中"初具目的地表征自己的所思所想"。值得关注的是，还有15.63%（5人）的幼儿未完全达到行为表现1的水平。 问题分析： 1.考虑幼儿手部肌肉发育不完善。 2.教师提供的记录表征形式单一，缺乏层次性。 支持策略： 1.环境示范法：在班级室内主题墙环创中呈现多元的记录形式，激发幼儿多元经验。

	2. 提供多元的记录材料：如每次记录前思考幼儿可利用的材料形式，提前做准备，并且鼓励幼儿大胆记录，不否定幼儿的行为。 3. 加强手部小肌肉的练习：《指南》中提到，让幼儿涂涂画画，有利于幼儿握笔能力的提高。因此，可利用区角课程、生活课程等，让幼儿大量练习手部小肌肉。 4. 营造宽松的心理环境：无论是家长还是教师都要尽可能地保护幼儿每次记录的成果，切记不要大声呵斥其"乱七八糟"等，多用正面案例激励幼儿。

通过多次观察，教师结合指标中的核心经验目标，对幼儿的表现通过集体表现与个体现状进行专业的评价，并提出相应的策略与措施，推进活动的开展，再实践使用调整策略，进而优化调整指标。

（三）注重评价的可见性

在自然教育探究性主题课程中，我们更加注重幼儿的评价应看得见。不仅是教师看得见，还应让幼儿自己也能看得见，同时家长也能看得到自己孩子的进步。那么探究性主题课程就要衔接家长资源，让家长与课程积极相联，让其自然而然地参与到课程中来，感受孩子的成长。

1. 及时在主题墙上呈现探究过程

在开展探究性主题活动的过程中，我们会将幼儿遇到的问题及共同梳理出的经验，以不同的方式呈现，并在环境创设中增设主题墙，让幼儿能随时回顾主题探究过程，通过同伴分享与互助学习，得到深度学习。如在开展

共同经验梳理呈现

主题墙的呈现

"花"主题活动时,就有幼儿因为花名产生争议,那么所观察的花到底有哪些特征?教师让幼儿仔细观察、记录、讲述,与集体分享自己的发现,师幼一起梳理活动经验,再将幼儿的共同经验及时呈现在主题墙上。

2. 给予幼儿多元表达表现的机会与空间

在探究性主题实施的过程中,我们给予幼儿更多表达表现的机会,让他们能将自己的发现与收获,以多元形式进行记录表征,以更直观地反映主题探究的经验。包括在开展主题探究过程中幼儿遇到的各种问题,如何用各种方法去解决,在解决问题的过程中的发现等等,都通过记录表征与同伴进行分享。如在开展"花"主题活动时,幼儿分成了几个小组探讨花可以拿来做什么,再将自己的发现与观察记录下来,与同伴分享。

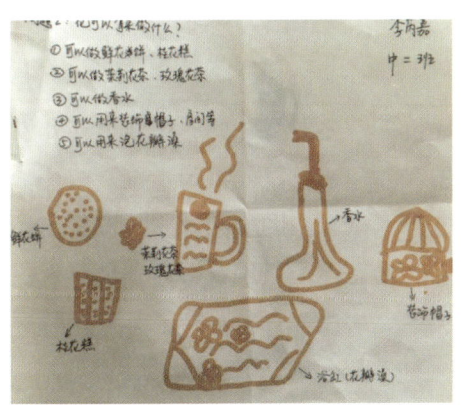

幼儿记录

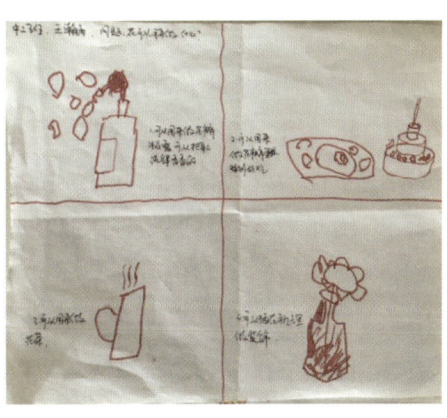

幼儿记录

3. 联系家、园、社,形成家园合力

每次幼儿的回顾小结梳理,我们都会自然而然地让家长带着幼儿一起寻找探索。回顾表征主题时,会请幼儿讲给父母听,让父母对幼儿的表达进行标注,这样家长通过幼儿的讲述,也能了解近期主题课程的推进情况;从幼儿一次次的表达与记录中,家长也能感受到幼儿思维、语言表达、记录表征等方面的发展进步。教师与家长及时沟通交流,给予他们一些指导,更能促进幼儿的进步与发展,通过家园合力共促幼儿成长。(下图是幼儿将自己的调查与想法讲给家长听,家长进行的记录)

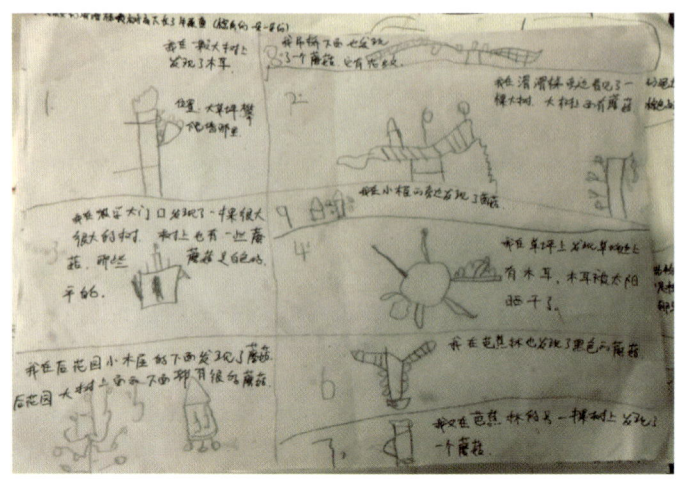

（四）注重评价的发展性

自然教育探究性课程活动的反馈与评价，首先要注意的就是注重幼儿发展的动态性与发展性。幼儿的学习与发展需要建立"以儿童为本位"的评价观，以幼儿未来的发展为根本目的。所以，无论是主题探究课程的评价，还是其他课程活动的评价，都需要注意其中的动态性与发展性，即评价不仅仅指向幼儿的过去、现在，还要指向他们的未来。

1. 关注个体经验的持续深入发展

在评价幼儿现阶段的经验的时候，要与过去相联系，才能更好地理解与分析现阶段他们的发展水平。不仅如此，评价还要指向幼儿的未来，看到幼儿未来发展的方向、可能、潜力等。即评价是用发展的眼光看问题，注重个体发展的差异性，不能一杆倒，要全面、整体、发展、动态地看待幼儿的发展。

下图是某个幼儿对于小鸡小鸭的食谱的设计，其中可见其循序渐进的进步：或许在每次活动的小结梳理回顾中，这个幼儿的呈现确实有很多不足，但若结合他的三次梳理进行分析与思考，可见幼儿满满的沉淀积累过程，即幼儿成长的痕迹。所以评价是发展的、动态的，不能用一时将幼儿定性，而要用发展的眼光看幼儿，正确看待他们的成长。当发现幼儿存在薄弱点时，应该给予他们个性化的支持，多想想在以后的活动中，可以怎样一步步给予他们有效的指导，促使他们不断成长，让他们慢慢地朝更好的方向发展，为其未来奠基。

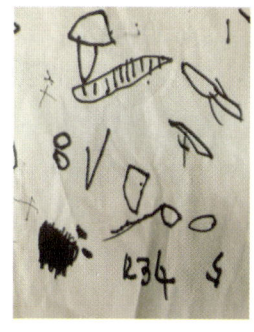 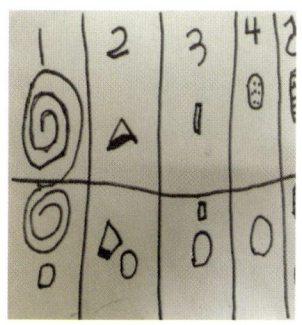 

2. 关注课程经验的不断重构

主题活动是幼儿园众多课程活动中一个有机组成部分，它并不是孤立存在的，且课程与课程之间的经验既是相互交融的，也是相互补充的。幼儿某方面的能力也不是一次两次活动就能培养起来的。因此，一次主题探究活动过后，幼儿的能力得到多大的提升并不能成为最终的结果性评价，而需要多次观察的积累与分析。

在"趣味昆虫"主题活动中，某幼儿最初的昆虫探索计划能从昆虫种类、寻找地点、工具进行记录。但是对于大班幼儿来说，记录应该更加有条理性和逻辑性。那么该如何指导幼儿改进呢？

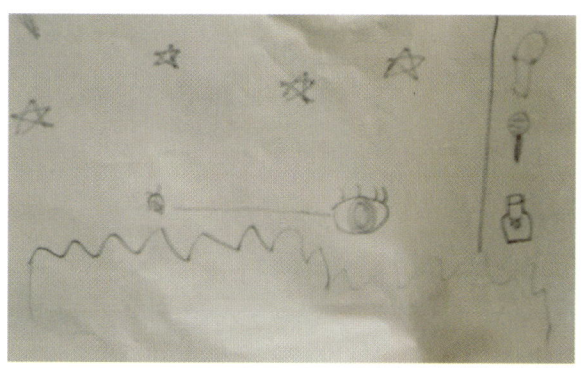

教师给予幼儿以下支持：

1. 引入"树形"思维导图的绘本，引导幼儿对记录内容进行分类，具体分什么类，让幼儿从计划中去提炼，更有条理地清楚记录、做事。

2. 多追问幼儿具体内容，让幼儿细化计划，思考更全面。

有了这样的支持，幼儿在主题活动中分类记录的条理性和逻辑性逐渐体现出来了：用了表格和树形思维导图相结合的方法。以一条横线将记录表一分为二，上面部分将自己的探究主题表示出来，在她的昆虫探索计划里，非常清晰地呈现了探究的昆虫是七星瓢虫；下面部分是用树形思维导图的方式画出了需要的工具分别是什么，在哪些地方寻找，需要用到什么方法进行观察。

幼儿能表达说明自己的记录，但由于她是先画边框再填充内容，所以框里的记录非常拥挤，使得记录不够清晰。听她分享计划表的同伴建议她先写内容再画边框，这样就能让自己的记录不拥挤。

在之后的其他课程中，分类记录、计划能力经过多次的迁移运用后，该幼儿的记录有了质的飞跃，这就是她在多类课程中的动态发展。

第三章 自然教育探究性主题课程

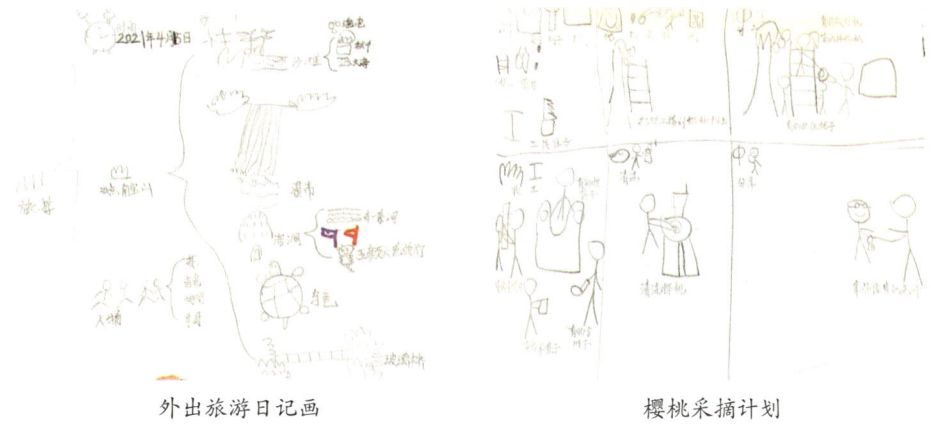

外出旅游日记画　　　　　　　　樱桃采摘计划

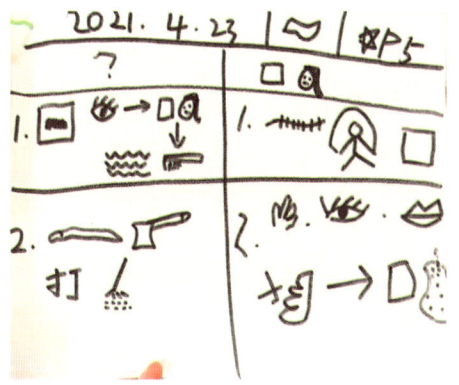

大移除问题与方法的梳理

因此，幼儿在自然教育探究性主题课程中的学习与发展是一个不断发展的过程，教师要用全面、发展、整合的观念去看待，给予适时的支持与策略，静待幼儿的成长，给予幼儿真实的、看得见的评价。

二、评价指标

依据《指南》各领域各年龄段典型行为表现，并结合本园实际，我们构建了园本"自然教育探究性主题课程幼儿行为观察指标"（下文统称"指标"）。该指标侧重于聚焦自然类探究性主题课程中的核心经验，对观察到的幼儿在

231

探究性主题活动过程中的一些具体表现行为进行分析与思考，调整改进探究性主题课程中存在的问题，并给予幼儿针对性的发展指导，促进幼儿经验持续、全面发展。

（一）综合考量，构建指标

经过二十多年对探究性主题课程的研究，我们明白了要真正落实幼儿的发展，一定要有一定的评价标准，于是结合《指南》的相关内容及课程本身的特质进行思考制定出相应观察指标。当然这一指标也不是一成不变的，会随着教师的使用，不断地调整改进与优化。

亲近自然、乐于探究、解决问题、表达表现，这是自然教育探究性主题课程聚焦主题课程的核心经验点。在核心点中，我们又分出了一星级核心点（课程本身比较重要的核心点）、二星级核心点（次重要的核心点）以及三星级核心点（次核心点）。这样划分的目的也是为了让教师在使用这一指标的过程中，更好地抓住课程评价的核心来实施评价。其中"表达表现"这一指标下又细化了二级指标，分别有"语言表达""记录表征""表现创造"，在其下便是指标下的具体的一些行为的表现，分为表现行为1、表现行为3、表现行为5。这些表现行为下具体细化的内容也是对《指南》中的相关内容的呈现，这样教师也能将自己观察到的幼儿的一些表现行为，进行思考分析，以更好地给予幼儿有效的支持与调整。在这其中，我们的教师必须明晰对应课程的相关指标，这样才能对幼儿进行有效的支持及策略的思考。

（二）反思调整，优化指标

幼儿的发展是动态性的。"指标"也应根据幼儿的普遍行为进行调整。在探究性主题课程活动中，教师依据"指标"对幼儿进行阶段性的评价后，还要记录总结此过程中的相关经验，并在"指标阶段分析表"中提出相应的建议。

自然主题课程评价指标中幼儿的阶段性分析 1

班级：中一班　　　分析教师：罗珍、张静诗　　　分析对象：全班幼儿

辩证思考方面	（饼图：行为表现1 80.43%；行为表现3 19.57%；行为表现5 0.00%） 数据及问题分析： 本班 80.43% 的幼儿都能达到"喜欢说和提出简单的想法"，但主动性思维能力不强。但值得关注的是这一类别有 5 个幼儿是"√-"，还未能很好表达自己的想法，缺乏思考性，常常出现游离的状态。关于指标 1-3 中"提出的问题的深度和价值"还需要进一步加强，这部分幼儿没有成人的激发还不能积极主动进行问题分析。只有 19.57% 少部分达到行为表现 3 的水平。 支持策略： 注重幼儿问题意识的培养，提供靠自己解决问题的契机，获得成功感，从而激励幼儿愿意主动思考，积累一些调查论证的有效方法。
表达表现方面	（饼图：行为表现1 73.91%；行为表现3 19.57%；行为表现5 6.52%） 数据及问题分析： 综合来看，班级幼儿在语言表达方面整体较弱，呈现在语言规范和语言逻辑感的欠缺。只有 19.57% 在叙述时能清楚且富有逻辑地讲述，因果关系论证清晰。考虑可能是班级语言氛围感不足，日常讨论中我们没有关注幼儿语言表达的规范性和逻辑感。 支持策略： 注重日常谈话和家庭语言氛围感的营造，注意多积累梳理书面语言和高级词汇。

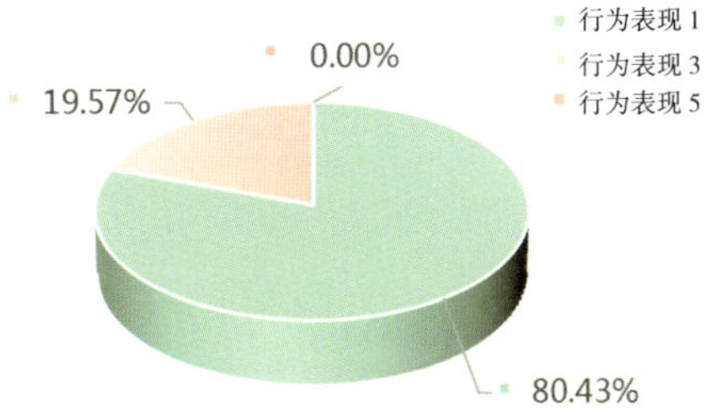

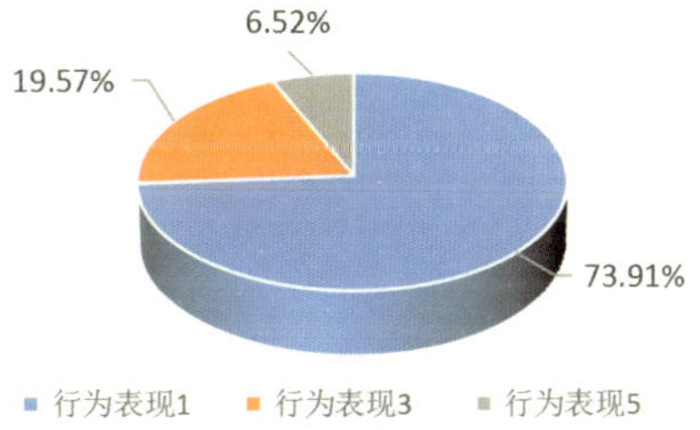

关爱尊重方面	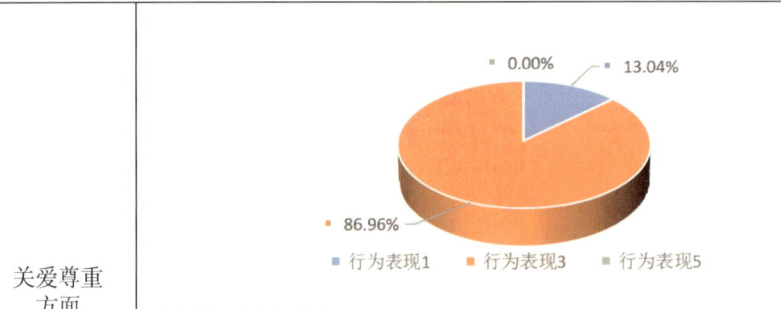 数据分析及支持策略： 班级幼儿 86.96% 达到了行为表现 3 的水平。南幼的自然教育课程的架构，从理念到环境都十分强调儿童与自然的关系，教师从小班开始就十分注重儿童这项品质的培育。本期主题课程内容的产生也是依托本班孩子们对动物的喜爱所产生的。孩子们喜欢动物，总想喂小动物吃点什么，但有时也出现乱投喂的现象。究其原因，就是对动植物需求不够了解，人与动物和自然相处的关系还未真正建立，这也是正常的发展轨迹，希望通过本期"班级饲养动物"主题活动，帮助幼儿用更科学的态度与动物与自然和谐相处。

教研团队再根据一线教师的反馈，组织教研，让"指标"中的不足有效改进，从而优化、提升"指标"质量，满足教学评价发展的需求。我们意识到，"指标"不应该是一成不变的，会随着课程的实践与落地，不断地调整。

三、评价方法

评价方法有很多，在自然主题探究性主题课程的实施中，我们基于课程观察指标中的内容，在实践中也摸索出一些实施评价的方法，供大家借鉴。

（一）从幼儿的表达表现中进行分析与思考

不同年龄段幼儿的记录表征方式和水平经验是不同的。如幼儿在自然主题探索、计划反思、游戏经验小结、生活环节等的记录表征方面，其中，小班直观感知记录，用涂鸦的方式自发性图画；中班用图画或其他符号等方式记录，有目的性地表达自己的意愿和想法；大班则用数字、图画、图表、图夹文等方式记录，有条理有逻辑地表达自己的观点。

其次，幼儿对自己所记录表征事物的讲述能力不同。如小班愿意给大家讲述；中班要能清楚地讲述；大班则应连贯、有条理地讲述等。从幼儿不同的记录表征中，教师可以分析和解读幼儿的作品，关注幼儿的经验和个体表达。对于能力弱的幼儿，教师可以从"怎样记录表征"和"怎样讲述"去跟进幼儿的发展，培养幼儿多元的记录表征能力。还可以透过幼儿表征的一些内容来思考他们的观察能力是否有所提升；记录表征的能力是否有进步；在进行与同伴表达时，他们的语言表达能力是什么样的等等。

有些主题到了学期末，教师会和幼儿讨论其中的一些故事情节，或者让幼儿以其感兴趣的形式进行呈现。比如：融入表演游戏，在游戏中表现主题中的个别故事情节。通过多元的表达表现，更有利于教师给予幼儿一些提升与支持。

在此，列举一个探究性主题课程中的案例与大家进行分享。

下图是幼儿进行的主题活动小鸡小鸭的调查，从表中"你打算去哪里找小鸡小鸭"这一问，我们发现幼儿记录有了初步的条理性，从幼儿的记录表征可以看出，该幼儿是中班这一年龄阶段发展得非常好幼儿。分析原因，这与幼儿平时做的各类游戏计划是分不开的。

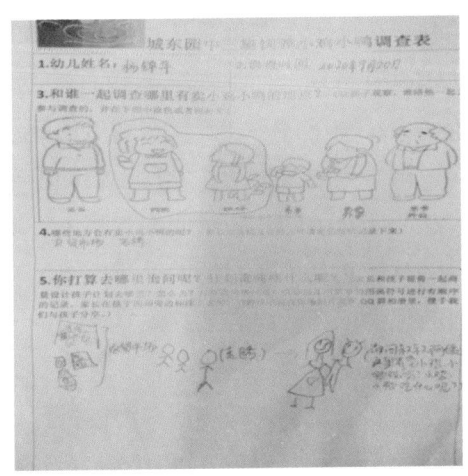

下图为该幼儿平时的记录,我们能看出他记录的条理性,思维的能力是非常强的,这离不开家园的配合与支持。

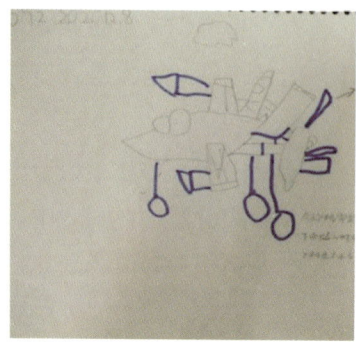 

在探究性主题课程中,教师通常较为重视幼儿的观察记录,并通过幼儿对主题中一些事物的表达表现来分析与解读幼儿的一些经验。

下图是"小鸡小鸭"探究性主题课程活动中,小鸭从刚来时候的样子到羽毛变化的一系列的表征,这是某幼儿整整一个半月的观察记录。透过记录,能看到该幼儿的细致观察能力,他记录的是小鸭刚孵出来的样子,羽毛是细细的绒毛,有全黑的和全黄的羽毛,但是从小鸭子的脚的记录能看出,羽毛是非常吸引他的,他还没有特别全面地观察小鸭。第二次观察,能看出幼儿对于小鸭的观察比第一次仔细了许多,不仅有羽毛的颜色变化,还显示了小鸡与小鸭脚掌的不同。第三次观察,幼儿发现小鸭的羽毛粗细、颜色的变化和嘴的变化及身体形态的变化。幼儿在第四次观察中发现了羽毛由小羽毛变成了大羽毛的过程,以及幼儿与小鸭感情的升华,有了自己日常与小鸭的互动。通过幼儿一系列的观察记录,能看到其观察能力的不断提高,也能看出这个幼儿非常细心,还能感受到通过这样的饲养过程,幼儿对于小鸭情感的变化过程。对于幼儿分享的记录,教师要从多维度进行评价与看待,从他们的表达交流中,看到幼儿的语言表达能力、思维能力等的发展。

第一次对小鸭的观察

第二次对小鸭的观察

第三次对小鸭的观察

第四次对小鸭的观察

当然,这是记录表征水平较高的幼儿,对于一些记录表征能力比较弱的幼儿,我们也要鼓励他们用多种方式表达。以下图片便是幼儿通过黏土所进行的表达表现。

第一次

第二次

第三次

第四次

从幼儿的系列表征中能看到，从之前的平面的、只有大概的雏形，到后面能进行细微的表达，尤其是最后一张，可以看到幼儿表现出了小鸭的耳朵的具体位置，以及扇动翅膀的情景。幼儿的表达表现能力，随着观察的越发仔细而不断丰富。其实，幼儿在区角中的创作还有更多元的表达表现。

（二）对主题的回顾记录内容进行分析与思考

主题活动并不是单线条的评价，有时在一段时间后幼儿会随着主题进行回顾。这样做的目的，既便于幼儿回顾之前的主题，也有利于对幼儿进行一些能力的分析。如一些幼儿条理特别清晰，可能他在回忆梳理时，记录得十分清楚明白，这样教师也更能知道幼儿的一些能力发展在什么程度，该怎么调整。

在这个过程中，教师也可以针对幼儿记录思考主题中的一些不足，进行再调整，这也是检验课程实施落地的一个标准。在幼儿自己回顾梳理的过程中，他们可能会产生一些疑问，这也为后期的梳理打下了基础。

下图为幼儿在"养蚕"主题活动中对蚕变化过程的回顾。从中可见，有的幼儿开始针对自己之前的猜测进行验证了，有的幼儿还产生了一些疑问。幼儿也在主题复盘的过程中，思考与分析一些问题，也会萌生出新的问题等。

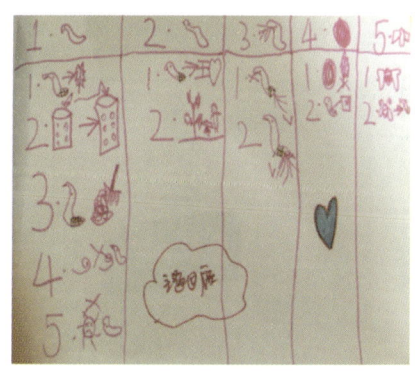
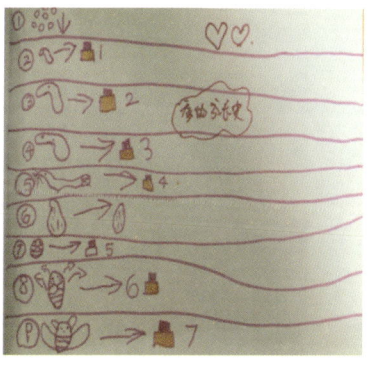

（三）从幼儿的自评、互评、他评中进行汇总思考

在探究性主题课程评价中，我们更加注重幼儿的自评、互评与他评，使角度多元全面。如主题中给予幼儿更多自己分析与思考的空间，让幼儿针对一些他们感兴趣的，想去探究的问题，提出自己的想法与猜测，利用自己想到的方法进行调查收集，整理相关信息，并与自己共同探讨的小组进行分享交流。在分享的过程中，教师会到每一小组中，针对幼儿自己调查的问题，边听边了解幼儿的情况，做出相关的分析。

在小组内的交流过程中，各个幼儿倾听同伴的调查与思路，中大班有的幼儿还会提出自己的看法，进行小组内自主的商量讨论，大家针对一些问题互相提建议，进行思考归纳，再进行集体的讨论与思考，最后师幼再进行汇总梳理小结。这其中就有幼儿自己的评价以及他人的评价，教师还可以引导幼儿进行互评，给予同伴建议等。即幼儿之间针对共同感兴趣的问题进行小组讨论后的整合梳理。

在幼儿自评、互评、他评的过程中，教师作为旁观者进行观察倾听时，可以通过幼儿的表现进行解读：幼儿的语言表达能力是什么样的？差异性在哪里？如何支持？幼儿的思维能力在哪里？还有哪些不足？如何给予支持？从记录表中可以看到幼儿的记录表征处于哪个阶段？幼儿的艺术表达怎样？同伴之间的交往怎样？梳理与整合信息的能力怎么样？这些我们都可以结合观察、倾听到的进行思考与分析，接下来也能更好地给予幼儿支持与引导，促进其更好地发展。

四、评价建议

经过多年的实践研究，我们对于自然教育探究性主题课程的评价的实施，也有一些意见及建议。

（一）心中有目标

课程中的教育契机是随机的，有极大的不确定性，但教师对活动中幼儿的发展都应该心中有目标，教师活动前多准备三步，幼儿才能在活动中前进一步。在实施评价的过程中，主体是教师，评价对象是幼儿。教师务必沉下心来，理清具体课程活动中，能看到幼儿哪些方面的发展。我们要心中装有课程指标，有针对性地观察幼儿的一些行为表现进行评价。这考验的是教师对幼儿活动背后的行为分析、心理分析等能力，以及对幼儿发展点给予价值判断和分析，并做出正确引导的能力，需要教师们静下心来做课程。只有理清课程的指标，心中装有幼儿具体的发展点才能更好地推进活动，科学地评价幼儿的发展。

（二）关注个体差异

幼儿是活动的主体，要尊重每一位幼儿的主体性，促进他们主动学习。为尊重每一个幼儿发展的独特性，评价必须避免用划一的标准评价不同的幼儿。[1] 课程评价的实施不仅关系幼儿，还要关系家庭。每一个幼儿生活在不同的家庭，无论是能力、性格、学习品质等，都存在着个体差异性。所以在实施幼儿评价的过程中要考虑到幼儿的兴趣、经验、家庭背景等多方面因素。在关注幼儿整体和全面的发展时，允许幼儿存在个体差异。如：可能有的幼儿在记录表征方面比较强，但在辩证思考方面比较弱一些，或者整合信息的能力比较弱一些。面对这样的问题，教师可以有意识地给予一些策略与支持，尊重每一个个体，不能因为幼儿哪一方面还有不足，随意地评价他们。在幼儿面前慎用横向比较，相互攀比等，最好以幼儿自己的原有水平与发展现状

---

[1] 李季湄主编：《幼儿教育学基础》，北京师范大学出版社，2017年版，第275页。

作比较，关注每一个幼儿在原有水平上的发展，重视幼儿在课程目标达成和活动过程中个性化的发展。我们要学会接纳幼儿的差异性，最大限度支持他们，促进其全面而富有个性地发展。

（三）关注幼儿经验的持续性

幼儿的经验是循序渐进积累的，是从起初的一点一滴慢慢积累起来的。评价要关注幼儿经验的持续性与发展性，用发展的眼光去看待幼儿的成长。因此在实施评价时，教师要关注幼儿每个年龄段的经验并给予支持，做好每个年龄段经验的铺垫才能评价幼儿当前的水平并给予正确有针对性的支持。

当然教无定法，适合自己的才是最好的，读者可以根据自己的实际来进行筛选与运用。以上只是我园在自然教育探究性主题课程中不断实践积累梳理出的一些内容，如有不当之处，还望批评指正。南幼自然教育探究性主题课程的研究还在继续，我们也会不断地调整优化课程。

第四章 自然教育户外体育课程

第一节 自然教育户外体育课程的目标和内容

一、自然教育户外体育课程的目标和意义

户外体育课程，指的是根据幼儿园自身的户外环境，围绕幼儿健康领域目标而制定的课程体系。随着课程改革的不断深入，尤其是基于《指南》精神在实践中的不断落实，我们渐渐认识到：《指南》所提出的关于健康领域的目标，仅靠单一的早操和体育集教活动已经无法完全达成，幼儿园体育课程亟待一番反思与重构。于是，我们积极借鉴已有相关幼儿体育理论，结合本园实际，经过多年的实践与探索，在幼儿园体育课程园本化基础上，形成了一套较为完善、可操作的、富有实效的户外体育课程体系。

（一）自然教育户外体育课程的目标

目标是行动的指南，课程目标是课程实施的出发点与归宿点。在《指南》背景下重构户外体育课程，课程目标的构建是首当其冲的重要任务。我们构建户外体育课程目标基于以下两大方面。

一是基于《指南》关于健康领域的目标的学习，领会必要性。体育课程对幼儿不仅仅意味着单纯的身体运动，而是包含身体健康、心理健康、幼儿习惯养成、思维能力等全方位的发展。《指南》的健康领域分为三个子领域，即"身心状况""动作发展""生活习惯与生活能力"，并对三个子领域各提出3条子领域目标。健康领域中的这9条子领域目标，即"身心状况"中的"具有健康的体态、情绪安定愉快、具有一定的适应能力"，"动作发展"中的"具有一定的平衡能力、具有一定的力量和耐力、手的动作灵活协调"和"生活习惯与生活能力"中的"具有良好的生活与卫生习惯、具有基本的生活自理能力、具备基本的安全知识和自我保护能力"，为我们重构户外体育课程提供了明确的方向，为架构户外体育课程目标提供重要依据，确保户外体育课

二是基于园所自身的各方面条件的分析与评估，立足可行性。我们重新分析了幼儿健康的含义，在对健康领域的目标学习与领会的基础上，结合园所条件对园本课程的可行性做了分析与评估。在推进体育课程的可行性过程中，除了要知道目标性问题，还要解决过程性问题，即要把《指南》中健康领域的目标在幼儿园现有的资源下最大效能地利用并反馈到幼儿身上。这些幼儿园资源包括幼儿园能够利用的时间、空间、人、辅助设施材料等。我园具有户外场地较为宽阔的优势，拥有丰富的生态植物资源，还有许多不同地形的户外场地等，有利于依托园所环境设置各种挑战型的体育设施。再者我园一直秉承资源即课程的理念，在行政引领下，园长更重视课程的全面发展，为运动课程的有效开展进行了合理的时间规划和场地划分，全体后勤人员亦参与到体育课程的制订与实施过程中，积极协调解决课程开发中所遇到的问题，为体育课程的重构提供了切实帮助。

基于上述依据，我们所重构的户外体育课程的总目标是：幼儿通过户外体育课程，能够较好地实现"身心健康"和"动作发展"的目标。"身心健康"即"具有健康的体态、情绪安定愉快、具有一定的适应能力"，"动作发展"即"具有一定的平衡能力、具有一定的力量和耐力、手的动作灵活协调"。

我园体育课程设计的各年龄段目标有两个维度：

1. 基于各项运动和器械制定的目标

蒲江县南街幼儿园各类课程幼儿行为观察指标

运动课程

幼儿姓名	悬挂* 表现行为1	悬挂* 表现行为3	悬挂* 表现行为5	投掷* 表现行为1	投掷* 表现行为3	投掷* 表现行为5	单脚跳* 表现行为1	单脚跳* 表现行为3	单脚跳* 表现行为5	双脚跳* 表现行为1	双脚跳* 表现行为3	双脚跳* 表现行为5	快跑 表现行为1	快跑 表现行为3	快跑 表现行为5	高跷 表现行为1	高跷 表现行为3	高跷 表现行为5	骑车 表现行为1	骑车 表现行为3	骑车 表现行为5	跳绳* 表现行为1	跳绳* 表现行为3	跳绳* 表现行为5	跨跳 表现行为1	跨跳 表现行为3	跨跳 表现行为5
序号	双手抓杠,身体悬空下垂10秒左右。	双手抓杠,身体悬空下垂15秒左右。	双手抓杠,身体悬空下垂20秒左右。	单手投掷2米左右。	单手投掷4米左右。	单手投掷8米左右。	单脚连续跳2米左右。	单脚连续跳5米左右。	单脚连续跳8米左右。	能双脚并拢跳。	能双脚并拢跳5米。	能双脚并拢跳10米。	能向指定方向快跑15米。	能向指定方向快跑20米。	能向指定方向快跑25米。	能够脚踩小高跷移动。	能够脚踩小高跷直线移动10米。	能够脚踩高跷灵活活动。	能够骑车移动。	能够直线、上下坡、曲线移动。	能够载人直线、上下坡、曲线移动。	能跳一个。	能连续跳3-5个。	能连续跳20个。	能跳过障碍栏。	能助跑跨跳过10cm栏架。	能连续助跑跨跳过20cm栏架。
1																											
2																											
3																											
4																											
5																											
6																											
7																											

备注:
1. 平衡、走、钻爬的能力在高跷、单脚跳、推车、走老街足球、投掷等评价里。
2. 躲闪能力在踢足球、投掷等评价里。

续表

蒲江县南街幼儿园各类课程幼儿行为观察指标

幼儿姓名	运动课程																				
	滑索悬吊			拍球（抛接球）*			推车			踢足球			踩轮胎走			攀爬轮*			云梯		
	表现行为1	表现行为3	表现行为5	表现行为1	表现行为3	表现行为5	表现行为1	表现行为3	表现行为5	表现行为1	表现行为3	表现行为5	表现行为1	表现行为3	表现行为5	表现行为1	表现行为3	表现行为5	表现行为1	表现行为3	表现行为5
序号	能完成滑索，并且安全缓冲下落。	能在滑索下滑后数5秒后下落。	能在滑索下滑后数15秒后下落。	能双手向上抛球，能拍1次球。	能自己抛接球，能连续拍3次球。	能连续拍10次以上球。	能双手推车在平坦的路上移动。	能双手推车上下坡和转弯。	能双手推车负重进行各种路径。	只用脚运球将球踢出。	能用力将球踢出各个位置，用脚踢球。	能够用力将球踢出，用脚踩球通过各个标志，盘带过完成射门。	能在老师的帮助下踩在轮胎上保持5秒不掉下轮胎。	能在他人的帮助下站在轮胎上移动1米。	能独立站在轮胎上前后移动，尝试跨跳到另一个轮胎。	能爬上绳梯2-3格。	能爬到原路返回。	能快速爬到顶，从轮胎墙上爬下。	能双手悬吊移动1-2格。	能双手悬吊移动5米。	双手悬吊移动10米。

续表

双线横移		
表现行为1	表现行为3	表现行为5
能抓握绳子，坚持5秒。	能独立站上绳子，安全缓冲下落。	能在绳子上快速移动，安全下落。

序号																						
1																						
2																						
3																						
4																						
5																						
6																						
7																						

备注：
1. 平衡、走、钻爬的能力在高跷、单脚跳、推车、走轮胎等评价里。
2. 躲闪能力在踢足球、投掷等评价里。

2. 基于幼儿在体育活动中的行为及表现制定的目标

各年龄班幼儿在体育活动中的行为与表现目标

年级	人际交往	社会适应	规则意识	创造能力
小班	愿意与同伴一起参与体育活动。	对幼儿园体育活动有兴趣。	能够理解简单的规则。	愿意尝试不同的器械和场地。
中班	喜欢与共同参加体育活动的同伴进行交流。	主动参加体育活动。	能够完全按照规则进行体育活动。	喜欢参与不同器械和场地的游戏。
大班	能与同伴交换想法和意见，主动协商解决问题。	在体育活动中积极快乐。	能够提出和制定规则更好地进行体育活动。	能挑战各个项目的多样玩法。

（二）自然教育户外体育课程的意义

1. 促进幼儿身体机能的发展

身体是幼儿生命存在的基础，幼儿通过参与户外体育活动，能够促进自身身体机能（平衡能力、身体协调性、耐力等）的发展。例如：平衡能力的发展，在体育课程的引导下，幼儿在设定的平衡设施中进行尝试。小班幼儿开始的时候在低矮的平衡木上行走，有时他们还需要大班幼儿的牵引和鼓励，经过大约三周的体育课程后便可以独立尝试，并且去挑战更高的平衡木。幼儿同时还会尝试不同的器械和设施如荡桥、梅花桩、吊桥、高跷等，这些都是平衡类的器械，是由低矮平衡木到更高更难的平衡挑战的过程，也是幼儿平衡能力发展的过程。

在我园户外体育的活动现场，经常可以看到幼儿持之以恒地挑战一个体育项目，他们在与运动材料和运动环境的互动中，感知自我运动的状态和能力。这样的直观感受也会驱使幼儿了解自身的能力特性，并适时地调适自己的运动方法和运动方案。同时也能帮助教师深入了解幼儿的身心状况，进一步给予支持从而促进幼儿更好适应社会。

2. 深入了解幼儿的感知觉体验

幼儿园体育活动是一种鲜活的、生动的、直接的生命体验。在传统的体育教学活动中，更多的是教师主导的活动，对于幼儿的内心需求和真实体验方面的考虑相对较少。我园的户外体育活动是幼儿基于自身需求选择的活动，在自由自主的氛围下进行的身体锻炼和身体探索，幼儿的自主性更加强烈。

例如：有一个中班幼儿，攀爬对于他来说一直是相对较弱的项目，这让幼儿产生了一定挫败感。当教师发现幼儿的真实情况时，就鼓励幼儿在户外体育活动时，勤加练习，并且在幼儿取得一点进步时及时鼓励，让幼儿对攀爬这个项目产生好感，获得积极的情绪情感体验，并且养成良好的心理品质：努力就会让事情一点点地变化。

在我们园的户外体育活动中，经常会看到幼儿生动活泼的场景。他们会滔滔不绝地和教师、同伴分享体育中的所见所闻。这是教师了解幼儿的情绪情感、运动状况的基础，在这样的基础上，教师才能产生积极的支持行为：疏导情绪、体育和交往策略的支持。

3. 推动园所文化的塑造

幼儿园的体育活动一方面可以使幼儿掌握基础的体育技能，另一方面也会在园所文化的带动下，创生出与教育理念相符合的运动文化。这种文化会让幼儿园的成长具有延续性。比如：我们南幼的"大带小"（即大班幼儿带新小班幼儿一起参加户外体育活动），不仅仅是一种爱的传承，也是南幼文化的一种体现。并且，我们南幼的幼儿在户外活动时会依托自身需求延展有关种植探索、生命科学探索等话题，这说明户外体育活动也成为了其他课程的载体，幼儿能灵活自主地安排自己的时间。

户外活动也会利用年级体育课的时间，提前计划今天想要完成的体育项目。在不断的发现和探索中让幼儿园园所文化更加丰富多彩。教师也会依托幼儿当下的发现，创生相应资源和环境支持幼儿的探索和锻炼。

二、自然教育户外体育课程的内容

为更扎实而有效地落实好《指南》在健康领域所提出的：幼儿每天的户外活动时间一般不少于两个小时，其中体育活动时间不少于一小时，季节交替时要坚持。我们将户外体育课程活动内容由原来的三大模块，即体育集体教学课、户外大型玩具、班级体育游戏,调整为上午全园户外混龄体育活动、下午年级专项拓展、冬季运动会。

其中,在上午户外混龄体育活动中,我们更为注重健康领域中幼儿情绪健康发展和幼儿适应力的发展;而下午年级专项拓展,则主要针对健康领域中的身体素质发展目标和动作发展目标。如此重构的基础是《指南》,我们曾担心:过分强调动作发展,可能忽视幼儿内心感受;将幼儿内心愉悦放首位,则会降低动作要求两种情况,此消彼长,都不利于课程的实际开展。为此我们将两个目标平衡,重构了户外体育课程。

而冬季运动会则是前两个活动的延伸,更像是大型的拓展活动,将运动推向真实的生活和舞台。

(一)上午全园户外混龄体育活动

我园的户外混龄体育活动,是指全园幼儿不分年龄和性别,在相同的时间和相同的场地中进行的以自由自主探索挑战为特点的运动活动。为确保体育教育的终身化、个性化、健康化,我们在创设活动时强调以"体验"为核心,让幼儿依据自己的兴趣,在自由探索中去认识周围的事物。

在体验式混龄体育活动中,幼儿感受着与身体有着密切联系的各类活动行为。如:在梅花桩上自由地走来走去时,幼儿能体验如何让身体保持平衡、单脚站立;在吊桥上行走时,幼儿能体验如何手眼协调地走;在攀爬绳索时,幼儿能体验手臂用力向上移动的诀窍。幼儿在每天的"玩耍"中增强了体育能力。具体来说,幼儿在这样的体验中,完成了身体感知、身体内化以及反馈阶段的身体表达,通过身体各器官的紧密配合最终形成亲身的感受,也通过身体转化为情感和意义,最终在身体素质上体现出来。

(二)下午户外年级体育素质提升活动

我园的年级体育活动是以年级为界限,依据幼儿不同的年龄特点来设置活动:小班幼儿因为年龄小,更依赖于班级教师,因而在课程设置上以班级为单位,教师根据班级幼儿的情况有针对性地选择趣味性、情景性强的体育游戏,自主组织幼儿进行体育活动。而中、大班的幼儿独立性和挑战性日渐增强，我们会以年级为单位，在规定的时间和场地内进行以走、跑、跳、钻、爬、投掷、悬吊等动作发展为目标的活动，在此过程中，教师要了解幼儿的运动负荷与密度，才能有针对性地进行有效的调整。

教师要合理安排每次幼儿活动的内容，严格依据运动量的不同交替让幼儿完成体育活动内容，强度较小的运动项目与强度较大的运动项目交替进行，按需要组合，确保幼儿合理分配体力。同时我们也提供不同难度的活动内容，让幼儿根据自身的能力进行自主选择，让幼儿主动参与"跳一跳"就能完成的体育项目，调节幼儿的意志负荷，保证体验成功之后的愉悦情绪有助于幼儿积极参与各种体育项目。

我园充分利用一切可利用的教育资源，发展幼儿的各种体育技能，基于对幼儿运动情况的追踪观察，设置不同难易程度的内容，满足不同幼儿的个体差异，让运动能力弱的幼儿在自身发展水平中，有针对性地提高，让能力强的幼儿在挑战中得到满足，并将兴趣一直持续下去。

（三）冬季运动会

冬季运动会是运动课程中的一个重要组成部分。在寒冷的季节，运动会的会前准备、比赛过程、赛后奖励这三个过程，不仅能够提升幼儿在寒冷天气中的运动积极性，也可以使其在比赛中将日常运动水平展示出来，最重要的是运动会除了展示幼儿自身的运动能力，对幼儿的心理素质水平也是一次考验，赛后的登台领奖也能让幼儿体会到自己经过努力而得到回报的喜悦。

运动会也是一项家校共育的体育活动，一是能够以幼儿园体育课程为基础，延伸到家庭和社区，带动更多的家长和幼儿一起运动，促进幼儿和家长的身体健康。二是幼儿园体育课程能够有效地促进亲子关系，在幼儿时期，幼儿更需要家长的鼓励、陪伴和交流，与家长共同完成运动项目的过程中，他们能够感受到家长的关爱，从而更热爱运动，并且对于运动比赛持有积极的情绪体验。

第四章　自然教育户外体育课程

第二节　自然教育户外体育课程的组织与实施

一、自然教育户外混龄体育课程的组织与实施

幼儿期是身体生长发育的关键时期,为一生奠定物质基础的重要时期。幼儿园的活动则是有目的、有计划地引导幼儿生动活泼地主动学习的教育过程。在体育活动的组织和实施中我们强调:培养幼儿对运动的兴趣,积累相应的运动经验;要充分利用自然和园所资源进行锻炼,开展丰富有趣的活动;同时也要尊重幼儿个体差异,在运动中培养自信、勇敢的幼儿。

(一)开展自然教育户外混龄体育课程的主要依据

之前我们的户外体育课程是这样开展的:幼儿的一天从早操开始,幼儿按照教师的要求站在操场上,每人规定一个点,站得整整齐齐,随着早操音乐,做规定动作。教师为了让早操能够吸引幼儿,基本上每学期都会重新编一套早操,包括很多颇具特色的早操,如梯子操、动物操、彩旗操等等。在编操时,教师往往会比较在意幼儿做的早操是不是规范,排面是不是整齐。这样的早操活动貌似热闹好看,但我们却观察到幼儿的脸上没有笑容,大多数幼儿是苦着脸在机械地进行各种枯燥、单一的动作训练,而在整个早操的过程中,幼儿与其他人交流的机会较少,且早操中幼儿活动的范围也是在平坦的操场,适应环境的能力锻炼比较有限。尽管幼儿在早操中动作有力、整齐、节奏性好,能促进幼儿动作的灵活性和协调性的发展,但明显缺乏对幼儿良好的运动情绪,平衡能力、力量和运动耐力和环境适应能力的培养。

《纲要》指出,"教师应成为幼儿学习活动的支持者、合作者、引导者;幼儿喜欢参加体育活动是幼儿园体育的重要目标;幼儿园应开展多种有趣的体育活动,特别是户外的、大自然的活动,培养幼儿积极参加体育锻炼的积极性"。而实际上我们的教师在早操活动中却不自觉地扮演着统治者的角色。

253

幼儿的成长需要教师的帮助，但教师不应再像"纤夫"那样去主宰幼儿发展的方向，真正的帮助应该是唤醒、激励和引导，成为幼儿"生命的牧者"，"牧者"不能代替羊群去觅食吃草，而要把羊群带到水草丰盈之处，让它们自主快活地吃草。这意味着牧者既要给羊群一个正确的方向，又要尊重羊群独立的生命活动。

基于此，我们提出并重构了户外混体活动项目，结合园所环境以走、跑、跳、钻、攀爬，悬吊，投掷等运动核心为抓手，依次逐步增加了各种不同层次的大小户外体育设施，通过全园户外混龄体育活动，不仅促进发展幼儿平衡、协调、耐力、力量等体育与健康领域的核心价值，而且从情感角度激发幼儿热爱运动，适应环境，与人交往等方面的长足发展。全园幼儿在有限的园内户外场地中，不分年龄、班级、性别，进行有一定规则的自由自主体育活动，活动包括幼儿器械准备，幼儿集体有规则的走、跑、律动操，自由混体活动、放松、收拾器械。

（二）开展自然教育户外混龄体育课程的基本策略

1. 合理安排时间

众所周知，幼儿园对于体育活动的组织有着严格的目标和时间规定，我们从课程的整体架构和全域发展的视角出发，对于幼儿的户外混龄体育的内容和活动时间，也做出了明确的规定，也就是混体作息时间制度，通过制度对幼儿活动的各个环节做出精细的划分，要求教师严格根据作息时间来安排教学工作。

我们的幼儿户外混龄体育活动是每周一到周四上午8:40正式开始（夏季8:40，避开高温酷暑，冬季8:50延后10分钟），星期五是全园的大扫除活动及小舞蹈课程。教师在不同时段，具体的指导任务与指导策略是不尽相同的。

8:05幼儿开始陆续入园，班级的保育教师会带领来得较早的幼儿去准备体育活动所需的器械（每个班有不同的场地和器械需要投放和收拾整理），此时错开幼儿入园的接待高峰，既可以不耽误班级幼儿正常入园，也能让混体活动从容地开展。在活动之前，教师会根据班级上一次的活动情况，有针对性地从安全、玩法、交往等方面为幼儿的活动提供建议。

南幼户外混体时间结构表

时间（晨）	2分钟	2分钟	2分钟	1分钟	3分钟	30分钟	10分钟
项目	热身	队列走	匀速跑	深呼吸	律动	自由活动	收拾整理
合计时间	50分钟						

活动开始时，教师先带领幼儿热身、队列走、匀速跑、深呼吸、律动，让身体通过系列活动做好运动的准备；自由混体活动时，教师去到相应的职责场地，负责该场地的安全，观察该场地中幼儿的动作发展、社会交往等活动情况，并用照片或者视频的方式记录幼儿的活动表现，每次活动后进行全园教师分享，利于各班教师捕捉本班幼儿的发展情况并实现后续的追踪观察。

户外混龄体育活动是我们南幼一日生活的开端，幼儿在自由自主、愉悦快乐的活动中，唤醒身体机能，活力满满地开始一天的学习生活。

2. 科学规划场地

户外给幼儿提供了更广阔、自由的空间，他们可以在亲近自然、体验快乐的同时，促进身体、认知、社会性及情绪情感的发展，如何让户外活动更丰富呢？首先，我们认真解读《指南》和园所环境，将走、跑、跳、钻、爬、投掷等相关元素的运动设施和器械与幼儿园的环境有机结合，因地制宜地考量哪个场地适合幼儿走、跑、跳，哪个环境适合幼儿投掷、钻爬。但所有环境都不是一蹴而就的，也不是一成不变的，而是依据幼儿的发展层次、兴趣需求不断调整完善，呈动态发展的，并且我们的运动场地和器械有明显的难易程度区分，以满足不同年龄幼儿的发展。

经过多年实践调整，我们将基本核心动作走、跑、跳、钻、爬、悬吊、投掷等有机地串联起来，打破早操的局限，给幼儿一个广阔的空间，让幼儿在这个空间里，通过各种外环境的隐形教育去探索未知挑战，由此形成了独有的较为完整的户外混龄体育课程体系。

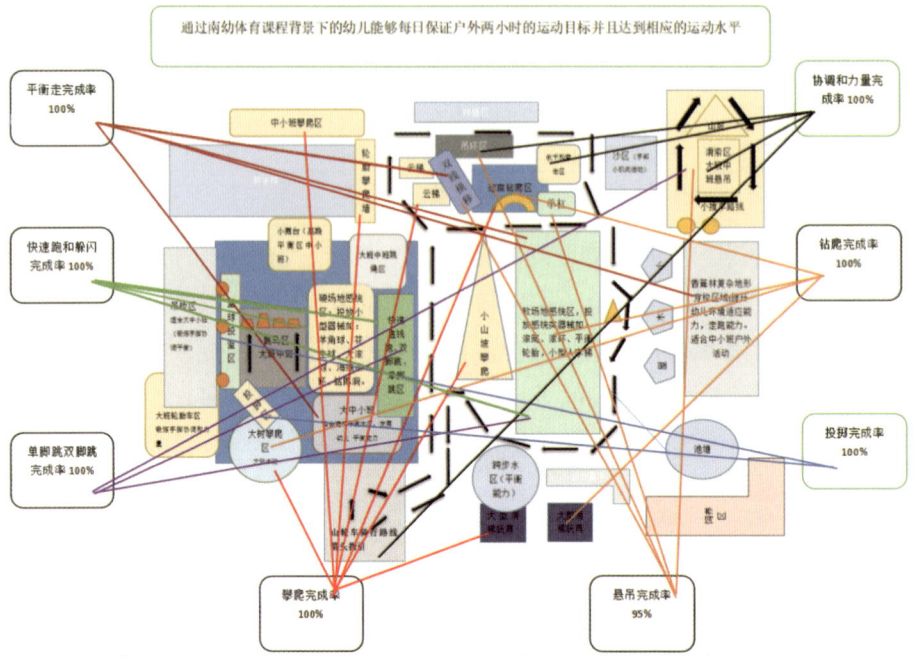

从户外体育分布图中可见，我们根据幼儿园场地固有的特点，将与地形相契合的运动项目开发出来，为幼儿提供更多具有隐性教育功能的运动项目。这与购买大型、综合的运动器械不同，更能指向运动课程下不同的目标。我们将走、跑、跳、钻、爬、悬吊、攀登、投掷的相关器械分层次地设置，并且设计得小而实用，很多器械和设施都能灵活移动，并且与环境相适应。幼儿参与运动的时候，教师会在现场追踪活动，回到教室以后，教师将幼儿的活动发现和感受记录下来，作为调整活动设施、规划场地的依据。通过实践操作、反思调整的循环过程，感知器械与场地的规划是否高效与合理。

下图所示，便是我们基于课程意识和儿童意识，对已有环境和器械进行创设与整改的实例。基于有效利用环境的原则，我们将空白墙面改造成以轮胎为主的攀爬墙面。在实际运用中，我们发现攀爬功能单一导致挑战性降低进而幼儿兴趣度减弱，于是，我们在原有基础上思考如何解决这个问题，如下右图所示，我们在原有基础上加了绳梯。幼儿可以从绳梯上去，然后从轮胎上爬下来，这就增加了不同层次的挑战和兴趣点。

在幼儿攀爬现场,我们还仔细聆听幼儿的对话。有的幼儿说:"老师,我爬了五个轮胎这么高。"有的幼儿说:"老师,你看看我爬了多高。"发现幼儿对于自己挑战的高度有所关注的时候,我们在轮胎墙旁边标注了相应的高度刻度,让幼儿在游戏情景中主动认识刻度,让数字在混龄体育活动中自然地渗透。

利用小坡为依托制作攀爬类设施

利用坡度制作的滑索悬吊设施

3. 明晰岗位职责

这里的岗位职责指的是，户外活动各场地和项目负责人所应履行与承担的组织与指导职责。混体活动是一项全园性参与的活动，教师作为活动的主要负责人，首先要明确自己班级所值守的场地在哪里、场地所承载的发展目标是什么。例如，教师负责值守大树下、秋千时，就应该提前排查场地是否安全，在确保安全的同时去关注幼儿的动作发展、社会交往。当幼儿的活动出现问题时，要及时给予适宜的帮助。这些职责对于教师的专业素养提出了更高的要求：既不能袖手旁观，也不能包办代替，要在适宜的时候介入或者退出。教师在幼儿活动的准备阶段、活动过程之中、活动小结反馈时，都要起到相对应的作用。

如准备阶段，教师作为支持者和幼儿一起准备器械，教师要明确相关的准备活动和注意事项；在活动过程之中，教师应时刻关注幼儿的行为偏好和运动状态，以此来促进不同个体的发展；在小结反馈时提供给幼儿更多元的经验和方法，让幼儿在混龄体育活动中越来越丰盈充实、大胆自信、勇敢创新。下表为我们南幼的混龄体育活动安排表。

2021 年春季混体活动安排表

班级	负责场地	器械投放
大一班	大树底下、秋千	轮胎、木梯
大二班/门卫	大操场	羊角球、花生球、大滚球
大三班	小操场	月亮船、钻爬圈
大四班	游泳池、吊桥	滚轮胎、滚筒
大五班	后花园	手推车、背篓、滑索
中一班	大沙池	沙池玩具
中二班	荡桥、秋千	三轮车投放
中三班	吊环、钻爬洞	
中四班	斗技场	攀爬木梯、呼啦圈
小一班	攀爬墙	垫子

续表

小二班	香蕉林	
小三班	动物园	
小四班	小山坡下大树/地垫胶	
幼儿园各个岗位的后勤人员	大型玩具1	
	大型玩具2	
	巡视、保健	
	三间小木屋下三轮车	
	水池附近	
	幼儿园门口	水桶车
	保健室门口	平衡木组合
	种植园	
	后花园绳索	

从上表可以看出，我们南幼将每个区域做了详细的划分，每个区域都有相应的值守人员。并且我们的后勤团队是混龄体育活动顺利开展的基本保障，从门卫到财务，南幼的每一个工作人员都在倾力合作，为幼儿的安全运动日复一日地努力着。

教师们在值守时，可以同幼儿一同参与到活动中，和幼儿一起玩或者相互模仿，引发玩性；也可以观察幼儿的活动表现，在必要的时候指导幼儿，使得他们的动作水平进一步发展。

教师指导幼儿起跳抓梯和手脚并用交替在云梯上前行

教师指导幼儿在高低不同的平衡木上前行

4. 及时评估反馈

反馈也是户外混龄体育活动的重要组成部分，它可以有效地促进混体活动持续调整和改进，还能带动幼儿园其他课程的进步。例如，在种植园值守的教师将幼儿在种植园探索的情况分享到全园，引发幼儿对自然课程的关注。

全园教师在混体岗位上，用手机收集各个区域当天活动的有价值动态，以资源共享的形式发到幼儿园的微信群中，所有幼儿在回到各自班级后由各班教师组织分享活动，组织形式可以是教师分享照片、视频，小结相应的经验或是提出可行的建议，也可以是幼儿主动分享混体活动中的见闻和新的发现、好的运动方法。在这种及时反馈、小结、建议的机制下，我园的混体活动一直处于良性的动态循环中。例如，在水池梅花桩区域，总是有小朋友因为碰撞、踩空掉入浅水池里打湿鞋袜。值守教师随机捕捉到用好的方法平稳越过水池梅花桩的幼儿，教师利用这样的直观视频去引导幼儿学习安全地越过水池梅花桩。在这种良性循环中，教师不断调整支持幼儿的策略方法，幼儿持续吸收有益的运动经验和生活经验，实现幼儿、教师双向、互助成长。

下图中，教师用图片和视频进行总结，提示幼儿在活动中注意一些规则，如三轮车不玩的时候不可以丢在路中间，引导幼儿及时将体育器材放回原位。

二、自然教育户外年级体育素质提升课程的组织与实施

（一）开展自然教育户外年级体育素质提升课程的主要依据

从健康领域的子领域目标来看，混体更注重幼儿身心发展状况。通过对幼儿的观察我们发现，活动中幼儿存在两种表现：有的幼儿在混体中比较活跃，位移较大，运动量较大，挑战状态积极；有的幼儿完全相反，只喜欢在某个区域停留，位移小，运动量也较小。因此我们得出结论，从运动本身来讲，混体不能让幼儿完全实现理想的动作发展目标。从幼儿身体均衡发展考虑，我们有必要以另外一种形式去帮助幼儿达到动作发展目标。

常规的体育课由专职男教师开展集体教学，现实情况是幼儿园男教师较少，甚至没有。而幼儿园班级数量较多，轮换时间间隔久，与体育锻炼的连续性要求相违背。因此我们以年级体育活动为载体，有针对性地弥补户外混龄体育活动中体能和技能要求的不足，力求在有限的时间和空间内将幼儿的动作技能（走、跑、跳、钻、爬、悬吊、投掷等）最大化提升。

（二）开展自然教育户外年级体育素质提升课程的基本策略

年级组体育课以中大班幼儿为主，同一年级组同时进行体育课，代替以往单个班级上体育课，大大增加幼儿参与体育项目活动的时间；同时所有班级教师参与到幼儿体育活动中，替代原来一个专职体育教师，提升对幼儿个别指导的效率和质量；以一周的连续性体育代替以往隔周一次的脱节性体育。

这个策略可以在有限的时间和空间条件下，在不影响幼儿园各类课程的情况下进行，节约时间和空间，为幼儿的全面发展提供合理保障。

1. 时间规划

每天下午 3∶10 进行体育活动，热身结束后全年级按照事先规划的区域进行分组活动，3∶25 按照预先划分安排换区，每节课每组幼儿进行两个区域的专项提升锻炼。一周或者两周为一个周期开展相同的项目活动，确保体育运动的连续性和高效性。下一周每个班的标记横移 2 格，进行另外两个项目

的连续性锻炼。

南幼年级体育活动区域表（大班组）

班级	攀爬钻吊区	跑跳区	投掷区	跳绳区	篮球区	足球区	平衡力量区	滑索区	骑车	单脚跳
大一班1组	☺									
大一班2组		☺								
大二班1组			☺							
大二班2组				☺						
大三班1组					☺					
大三班2组						☺				
大四班1组							☺			
大四班2组								☺		
大五班1组									☺	
大五班2组										☺

2. 场地规划

（1）场地规划原则

幼儿户外活动场地的规划要以幼儿活动项目的设置作为参考。教师对于活动场地的划分应该遵循以下原则：

①整合性原则

对于户外场地的划分应该综合考虑多重因素。首先就幼儿的身心健康来说，场地的设置要考虑安全性和实用性，依托园所环境合理规划场地项目设置；同时场地的规划要多样化，避免单一性，结合园所户外环境总体构思场地规划。在划分时要考虑每个场地之间运动的可循环性，即使每个幼儿在循环运动路线中减少消极等待，提升运动效率和频次。

②适宜性原则

面对人数较多的班级时，我们必须考虑到运动操作的可行性。我们都知道幼儿需要锻炼走跑跳钻爬攀登悬吊等，但是实际操作的时候会发现很多项目会让幼儿长时间等待，效率低，因此场地的组合和划分要根据幼儿在场地实际表现来调整，力图做到最适宜，功能类似和心率类似的项目适合组合在一起，也有利于幼儿高效的动作和素质发展。

③层次性原则

幼儿个体差异性决定了场地规划要注重层次和循序渐进。在场地设置之初既要考虑幼儿的整体发展目标，同时也要尊重幼儿的个体需求。例如攀爬墙的规划，要为幼儿提供高度和难度不等的攀爬梯，满足不同幼儿的需求。

（2）场地规划示例

下表是我们南幼户外年级体育活动各年级组场地设置和项目划分举例。

南幼年级体育活动区域表

年级											
大班	攀爬钻吊区	跑跳区	投掷区	跳绳区	篮球区	足球区	平衡力量区	滑索区	骑车	单脚跳	
中班	攀爬钻吊区	跑跳区	投掷区	骑车	篮球区	足球区	平衡木、单脚跳区	滑索、推独轮车区			

①攀爬钻吊区

活动顺序：攀爬墙（软梯上，轮胎下）—钻洞—荡桥—梅花桩—云梯吊行—双线横移动，按照这样的顺序循环运动。

注：1.攀爬区域　2.钻洞　3.荡桥　4.梅花桩和云梯吊行　5.双线横移和梅花桩
设置原则：就近、循环

A. 攀爬墙

攀爬墙的上下过程是两种不同的攀爬技巧，幼儿所需要用到的力量和肢体配合也是不同的。可以根据幼儿的运动情况变换上下的方式。

从软梯上攀爬墙

从轮胎下攀爬墙

B. 钻洞

提供了两种不同的钻爬挑战：软质和硬质，弯曲的和直线的。

C. 荡桥

幼儿顺着软质的攀爬网，爬上左摇右晃的荡桥，快速地通过荡桥，这是锻炼幼儿平衡力的绝佳机会。幼儿喜欢自我挑战，很多幼儿在通过这个区域时，会主动要求让桥晃动得更厉害！

D. 云梯

这是幼儿乐意挑战的项目，他们需要竭尽全力动用自己的上肢力量，左右手配合交替完成云梯的挑战。

E. 双线横移

力量与平衡的绝配：手脚交替，可以侧行也可以直行。值得注意的是：下落时，幼儿也要学会观察，哪里适合跳下去，怎样跳下去才安全。手眼协调也是这个项目顺利通行的秘诀之一。

攀爬钻吊区的整个活动过程速度相对平稳，6个功能区都与四肢力量及协调性相关，并且对幼儿的勇气和毅力也是一个很好的锻炼机会。这个区域着重让幼儿时刻锻炼手脚的触觉、力量的支撑，并且不会因为幼儿人数多导致等待，幼儿始终在循环的区域里运动着。

②跑跳区

活动顺序：直线（曲线）快速跑—双脚连续跳格子—冲刺跑跨跳—跳马。

跑跳区是相对速度最快的区。四个小活动都是在较快的速度下锻炼幼儿跑跳和跨跳的能力，几个功能由简单到综合，从快跑到快跳再到助跑跳和跳马，让幼儿在始终保持匀速的状态下完成活动，对提升幼儿的心肺能力有帮助。

如下左图，起跑处的幼儿正在聚精会神地等待比赛开始，这种心跳加速的感觉，要真正参与的人才能体会到的。起跑姿势的练习也是对幼儿身体协调发力的一种最直接的体现。

A. 直线（曲线）快速跑

这个区域让幼儿尽情地享受速度带来的愉悦。只有让幼儿拉满速度，他们才能最大程度地发展上下肢速度和相对力量，幼儿也非常喜欢这种奔跑。如上右图所示，可以看到幼儿跑步时的摆臂和蹬地动作，多频次的快速跑可以更好地激发和帮助幼儿的身体成长。相比教师日常用语言去引导幼儿如何快速跑，这种直观的游戏环境中活动更有作用。

B. 双脚连续跳

从下图可以看出，幼儿在连续跳的时候，会自然呈现出一个双手引导向前向上、腹部发力的姿态，双脚连续跳"逼迫"幼儿手脚协调，同时发展了幼儿的腹部核心力量，这些能力在连续跳的自然状态中都能获得。

从下图中可以看到，幼儿在一定高度的栏架跨跳的姿态呈现一个充分拉伸的状态，正确的动作可以让幼儿更好地发展跨跳能力。

C. 冲刺助跑跳

将跑和跳两者结合，助跑跨跳，能够将快速跑时的摆臂与跳跃动作完美结合，不仅对速度有要求，更是对协调性的考验，多频次的助跑、跨跳能够让幼儿协调性有一个质的飞越。

D. 助跑跳马

从下图可以看到，幼儿在教师的保护下，再一次提升自己的上下肢协调能力，体验跳跃带来的乐趣。这项活动对四肢协调的要求达到一个相对较高的水准。

跑跳区的四个功能区都是结构和功能类似的速度型运动项目,在幼儿活动时形成一个闭环结构,教师也容易观察保护。活动中,幼儿自己能够理解并且执行,不需要专职体育教师引导,班级教师长时间的观察即可满足需求。幼儿通过区域性的游戏锻炼,四肢的协调性持续提高,且运动热情不减。

③投掷区

如下图所示,参与活动的幼儿在隔网一定距离外进行对投(依据指南中不同年龄段的投掷距离的要求进行设置)。对投方式有利于减少幼儿捡球的环节,避免浪费时间和空间;对投也可以激发幼儿潜能,目标性更强,投得更专注,并且可以锻炼幼儿灵活躲避能力;在投掷时盾牌的运用,赋予了幼儿角色扮演的想象,增强了投掷的乐趣,促进幼儿更高频率地投掷,从量变达到质变。

④跳绳区

如下图所示,跳绳是一个协调成长的过程,幼儿不会因为难而退却,要学会面对。跳绳能够见证幼儿由笨拙到勉强再到熟悉直至自信的过程,协调成长的同时也培养了自信。

⑤篮球

拍球和投篮需要一个奖励机制。比如拍球时,幼儿可以和同伴比赛,看看谁拍的个数多。投篮可以设置成挑战机制。比如,投篮成功的幼儿可以到下一个投篮区。每个区的距离不同,难度不同,看谁先完成所有区的投篮。如此来激励幼儿喜欢拍球和投篮。

⑥足球区

足球区场地设置如下图所示：起点盘带足球绕地标行进——射门——盘带足球绕地标行进——第二次射门——回到起点。

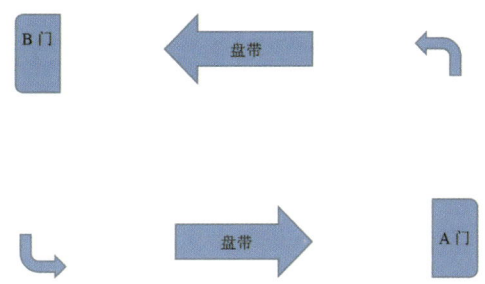

盘带要求幼儿用脚带球过地标，开始幼儿比较慢并且习惯用手触碰球，通过练习，幼儿会慢慢地找到正确的踢球方式。习惯用手触碰球的幼儿可让其采用背手的方法，次数多了，幼儿会优先选择脚去替代手控制球，发展脚的触觉感知，促进小脑的发达。盘带结束到球门前进行射门，多次尝试后，幼儿会有意识地加速助跑射门，并且找到正确踢球的位置和准备姿态。这种从小发展的触觉和协调对后续足球运动发展至关重要。

下图中两个幼儿其中一个已经适应不用手去触碰球，另一个幼儿则是通过背手的方式避免习惯性用手触球。

下图中的幼儿踢球动作协调,能够初步明白用内脚背踢球。

⑦轮胎平衡走区

如下图所示,这个区域的设施设备由易到难地进行设置。幼儿在此可以站立、站立行走、双人配合行走、交换行走,是一个依次递进的过程,挑战在增加,平衡力也在提升。运动中幼儿的兴趣越来越高,因为成功带给幼儿的自信是不言而喻的。

⑧单脚跳区

依据《指南》中对单脚跳的要求,本区设置的三个环节都与单脚有关。单脚跳跃方格时幼儿要跳到格子里是对核心力量的一个挑战,再跳箱上单脚跨跳,最后助跑翻越,也是单脚协调的一个过程。

综上所述,我们对每个区的功能设置基本是根据《指南》中提到的各个年龄段幼儿应该具备的动作发展、力量、耐力、灵敏等各个方面,与相应年龄段相适应,但又不乏挑战和乐趣,而且还要实现幼儿人数多和体育教师不足的情况下的简便易操作。在五大领域并重的情况下,让幼儿在最有限的时间和空间下,实现最真实的发展。在设计环节时应当注意的是,不能设置一些看似新奇类似杂技般的区域,或是为博眼球的浮于表面的运动项目,只需为幼儿选择最基本的最核心的运动即可,为幼儿的成长打好基础,这也是《指南》中健康领域的核心精神。

下表是中班年龄段的用表,挑战难度契合中班年龄段,与大班形成层次上的一些对比。在此不做一一展示，都是根据现有材料进行加减和合理利用。

南幼中班年级体育活动区域表（中班组）

班级	攀爬钻吊区	跑跳区	投掷区	骑车区	篮球区	足球区	平衡木、单脚跳区	滑索、推独轮车区
中一班1组	☺ →							
中一班2组		☺ →						
中二班1组			☺					
中二班2组				☺				
中三班1组					☺			
中三班2组						☺		
中四班1组							☺	
中四班2组								☺

体育课程是在实践中不断改进的，实践是检验真理的唯一标准。日复一日，幼儿的身体运动能力和体育课程一同成长。

3. 教师职责

（1）角色身份再定位

教师作为活动一员，负责一个项目组，这就要求教师要对相关场地和项目中的运动技能、运动规则了如指掌。教师要对身份重新定位，熟练掌握活动的组织形式，还要从专业的角度对幼儿的动作技能进行观察、剖析，并及时给予幼儿正确的引导。

（2）专业素养再提升

教师需要对相关体育专业技能进行深入学习，才能提升自己在活动现场的纠错能力，帮助幼儿收获科学有效的运动技能技巧。例如：为何国际跳高均为背越式跳高？因为客观存在背越式为最科学的激发人跳高水平的方式（现阶段）。为何成人短跑起跑均为蹲踞式？因为蹲踞式起跑能在最短时间达到最快速度，为短跑最科学有效的起跑方法。对体育专业知识的学习能够帮助教师在活动中给予幼儿正确方法的引导，避免教师非体育专业而无法组织体育活动。如：简单的跳绳，不需要花式跳绳或快速竞技跳绳；简单的踢足球和停球，不需要颠球和盘带球过人。

4. 组织形式再调整

由于现实情况中班级人数均为 40 人左右，每组每区会有 20 个或者 40 个幼儿同时进行一项运动，所以组织形式宜采用循环方式，即将每个区域尽力做成一个首尾相接的无限循环路线，幼儿可以分散在区域路径上，避免拥堵和等待，同时也让幼儿有竞争氛围，可以大大提升运动的效率，节约空间和时间。运动中还可以养成幼儿遵守运动规则的习惯，逐步熏陶运动员的公平竞争精神和秩序规则意识。

三、冬季运动会活动的组织与实施

（一）开展冬季运动会活动的主要依据

运动是健康生活的基础，在注重培养幼儿的运动健康意识的同时，我们还提倡全民运动，以"冬奥会"精神为引，开展了冬季运动会，有效地将幼儿园的体育活动和家庭、社区联动起来，让家长们陪同幼儿在家、在社区一起运动。

冬季运动会是幼儿展示自身运动能力的大型舞台。幼儿会基于自身的经验选择喜欢的项目，并在日常的体育课程中、放学回家后的运动中、和同伴的相互交流中去勤加练习，着力将自己选择的体育项目练习到满意的状态。我们要借助运动会活动，弘扬中国新一代的运动精神：不怕苦、不怕累，努力奋斗、勇敢向前。

（二）开展冬季运动会活动实施的要点

冬季运动会是南幼的传统活动，每年11月底12月初就会由教师和幼儿共同发起关于"运动会"的相关话题讨论。让幼儿提前知晓运动会要来临了，并且能有计划、有目的地安排自己的体育活动来迎接运动会。"你知道冬奥会吗？""冬奥会有哪些项目？""你最喜欢的运动员是谁？""幼儿园的体育项目你最喜欢什么？"从这一系列话题中，去筹备预热我园的冬季运动会。那具体要怎么实施呢？

1. 了解运动会，选择适合每个年龄阶段的运动比赛项目

首先是开启关于运动会的话题，各班级可以根据本班幼儿的实际情况，发起关于运动会的话题，丰富班级幼儿关于运动的经验。其次是鼓励幼儿在户外体育课程中充分感受自己喜欢的运动，甚者去创造自己喜欢的运动玩法，并且把自己的想法说出来或者表征出来成为今年运动会的备用项目。接下来是将幼儿喜欢的运动作品进行张贴，全员投票选取今年运动会适宜的项目，比赛项目分别按照大班、中班、小班三个年龄段日常体育课程所涉及的内容进行整合，利用图夹文的形式列出，让幼儿打钩进行全员投票，选出运动比赛项目。

下图用幼儿看得懂的方式呈现运动项目，幼儿用笔勾选自己喜欢的项目，最后统计选定项目。

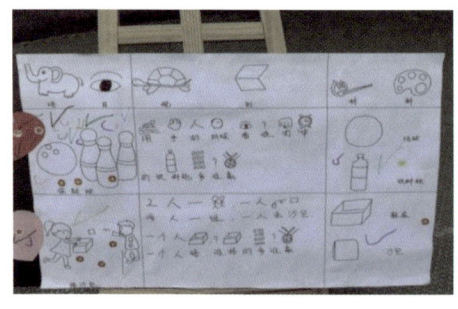 

2. 了解运动精神，设计运动会会徽、背景海报以及各班级的入场设计

运动会会徽、背景、班级入场式都是运动精神的一种体现，在每个班级，我们都会围绕运动精神来鼓励幼儿表达自己心中对运动精神的理解。幼儿展开自己的想象，可以和家长一起设计，也可以自己独立完成创造，最后在班上阐述自己的设计理念，发起全园投票，选出幼儿心中最喜欢的运动会会徽、背景海报和运动会入场设计，实现真正的以幼儿为主的运动会。

亲子设计

幼儿分享

幼儿作品

幼儿运动会

3. 日常练习，提升幼儿的运动能力，促进亲子关系

运动会比赛报名，幼儿选择一项自己最擅长或者最喜欢的项目，接下来就要在学校混体和体育课程中强化自己的项目。放学的时候，幼儿家长都会主动带幼儿进行练习，这样整个冬季，幼儿都能积极参与体育活动。

筹备运动会是一件幸福的事。当我们和幼儿谈论并准备运动会时发现，幼儿内心是非常期待运动会的，并且十分乐意为运动会努力训练。这不仅仅是因为幼儿期待在赛场上表现自己，还因为幼儿很享受爸爸妈妈陪着他们一起运动的时光。长达一个月的准备时间里，幼儿在幼儿园里和同伴一起努力运动，也会在爸爸妈妈的陪同下坚持练习，这是难得的亲子时光。

幼儿自主练习

家长入园陪幼儿练习

4. 确定开幕式主题，爸爸妈妈进校园，全民运动其乐融融

每年运动会，我们都会确定一个主题，如"超人爸爸""全家总动员"等，设计这些主题，目的在于让家长也参与到活动中。一来为幼儿加油打气，二来作为幼儿学习的榜样：运动永无止境，无论多大，运动都是一件极其重要的事。与此同时，幼儿也能看到家长不同于日常的一面，促进亲子关系朝更好的方向发展。

父母参与运动会

5. 正式的比赛，为每个幼儿提供公平公正的赛场，感受真正的运动精神

正赛的实施，过程和结果都重要。在具体比赛秩序编排和执行过程中要注意，记录比赛情况的时候必须精确，给幼儿一种公平竞争的感受，因为幼儿已经能够观察自己的名次并且在乎胜负感受。比赛中的精彩表现需要观众的喝彩，能力不足的也要掌声鼓励加油。比赛尽量为同年级不同班级的幼儿安排同场次比赛，以提升幼儿的班级荣誉感。

幼儿比赛现场

在做好疫情防控工作的前提下，我们还会邀请家长观看幼儿的比赛，让家长现场感受幼儿的拼搏精神，并为他们的各种表现提供进一步的支持策略。当然也要通过比赛去关注部分"挫败感"强烈的幼儿，让他们在真正的比赛中去感受"胜不骄、败不馁"的精神，及时疏导更健康。

6. 闭幕式颁奖和展示，给幼儿一个正规的颁奖典礼，享受努力带来的荣耀

运动会的颁奖典礼也应是隆重正式的，精心布置的舞台、振奋的音乐、精美的奖品，让幼儿在热烈的氛围中，去收获自己的运动奖励与荣誉。运动会的结果不仅是比赛

当天幼儿努力的结果，更是幼儿在日常体育活动中的真实积累。幼儿园体育课程的实施惠及幼儿的身心发展，幼儿赢得自己的荣誉，更懂得有付出才有收获，提升自信心，也为终身运动打下良好基础。

7. 运动话题的持续跟进，让"爱运动"的意识扎根在日常的活动中

颁奖典礼并不仅仅意味着冬季运动会的结束，更是将"爱运动"的意识嵌入在日常的体育课程里。借助运动会，教师可以和幼儿更好地去谈论关于

运动的话题，例如：这次运动会你觉得你表现得怎么样？下一次打算怎么做？你还喜欢什么项目？等等话题都可以让幼儿带着对运动的激情，继续热爱运动。

总之，幼儿园的体育课程不能局限在幼儿园之内，幼儿的运动习惯养成离不开家庭的支持，所以我们要借助"冬季运动会"将运动辐射到家庭和社区，无论是日常课程还是运动会，家长都应作为一个参与者，见证幼儿的点滴成长，并且和幼儿一起成长。如在全园混体活动的场地值守安排家长当志愿者，家长通过参与场地值守，置身于课程实施中，会真切地感知到混体活动中幼儿的发展。在运动会的筹备过程中，幼儿与家长一起练习项目，一起制作入场式的服装和各种饰品，创设更多的机会促进幼儿与家长之间的联系，实现幼儿园和家庭共同成长的目标。

第三节　自然教育户外体育课程的评价

一、自然教育户外体育课程评价的原则

《指南》中指出："评价的最终目的不是观察、记录幼儿的表现，给予幼儿一个定量或者定性的评价结论，而是指导教师根据评价结果分析、生成新的教育内容，调整教育目标、改进教育方法，从而促进幼儿更好地发展。"那么如何积极有效地评价我园的户外混龄体育活动呢？

（一）注重评价的全面性

在对幼儿参与体育课程情况进行评价时，我们要认识到，不仅要对幼儿体育运动情况进行评价，同时还要关注幼儿在参与体育活动时具备的各种能力的提升。除了走、跑、跳、钻爬、悬吊、投掷这些与动作发展直接相关联的显性表现，还有在活动中与人交往、合作、竞争、探索、挑战、规则意识、同理心、收拾意识、适应能力等隐性能力的表现情况。

为此，我们一定要全面地了解幼儿的发展状况，避免观察一次就妄下断言的情况。教师在评价幼儿时，应该先把课程指标了然于胸，有目的地观察幼儿的行为表现，而为了尊重每个幼儿发展的独特性，评价不能横向比较、相互攀比，而应以幼儿个体原有水平与发展现状做比较，关注每一个幼儿在原有水平上的发展。

（二）注重评价的过程性

为减轻教师与幼儿的压力，获得更加真实的评价结果，应重视在混龄体育活动中自然地进行评价，不能将评价标准工具化，更不能用一个标准去衡量不同的幼儿。

幼儿的成长不是一蹴而就的，而是一个长期发展的过程，评价的过程其实也是成长的过程。对幼儿的评价应从他们进入幼儿园的第一天就开始，在日常课程的实施过程中，教师时刻都应对幼儿进行观察与记录，为有效的评价做铺垫。教师作为一个观察者和支持者，一定要注重幼儿在体育课程中的过程性表现。

（三）注重评价的可见性

当教师观察一段时间后，必须进行一次阶段小结，可以将一学年进行分段，在每个阶段进行一次具体的评价，最后进行一个准确的阶段汇总，才能直观地呈现幼儿的各项各阶段发展水平，为幼儿运动能力的提升提供支持依据。

（四）注重评价的发展性

评价是为了更好地发展，无论是指标的设定还是评价的方法，都应该具有持续发展的特点，这种评价是伴随着儿童的发展而发展的，对于不同年龄段的幼儿，评价的依据也不一样，在制定的指标中应明显体现出来。

评价要尽量客观，避免偏见，这是对评价应持的一种科学态度。为此，我们将想要收集的信息发到全园的微信群里，集全园之力来共同关注幼儿的真实情况。同时汇集幼儿家庭信息，如实地加以分析和评价，对幼儿的运动情况尽力做到真实了解。可以用多种方式，如面谈、问卷、电话、微信等，告诉家长幼儿在体育素质中的薄弱环节，辅以家长的力量，让幼儿发展得更好。

二、自然教育户外体育课程评价的指标

（一）明晰观察指标

基于多年对体育课程的实践和研究，我们以户外体育课程目标为线索，制订了小中大班通用的体育课程行为观察指标，表现行为分 1、3、5 三个层次，指标项目分别对应幼儿的动作发展和综合能力。

（二）调整优化指标

每个班的教师在日常值守场地时观察幼儿的实际表现（班级两个教师，一个负责值守场地，另外一个负责追踪观察班级幼儿状况），通过对幼儿的整体印象持续观察，每月分别进行一次记录，并给出阶段性的调整意见，以此来有针对性地推进幼儿运动能力的发展。

例如，关于"人际交往"有 3 个不同层次的指标：1.愿意与同伴一起参与体育活动，能听从旁人的劝解，尝试解决冲突；2.能想办法解决运动中的冲突，接纳别人意见，乐于分享，尝试谦让；3.能接纳同伴的意见并提出不同的想法，主动协商解决问题。

教师多次观察幼儿后，会根据他们真实的表现选择一个层次来记录，以此来判断幼儿在运动中的交往情况，哪些方面还有所欠缺。如果幼儿的行为处于行为表现 1 或者还达不到行为表现 1 的话，教师将在这方面持续关注，并在阶段性分析表中给出持续关注的策略。

为什么要制定行为发展指标呢？一是为了更准确了解幼儿运动发展水平，二是让教师对幼儿的运动能力给予及时的支持促进。借助这些指标，教师可以更好地去了解幼儿的发展情况。

第四章 自然教育户外体育课程

蒲江县南街幼儿园各类课程幼儿行为观察指标

运动课程

序号	幼儿姓名	人际交往*			社会适应*			规则意识*			创造能力*			情绪情感**			收拾整理**			自我保护和安全***			语言表达****		
		表现行为1	表现行为3	表现行为5	表现行为1	表现行为3	表现行为5	表现行为1	表现行为3	表现行为5	表现行为1	表现行为3	表现行为5	表现行为1	表现行为3	表现行为5	表现行为1	表现行为3	表现行为5	表现行为1	表现行为3	表现行为5	表现行为1	表现行为3	表现行为5
		愿意与同伴一起参与体育活动，能听从别人的劝解，尝试解决冲突。	能接纳同伴的意见并提出自己的想法，主动商议协作解决问题。	能想办法解决运动中的冲突，接纳别人的意见，乐于分享，尝试讲理。	对体育活动感兴趣，能在较冷或较热的户外环境中坚持活动。	愿意并主动参加体育活动，能在较冷或较热的户外环境中连续活动半小时。	能积极地参加团队体育活动，为团队成绩感到高兴，能在较冷或较热的户外环境中连续活动半小时以上。	在提醒下遵守简单的规则。	有初步的规则意识，能遵守规则进行体育活动。	理解规则的意义，能提出和制定运动的一些规则。	愿意尝试用不同的器械和简单的方法探索不同的玩法。	喜欢参与不同器械和项目的运动，尝试用不同的材料进行组合运动。	能主动挑战不同种类的运动项目，能探索用器械和材料进行创造性的组合运动。	情绪稳定，能用简单的话语或肢体动作表达。	尝试用恰当的方式表达自己的需要，及时抒发自己在运动中的感受。	清楚表达自己的情绪和需要，尝试用多种方式表征自己运动中的经历。	能在老师的提醒下将体育器材放回原处。	知道体育器材的摆放位置，并根据器械的特点分类整理。	能主动将材料分门别类进行整理，并有意识地保持运动场地的整洁。	在提醒下，能注意安全，不做危险的动作。	知道一些简单的保护自己的方法，愿意请求别人的帮助。	有较强的自我保护意识，能根据不同的环境和材料灵活地保护自己。	愿意表达自己在运动中的需要。	喜欢与同伴完整、连贯地谈论运动中的想法和感受。	主动与同伴有序、完整、连贯、清楚地讲述自己在运动中的经历和玩法。
1																									
2																									
3																									
4																									
7																									

备注：运动课程是一项综合性课程，它不仅能发展幼儿的运动技能，还能在自主运动的过程中关注幼儿的人际交往、社会适应、规则意识、收拾整理、自我保护，以便更有针对性地支持幼儿的发展。为此我们将运动课程的指标细化，现场从不同的角度观察幼儿，让教师们在活动中有迹可循。

小班幼儿在入园时，在"人际交往"的指标上呈现出很大的差异，有的幼儿很快就能融入好玩多变的环境中去游戏；有的幼儿需要在大班哥哥姐姐的带领下才会尝试；还有一些幼儿只愿意留在教师的身边，不愿意分开。针对这些情况，教师应对幼儿做一个大致的分类：适应能力较强的幼儿，继续观察其他指标；而适应能力处于行为表现 1 的幼儿就可以制定相应的策略来帮助幼儿向行为表现 2 过渡，以此类推来完成整个班级在"人际交往"上的发展目标。

比如，在"悬挂"这一子目标中，设置了三个层次，分别对应小、中、大班的幼儿的动作技能：1. 双手抓杠，身体悬空下垂 10 秒左右；2. 双手抓杠，身体悬空下垂 15 秒左右；3. 双手抓杠，身体悬空下垂 20 秒左右。各班教师就可以量化观察，班级幼儿能否完成悬挂这个目标，并真实地记录下来。如果幼儿能完成，就可以关注下一个子目标；反之，则持续跟进幼儿的这项运动技能。

三、自然教育户外体育课程评价的方法

在实施户外体育课程的过程中，我们边实践边记录边总结，现将教师在组织体育活动中的实用的评价方法介绍如下。

（一）录像分析评价

录像分析评价，指的是采用随机抽样的方法，用镜头记录被选中的幼儿，记录幼儿在整个课程活动中的运动轨迹和经历的事情。当我们真正地以儿童的视角去观察的时候，才能客

第四章 自然教育户外体育课程

观地评价幼儿的发展。现以实例说明录像分析法在户外体育课程评价中的运用。

2021年11月的一天上午8:50，混龄体育活动开始了，天气已经有点冷了，图中奔跑的红色衣服的男幼儿是当天的观察对象。他是大班的哥哥，他有意识地带着他的弟弟（黄色衣服的小男生）奔向最想玩的地方。

他们来到了攀爬区下，值守教师发现黄衣服幼儿（小班）的眼睛有淤青，于是提醒他要注意安全，并且让红衣服（大班）大哥哥保护好弟弟。红衣服幼儿表示他可以照顾好弟弟就离开了。

红衣服男孩先玩的是过吊桥，但是被前面的幼儿挡住了，他摸着头等待了一会儿，就从旁边抄路过去了。可他回头却发现弟弟掉到网上了，于是迅速下去帮助弟弟起身。

紧接着，大男孩回到了攀爬树上，发现弟弟不敢爬，于是鼓励他，并教他一些爬梯子的方法。弟弟终于爬了上去，又往下爬，值守教师对他进行了引导，哥哥也耐心等待。弟弟第一次爬树完成。

完成了爬树活动，两个幼儿穿过操场，他们想去走滚筒，弟弟不敢上，于是他们合作玩耍，哥哥在滚筒上面走，弟弟在后面推。

离开轮胎滚筒，大男孩来到了跳绳区域，他在跳绳时，弟弟在旁边边玩边等。然后他们去玩弟弟喜欢的滑滑梯，弟弟再次运用刚刚学会的爬楼梯技巧，哥哥在上面看着弟弟，最终弟弟成功爬上去。

离开滑滑梯，大男孩带着弟弟来到了荡桥，他们在桥下发现了从树上掉落的"不知名"的果子，于是捡起来，拿给教师看看，问这是什么果实。弟弟遇见了班里的同学，想和同学一起捡果果玩，于是哥哥和弟弟分开玩耍。

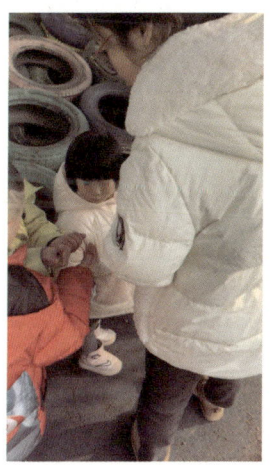

和弟弟分开之后，哥哥去玩了双杠、走了轮胎，然后爬荡桥，走田埂，观察自己种的菜长得如何。

大男孩再次来到跳绳区,练习自己的跳绳技术(元旦运动会他要参加跳绳比赛),跳了一会儿,他把跳绳收拾整理好,归还到原位。

他在攀爬墙爬上爬下,又试了一下跳圈。

听到收拾整理的音乐后,幼儿开始排队整理,穿好外套,放松一下,就准备回教室了。

从这个幼儿的混体活动全追踪影像中,我们看到了幼儿的交往、自主、运动能力,他们不仅仅在运动,也在真实地生活着、玩耍着、交往着。我们以跟踪单个幼儿的方式进行混体活动的拍摄,虽然该幼儿的活动轨迹有其独特性,但也从另一个角度说明了普遍性:在幼儿园有准备的环境中,幼儿在慢慢成长。

(二)多主体评价

所谓多主体评价,指的是在运动结束后,教师和幼儿共同进行评价的方法。在评价中,可以以幼儿为评价主体,每一个幼儿都是一个单独的个体,他们都有自己独特的想法和不同的运动能力。我们应该尊重每一个幼儿,用个别交流评价、小组讨论交流、你问我答等形式进行交流,力求从不同角度去评价,让每个幼儿都能积极地参与到活动中来。我们还可以以教师为评价主体,教师是活动的引导者,而不是主导者,教师要做的是提出建议,总结幼儿的方法,进行经验的提升,而不是把控幼儿、主导活动。

例如:可以利用照片或者视频,让幼儿自己评价自己的运动情况。摒弃"教师一刀切"的评价方法,借助照片、视频帮助幼儿再现游戏过程,以此来辅助评价活动;还可以用情景表演评价法来还原当时的活动过程,向幼儿再次展示活动的游戏规则、玩法;还可以用互动讨论的评价方法,同一个问题,让不同的幼儿说说该怎么做,充分调动幼儿的积极性,给幼儿更多的空间表达自我。

(三)多角度评价

多角度评价,指的是对幼儿活动过程进行全方位评价。具体包括:(1)评价幼儿的活动情况。对器械的掌握情况,能否与同伴合作游戏,能否根据器械的特点创新游戏。在户外混体活动中,往往伴随着幼儿的交往、分工合作、互帮互助等行为,教师的及时评价能触发幼儿有益的交往。(2)评价幼儿对突发情况的处理。混体中难免有幼儿因操作不当发生小摩擦和碰撞,我们可以利用这些教育契机,引导幼儿探寻事发的根源,和幼儿一起讨论解决问题的策略,预防类似事故的再次发生。(3)对教师的自我评价。在本次混体活动中，教师的定位是否准确，引导是否合理。

（四）量化评价

量化评价指的是测量、记录活动的实际数据，对幼儿的运动能力进行评价的方法。很多体育项目，都可以用真实的数据来记录评价幼儿的变化，例如跳绳活动，可以依据"一分钟跳多少个"来评价幼儿的跳绳能力。

在年级体育活动的时候，我们在跑跳区从两个方面来评测幼儿的能力，即速度与体能。如幼儿单次完成跑跳路径的速度时间与当天20分钟内完成的频次。单次完成速度体现幼儿的速度水平，而20分钟完成了多少组则代表幼儿的体能水平。有的幼儿体能好完成了15组，而体能弱一点的则可能只完成10组就无法继续了。

体育运动是幼儿身心健康发展的重要保证，教师要善于全方位关注幼儿在运动中体能的发展和品质的形成，根据幼儿年龄和相应水平制定适宜的评价体系，促进运动课程的不断优化完善。